CHINA TAX LAWYERS

REVIEW

中国税务律师评论

第9卷

中华全国律师协会财税法专业委员会◎编

法律出版社 | LAW PRESS

北京

图书在版编目(CIP)数据

中国税务律师评论. 第9卷 / 中华全国律师协会财税法专业委员会编. -- 北京 : 法律出版社, 2022(2023.5 重印)
ISBN 978-7-5197-7423-3

Ⅰ. ①中… Ⅱ. ①中… Ⅲ. ①税法-中国-文集②税收管理-中国-文集 Ⅳ. ①D922.220.4-53
②F812.423-53

中国版本图书馆 CIP 数据核字(2022)第241412号

中国税务律师评论(第9卷)
ZHONGGUO SHUIWU LÜSHI PINGLUN(DI-9 JUAN)

中华全国律师协会财税法专业委员会 编

策划编辑 林 蕊
责任编辑 林 蕊
装帧设计 汪奇峰

出版发行 法律出版社
编辑统筹 司法实务出版分社
责任校对 晁明慧
责任印制 胡晓雅
经　　销 新华书店

开本 710毫米×1000毫米 1/16
印张 13.5 **字数** 205千
版本 2022年12月第1版
印次 2023年5月第2次印刷
印刷 北京新生代彩印制版有限公司

地址:北京市丰台区莲花池西里7号(100073)
网址:www.lawpress.com.cn
投稿邮箱:info@lawpress.com.cn
举报盗版邮箱:jbwq@lawpress.com.cn
销售电话:010-83938349
客服电话:010-83938350
咨询电话:010-63939796

书号:ISBN 978-7-5197-7423-3
定价:52.00元
凡购买本社图书,如有印装错误,我社负责退换。电话:010-83938349

《中国税务律师评论》（第9卷）

编 辑 委 员 会

序

Preface

2021 年 3 月 11 日，第十三届全国人民代表大会第四次会议表决通过了关于国民经济和社会发展第十四个五年规划（以下简称“十四五”规划）和 2035 年远景目标纲要的决议。“十四五”规划明确优化税制结构，健全直接税体系，适当提高直接税比重；完善个人所得税制度，推进扩大综合征收范围，优化税率结构；进一步优化增值税制度；调整优化消费税征收范围和税率，推进征收环节后移并稳步下划地方；规范完善税收优惠；推进房地产税立法，健全地方税体系，逐步扩大地方税政管理权；深化税收征管制度改革，建设智慧税务，推动税收征管现代化等是完善现代税收制度的重要方面。截至目前，我国 18 个税种中已经有 12 个税种以法律形式存在，税收立法进程进一步加快。与此同时，国家税收征管形势也正经历着深刻的变化。2020 年底，国家税务总局、公安部、中国人民银行、海关总署决定将“打虚打骗”两年专项行动延长至 2021 年 6 月；同时，对“三假”涉税违法犯罪行为常态化打击持续发力，税收征管形势发生转变。在此过程中，各类市场主体面临的税务法律风险呈行业性、周期性爆发，对涉税专业服务的需求更大、提出的专业性要求更高。在新时代财税改革的大背景以及市场需求的推动下，我国涉税专业服务市场正面临深刻转型、升级。

税务律师作为复合型高级涉税专业服务人员，在这场转型、升级中面临的机遇与挑战并存。在许多发达国家，税务律师作为法律服务行业的一项专业化分支,在诉讼和非诉领域都扮演十分活跃的角色,为企业提供税法咨询、税务规划、税务争议解决等涉税法律服务。而在我国,税务律师是律师行业中一个较新的种类,其业务类型也较新,在执业律师规模、专业水准、服务能力等方面明显滞后于社会经济的发展。近年来,随着市场对于涉税法律服务的需求不断加大,一些大型律师事务所纷纷成立了专业的税务部门,同时专业化的税务律师事务所也实现了业务的跨越性发展。随着近几年税法实务的深刻变化,不同行业对涉税服务的差异化需求逐步凸显,税务律师不应止步于"税法专家",其只有同时深入行业,成为某一个、某几个领域的"行业专家",才能更加贴合细分市场的需求。现阶段,中国税务律师可以在税收立法、执法、纳税人权益救济、行业税收制度改革等方面发挥更加重要的作用。

第一,协助纳税人综合考虑每一笔交易的经济实质和税法适用标准,向纳税人指明纳税义务和涉税风险,在降低纳税人涉税风险及税务成本、维护纳税人合法权益的同时提高纳税人的税法遵从意识。

第二,在税收征管过程中与税务机关积极沟通、协调,帮助税务机关明确商业行为中的经济实质并剖析税收协定、法律、行政法规、规范性文件的各项规定及其内部层级关系。

第三,在立法层面上为国家法律法规的制定、税务规范性文件的出台提供合理建议,就税收法规不明确的地方向有权机关发出呼吁,请求有权机关对类似问题进行明确的解释或说明答复。

第四,对于特定行业存在的不合理税收制度,协同企业、行业协会向有权机关建言献策,请求有权机关对相关税收政策进行修改,并在办理特定行业企业涉税案件时能够体察行业的现实困境,避免行政、刑事打击扩大化。

党的十八届三中全会将落实税收法定原则作为财税改革的目标之一,中国税务律师已经迎来前所未有的发展机遇。自2011年以来,由中华全国律师协会和中国注册税务师协会联合主办的中国税务律师(中国税务律师和注册税务师/中国税务律师和税务师)论坛已成功举办了10届,对引领提升广大律师、税务师从事涉税专业服务和推动国家法治建设发挥了积极作用。作为由中华全国律师协会财税法专业委员会编发的、全国第一本连续性税法实务出版物,《中国税务律师评论》选录了中国税务律师论坛的优秀作品,至今已出版8卷,对传播税收法治理念、落实依法治税发挥了积极的作用。今年出版的第9卷收录了多位深耕于税务行业的税务干部、律师、专家学者的优秀论文，所选案例反映了当前税务律师业务领域遇到的部分典型问题和实务操作中已经取得的阶段性成果，同时也对一些基础性、变革性、全局性的热点话题在税法理论层面进行了有益探讨，为税务律师和其他涉税服务人员进行理论研究和实务处理提供了丰富的素材及翔实的指引。目前，我国涉税争议案件频发，对税务律师的执业规模、专业水平、服务能力等提出了更高的要求，衷心希望本书的出版能够吸引更多的专业人士投身于税法服务领域，继续探索中国税收法治建设中的重大课题和前沿问题，聚力推进涉税专业服务创新与升级，解决我国税法建设中的以及困扰纳税人的关键问题，为维护纳税人合法权益、服务于我国税收法治进程、进一步促进依法纳税做应有的贡献。

最后，《中国税务律师评论》（第9卷）的出版得到了中华全国律师协会、中国注册税务师协会、部分省市税务机关及学术研究机构等诸多单位领导和业界同人的关心和支持，在此一并表示衷心的感谢！

是为序。

中华全国律师协会财税法专业委员会

2022年11月于北京

目　录

Contents

昆颉中心与万安公司等对赌协议税务纠纷案例评析

袁红兵　欧阳巧巧　许业焜　张妙灵*

一、前言

在企业股权投资等重组过程中，投融资双方由于对目标企业生产经营等信息掌握情况的不对称，通常对标的企业的价值估值存在较大的差异，难以达成一致意见；这对企业发展壮大造成阻碍。为降低投融资双方的信息差引发的不确定风险，尽快促进重组交易，对赌协议作为一种行之有效的估值调整机制应运而生，且被广泛运用。目前，关于对赌协议的讨论主要集中在经济与司法范畴，业界对其在税收领域的性质及影响目前仍存在较大分歧。

本案中，两级法院尽管已明确了交易双方所涉及对赌协议的法律效力，但对于对赌期结束后的补偿款的定性存在不同意见；这对税收领域产生一定影响，主要引发两方面争议：一是在对赌协议下融资方取得所得的纳税义务发生时间如何确定；二是对赌交易业绩补偿款如何定性，补偿款支付方是否可就之前缴纳的税款申请退税或作税前扣除，接受方是否需要缴纳所得税。本文将围绕本案情况对上述两方面争议点展开研究。

* 袁红兵，就职于国家税务总局横琴粤澳深度合作区税务局；欧阳巧巧，就职于国家税务总局横琴粤澳深度合作区税务局；许业焜，就职于国家税务总局横琴粤澳深度合作区税务局；张妙灵，就职于国家税务总局横琴粤澳深度合作区税务局。

二、案情简介

2016年12月30日,昆颉中心与向艺公司、万安公司、樊某某[1]共同签订《股权转让及增资协议》,约定昆颉中心出资受让向艺公司持有的万安公司21.4290%比例股权,再通过对万安公司增资,最终实现对万安公司30%比例股权的持有;向艺公司、万安公司以及樊某某对协议约定的相关责任和义务承担连带责任。同日,昆颉中心与向艺公司、万安公司、樊某某等共同签订《补充协议》,一是约定向艺公司与樊某某对万安公司2016年、2017年、2018年三年实现的净利润进行承诺,明确若万安公司在该三年任一年度业绩未达承诺要求,向艺公司与樊某某须以股权补偿、现金补偿或混合补偿三种方式之一对昆颉中心支付补偿款;二是约定若万安公司未在规定时间提交上市资料并获受理,或未在规定时间完成上市,昆颉中心可要求向艺公司与樊某某购买其持有的部分或全部万安公司股权。同样地,《补充协议》也约定万安公司、向艺公司和樊某某对该补充协议约定的相关责任和义务承担连带责任。上述协议签订后,昆颉中心依照协议约定足额支付了股权转让款以及增资款。

万安公司2016年、2017年业绩达标,但2018年未达到承诺数额2250万元。合同当事人围绕《补充协议》的效力以及2018年业绩补偿款是否应支付等事项产生争议,昆颉中心向一审法院(北京市第四中级人民法院)起诉,请求判令向艺公司、万安公司与樊某某连带向昆颉中心支付2018年业绩补偿款23,542,067.32元及相应罚息。向艺公司、樊某某、万安公司共同提出反诉,请求一审法院解除三方与昆颉中心签订的《股权转让及增资协议》及《补充协议》。一审法院经审理认为向艺公司、樊某某、万安公司提出的反诉请求理由不成立,对昆颉中心诉求予以支持,同时认为补偿款属于违约金性质,基于公平原则调低。而后,昆颉中心对一审法院降低业绩补偿款不服,向二审法院提出上诉,请求改判向艺公司、万安公司与樊某某连带向昆颉中心支付2018年业绩补偿款23,542,067.32元及相应罚息;向艺公司、万安公司与樊某某对一审法院认同《股权转让及增资协议》及《补充协议》效力的判决事项不服,向二审法院

---

[1] 向艺公司为万安公司的股东,樊某某为万安公司的实际控制人。

(北京市高级人民法院)提出上诉,请求依法改判解除上述《股权转让及增资协议》及《补充协议》。二审法院经审理认为,一审判决认定事实清楚,适用法律正确,驳回上诉,维持原判。

本案主要存在两个争议点,各方的主张与观点如下:

(一)对赌协议框架下,《股权转让及增资协议》及《补充协议》关于目标公司(万安公司)及目标公司股东或者实际控制人(向艺公司、樊某某)支付业绩补偿金的约定是否有效

1. 昆颉中心的主张

一是协议内容以合同当事人真实意思表示为基础,不违反法律法规规定,依法有效。向艺公司、万安公司、樊某某与昆颉中心共同签订《股权转让及增资协议》及《补充协议》,鉴于昆颉中心为溢价增资,约定向艺公司、樊某某对万安公司2016~2018年三年的经营业绩进行承诺。该承诺事项属于"对赌协议"范畴;《补充协议》第1条系实践中的"对赌协议"。对于投资方与目标公司的股东或者实际控制人订立的"对赌协议",如无其他无效事由,认定有效并支持实际履行,实践中并无争议。此外,约定万安公司、向艺公司和樊某某对两份协议的相关责任和义务均承担连带责任,系合同当事人真实意思表示且并不违反法律法规的强制性规定。

二是协议签订后万安公司业绩未达标,其要求向艺公司、樊某某、万安公司连带支付业绩补偿款符合协议约定。根据合同当事人共同认可的会计师事务所出具的财务报表审计报告,万安公司2018年累计净利润为12,869,154.28元,与承诺的2250万元相差9,630,845.72元,未达《补充协议》承诺业绩,昆颉中心依约要求向艺公司、樊某某、万安公司支付业绩补偿金条件成就。

2. 向艺公司、万安公司、樊某某的主张

一是情势变更因素致使继续履行协议显失公平。受2017年年底"煤改气"政策及2018年气源短缺的影响,天然气价格大幅上涨,导致万安公司因成本大幅抬高、利润严重受损,无法实现2018年业绩承诺。该情况属于当事人在订立合同时无法预见的、非不可抗力造成的不属于商业风险的重大变化,继续履行协议显失公平,符合情势变更的法律特征,应解除合同。

二是万安公司在对赌协议项下承担连带责任的约定属于无效约定。本案对赌条款的效力除受一般民事法律规定约束外,还应受《公司法》等商事规范调整。万安公司作为对赌协议的目标公司,若作为连带责任主体向昆颉中心支付补偿款,必将导致公司资产的不当损失,有违《公司法》有关公司资本维持原则的规定,损害公司本身及有关权益人的利益。此外,要求万安公司支付2018年业绩补偿款,还将造成无法保障对社会持续供气的后果,对公众利益造成损害。

3. 一审法院认定结果

一是向艺公司、万安公司、樊某某关于"煤改气"政策构成情势变更的诉讼意见理由不充分。万安公司作为专业燃气企业,理应对国家宏观政策调整、市场运行变化等具备基本的职业敏感度,对于国家政策的循序推进应当有所判断,应当意识到国家宏观政策等大环境可能对所处行业产生的影响,并采取适当的风险应对措施。向艺公司、万安公司、樊某某订立合同时对天然气价格变动并非无法预见,且风险程度未远超当事人合理预期,风险可以防范和控制,与情势变更无关。

二是《股权转让及增资协议》以及《补充协议》合法有效。当事人共同签订《股权转让及增资协议》以及《补充协议》,约定昆颉中心受让万安公司部分股权并对万安公司进行增资,实现对万安公司30%比例股权的持有,上述约定的成立基于当事人真实意思表示,且不违反法律法规的强制性规定,合法有效。当事人关于业绩承诺及补偿款事项的对赌条款,属于意思自治事项,原则上亦属合法有效。

三是万安公司应对业绩补偿款承担连带给付责任。一审法院认为,万安公司作为目标公司,与向艺公司与樊某某法律地位不同,需单独判断。万安公司本身不是业绩承诺对赌关系的当事人,但依约对协议中的责任和义务承担连带责任,即实际上相当于昆颉中心与万安公司存在保证合同关系,由万安公司对补偿款提供保证责任,该法律关系合法有效。同时,根据万安公司2018年度审计报告载明的数据,其未分配利润已足以支付业绩补偿款,不存在违反《公司法》等商事规定的情形,对昆颉中心要求万安公司承担连带给付责任的诉讼请求予以支持。

4. 二审法院认定结果

一是一审法院对万安公司法律责任的认定合法、有效、正确。在签订《补充协议》时，万安公司向其唯一股东向艺公司及实际控制人樊某某提供连带保证责任，不违反《公司法》关于公司为其股东或者实际控制人提供关联担保须由股东会作出决议的规定，[1]且不违反公司资本充实原则，万安公司依约应当对向艺公司、樊某某的业绩补偿款支付承担连带责任。

二是"煤改气"政策不构成情势变更。二审法院引用《最高人民法院关于适用〈中华人民共和国合同法〉若干问题的解释（二）》[2]第 26 条的规定，认为"煤改气"政策不属当事人订立合同时所无法预见，亦非由除不可抗力以外的其他意外事故所引起，应归属为当事人应当自行承担的商业风险，不构成情势变更。

（二）对业绩补偿款如何定性，属于估值调整还是违约金或是其他

1. 昆颉中心的主张

《补充协议》第 1 条关于业绩及未完成时的补偿承诺实则为实践中的"对赌协议"，约定了万安公司的业绩完成情况这一不确定事项，符合法律所规定的"条件"，属于附条件合同，非违约金条款。在条件成就时，也即万安公司未完成业绩承诺时，向艺公司、樊某某应依约向昆颉中心支付补偿款。同时，昆颉中心所支付的总价款远高于本次增资及股权转让时所获股权对应的万安公司的净资产价值，根据协议约定，补偿款实质上是向艺公司、万安公司、樊某某基于昆颉中心大幅度溢价增资所作出的补偿承诺。鉴于万安公司无法完成当年业绩承诺，将大幅影响昆颉中心所持股份的收购价值并间接导致公司新三板挂牌难以推进，《补充协议》中约定的业绩补偿款实际上是对昆颉中心整体持股利益的补偿，相当于估值调整，非违约金。

2. 向艺公司、万安公司、樊某某的主张

本案基本事实符合情势变更的法定条件和法律特征，应当依法解除《股权转让及增资协议》及《补充协议》、免除三方支付补偿款的责任。三方未论述业

---

〔1〕 参见《公司法》第 16 条。

〔2〕 该解释自 2021 年 1 月 1 日起失效。

绩补偿款的性质。

3. 一审法院认定结果

根据约定内容,一审法院认为《补充协议》中约定的业绩补偿款属于强制性支付义务,因此业绩补偿款的法律性质实际上属于《合同法》[1]第114条[2]规定的违约金。昆颉中心是以溢价价格对万安公司进行股权投资,相应溢价价值就体现在承诺业绩中,但企业某一年度经营业绩不理想可能存在诸多偶然因素,并不必然造成该企业价值的严重贬损,故对于昆颉中心提出的严格按照合同约定进行补偿不存在显失公平情形的意见不予采信,鉴于现昆颉中心主张的违约金数额过分高于其实际损失,一审法院依照《合同法》有关违约金的规定,对补偿款进行调低。

4. 二审法院认定结果

《补充协议》中既约定了业绩补偿条款又同时约定了股权回购条款,无论是业绩补偿条款还是股权回购条款,都只是调整投资价格,使其恢复到符合目标公司实际业绩指标水平的路径。因昆颉中心已通过另案诉讼,要求向艺公司及樊某某依约购买昆颉中心持有的万安公司全部股权,其已可以就其投资损失得到补偿,因此,一审法院酌情调整向艺公司与樊某某向昆颉中心支付的业绩补偿款,并无不当,二审法院予以维持。

三、法理评析

本案涉及的两项核心争议事项不仅是实务中的难点,在学界也引起广泛讨论,并直接引申出税法上的热点问题,本文笔者将进一步展开讨论。

第一个问题是对赌股权交易协议是否有效,以及其对税收领域的纳税义务发生时间的影响。2019年最高人民法院印发的《全国法院民商事审判工作会议纪要》(以下简称"九民纪要")就对赌协议的效力及履行进行阐述,[3]"九民纪要"虽不能直接作为法律依据,但对司法实践有重要的指导作用。本案中,两级法院对于对赌协议的效力认定充分体现了"九民纪要"的文件精神,均肯定了对

---

〔1〕 该法已于2021年1月1日失效。

〔2〕 对应《民法典》第585条。

〔3〕 参见"九民纪要"第二部分"关于公司纠纷案件的审理"的内容。

赌协议的法律效力，认为当事人关于业绩承诺及补偿款事项的对赌条款，属于意思自治事项，在不违反法律法规强制性规定的前提下，原则上合法有效。同时两级法院认为在实际履行过程中，对投资方与目标公司的股东或者实际控制人订立的"对赌协议"、投资方与目标公司订立的"对赌协议"两种情形需区别判断，在认定目标公司（万安公司）承担连带责任前增加了公司资本充实原则审查的流程，确保万安公司支付补偿款不违背《公司法》关于"股东不得抽逃出资"及股份回购的强制性规定。在对赌协议法律效力明确的情况下，由于对赌协议普遍存在对赌期限，该期限结束前取得所得一方是否应缴纳所得税存在较大争议。

第二个问题是对赌协议项下的业绩补偿款如何定性，以及其对应纳税所得额的影响。有观点认为，对赌协议业绩补偿款包括了现金补偿、回购股权等多种形式，[1]为方便讨论，本文的业绩补偿款仅限于前者。业绩补偿款如何定性，是实务中的难点及争议点。以本案为例，二审法院虽维持了一审法院调整补偿款的判决，但对补偿款的定性存在不同观点：一审法院认为，《补充协议》中约定的业绩补偿款是强制性支付义务，属于民法规定的违约金范畴。二审法院认为，《补充协议》约定的业绩补偿条款以及股权回购条款，都是对投资价格调整，使其恢复到符合目标公司实际业绩指标水平的路径；该种思路实质上已将对赌协议视为估值调整。此外，学界对于对赌协议项下的补偿条款或股权回购条款，同样仍存在较大分歧，尚未形成统一观点。对其采用不同处理方式也会深刻影响税法上对应纳税所得额的判定。

（一）对赌协议的会计核算处理

本案为非同一控制下的企业合并。对赌协议的后果包括以下三种：一是对赌条件实现，二是发生股份回购，三是业绩补偿。业绩补偿是对目标公司未完成业绩形成的补偿，属于或有对价，应按《企业会计准则第 20 号——企业合并》的规定进行处理。公司支付的作为企业合并或有对价返还的股份或现金，以实际业绩与承诺业绩的差额为基础确定股份数量和现金金额，随实际业绩变动而变动，应按照《企业会计准则第 22 号——金融工具确认和计量》的规定进行会计处理。

---

〔1〕 毛谢恩、崔国：《对赌协议的企业所得税处理》，载《税务研究》2017 年第 6 期。

初始计量时,股权受让方应在股权转让日按照或有对价协议的公允价值确认一项金融资产。股权出让方应于股权转让时确认股权转让收入,结转股权转让成本,差额为投资收益,计入当期损益。同时基于目标公司未来的业绩预测情况,在股权转让日按照或有对价协议的公允价值确认一项金融负债。后续计量时,双方应根据各个期间实际业绩和后续期间预计业绩情况,调整金融资产和金融负债的账面价值,并计入各期的公允价值变动损益。在最终受让方收到补偿款时,受让方将差额部分确认为"其他综合收益",出让方则冲减其转让股权的投资收益。

(二)对赌协议下纳税义务发生时间的确定

1. 对赌期限对纳税义务发生时间的影响

"对赌协议"又称估值调整协议,是指投资方与融资方在签订股权交易协议时,由于信息不对称、对未来发展的不确定而对目标公司的价值无法达成一致估值意见,为促成交易顺利完成而采取的对目标公司未来事项的约定。由于对赌协议存在对赌期限,在股权交易阶段完成后,对赌交易与股权交易存在时间差并且可能对股权交易进行重构,直接导致整个交易行为具有较大的滞后性与不确定性,从而导致纳税义务发生时间上的模糊。在目前税法领域暂未有相关规定予以明确的情况下,大致有两种理解路径:一是先在股权交易阶段确定纳税义务,而后在对赌期结束并完成对赌交易时再次确认纳税义务,该思路独立看待前后两次交易,为分阶段处理方式;二是对赌期结束并完成对赌交易后才确认纳税义务,在股权交易阶段暂不确认,即将前后两项交易视为不可分开的统一整体,为合并处理方式。在实践中,哪种方式更为合理?

2. 对赌协议下纳税义务发生时间的处理

有观点认为,股权转让协议与对赌协议是两份独立的协议,效力单独认定,且对赌协议约定的是双方在对赌期满之后对股权的回购和补偿,影响的是给付内容,并非当前的股权转让行为;其效力与股权交易合同是否生效无关。[1] 实

---

〔1〕 段晓红、皮元:《对赌协议现金补偿所得课税:形式与实质之争及其弥合》,载《财会月刊》2021年第3期。

践中根据交易习惯，交易双方也基本在转让协议签订后即开始履行协议内容，并在一方迟延履行约定义务的情况下由另一方追究违约方责任，相当于默认协议的生效时间为其成立之时。根据《国家税务总局关于贯彻落实企业所得税法若干税收问题的通知》（国税函〔2010〕79号）第3条的规定，确认企业股权转让收入基于两个条件的成就：协议生效并完成变更手续。基于“对赌协议”不影响股权转让合同的效力，也不能改变股权交易实际完成的事实，股权转让协议自成立时即生效，确认收入。[1]

分阶段处理方式虽满足了对赌协议下交易的形式要求[2]，但仍有部分细节待商榷。首先，对赌期结束后可能产生的补偿以前期股权转让协议为基础与前提，从该角度来看，认为在对赌期限并未结束的情况下，整个股权转让交易并没有结束的观点[3]具有一定的合理性。但该种处理方式可能导致重复征税问题。纳税义务是否应在此时认定值得进一步研究。其次，由于企业所得税按年度征收，存在减免税额、优惠税率、弥补亏损等税收优惠，若采用分阶段税务处理方式，存在将纳税义务分别在不同年度进行确认的情形，有较高的避税风险。最后，因对赌协议的存在，交易是否符合收入确认原则存疑。主要有以下三点考量：一是主要风险和报酬并未转移。股权交易合同附有对赌条款时，若最终无法完成对赌条款，转让方需要调整初始对价，对受让方进行损失补偿，因此与所有权相关的主要风险和报酬并未转移至受让方。二是收入的金额未能得到可靠的计量。受让方虽然向转让方支付了初始转让价款，但在对赌期满后需要根据对赌条款完成情况对初始转让价款进行调整，甚至需撤销该笔交易。对于股权转让方来说其股权转让收入具有很大的不确定性，收入金额因此而不能得到可靠的计量。三是特殊情况下，转让方仍保留与所有权相联系的继续管理权或实施有效控制。实践中部分股权交易虽然已办理完毕股权变更手续，受让方取得了股权，但由于对赌的存在，受让方权利行使受到了极大的限制，不能像正常取得股权那样行使经营管理权、表决权等，转让方仍然保留与股权相联系的管理权，并实施有效控制。总体而言，分阶段处理方式存在较多争议事项。这种情况下，合并处理方式能否成为解决

〔1〕 参见《民法典》第502条。

〔2〕 吴培：《企业对赌协议中业绩补偿事项税务处理》，载《合作经济与科技》2020年第6期。

〔3〕 高金平：《对赌协议或有对价之所得税探析》，载《中国注册会计师》2018年第10期。

路径?

合并处理方式将股权交易基础阶段与对赌交易阶段视为统一整体,待对赌期结束完成对赌交易后统一确认纳税义务。该处理方式与对赌协议项下的股权交易实质较为契合,但实践中大多不被税务机关认可:一方面,该做法违背税收征管的应收尽收原则。考虑到交易双方约定的对赌期限一般较长,未来目标公司的经营业绩能否达到承诺标准不确定性较大,税款流失的可能性较高。另一方面,该做法存在较大的避税风险。例如,通过对赌协议方式约定对赌期限,筹划收入确认时间的后移,起到延缓缴纳税款的作用;或以对赌协议补偿款或股权回购方式,对应税所得进行抹除,恶意逃避税款缴纳义务等。

考虑到权责发生制条件下纳税义务发生时间以企业取得对价所依附的权利的发生为标志,换言之,企业确认的收入应包括企业当前收入以及权益发生所带来的未来确定性收入,基于不同的纳税义务发生时间判定下的两种不同处理方式,将决定交易应纳税所得额的确定。这体现了对赌交易补偿款性质的认定理念。以业绩补偿款为例,分阶段处理和合并处理决定了取得补偿款的一方应当确认"收入"还是冲减成本。鉴于此,笔者认为可从对赌交易的补偿款的性质窥探两种处理方式的合理性。

(三)不同处理方式下业绩补偿款的所得税处理

1. 分阶段处理方式下补偿款所得税的处理。在分阶段处理方式下,因股权交易协议与对赌协议被视作两份完全独立的合同,对赌协议下的业绩补偿款视为受让方依据对赌协议取得的款项,因此应确认为"收入"。该方式下,对取得的补偿款有两种认定思路:第一种认为业绩补偿款为违约金收入。该思路与本案一审法院基本一致,认为目标公司未达成约定业绩构成违约,对赌协议补偿款为提供承诺一方(违约方)支付的违约金。第二种认为业绩补偿款为企业所接受的捐赠收入,该思路为目前分阶段处理方式下对补偿款定性的主流观点。[1] 该两种定性的主要区别在于,捐赠为一方无偿支付且不索取对价,属于单务民事法律行为,且因不属于公益性捐赠而不能作税前扣除;认定为违约金的情况下,

---

〔1〕 陈斌才:《案例分析对赌条款下股权收购的所得税处理》,载《财务与会计》2019年第22期。

支付一方可就该款项作相应税前扣除。

以本案为例,上述两种对补偿款的认定思路同样存在明显弊端。第一种思路有违合同违约责任的相对性原则。本案对赌协议的当事人分别为昆颉中心以及向艺公司、樊某某,目标公司万安公司虽共同签订了对赌协议,但仅约定保证合同关系,非对赌协议当事人。若认定业绩补偿款为违约金,会出现合同当事人与合同违约责任方不同的情况。第二种思路导致重复征税问题。若认定昆颉中心接受的业绩补偿款为捐赠收入,那么向艺公司或万安公司、樊某某等支付的现金补偿将视作捐赠支出,将这笔业绩补偿款当作一笔独立的交易,支出方按非公益捐赠支出名义无法税前抵扣,昆颉中心按接受捐赠确认收入则需缴纳所得税,相当于对同一笔款项多次纳税。

2. 合并处理方式下补偿款所得税的处理。合并处理方式体现了"实质重于形式"原则,将股权交易以及后续的对赌交易视为同一交易的不同步骤,合并处理。该方式下,对赌协议中业绩补偿款的实质为对前期股权交易价值的调整。目前,针对合并处理方式下补偿款的税务处理有两大比较成熟的观点:一是衍生工具说。该说认为股权交易双方在交易过程中所订立的对赌协议与上市公司出售的欧式看跌期权在作用上大致类似,并把实现业绩承诺时产生的收入视同行权价格。然而,衍生工具说在实践运用中需对衍生工具进行准确估价,面临操作难度较大、可行性不高等问题,对征税成本和征税效率影响较大。〔1〕二是计税基础调整说。该说认为对赌交易中一方由于目标公司业绩未达标而向另一方支付的业绩补偿款,可视为对另一方前期股权交易投资的估值调整,即对股权价格进行重新认定。〔2〕从公开的处理案例看,2014 年 5 月 5 日,海南省原地方税务局出具的《关于对赌协议利润补偿企业所得税相关问题的复函》(琼地税函〔2014〕198 号)即体现了计税基础调整说的处理思路,该函以个案批复的方式明确"海南航空股权收购案"中对赌协议利润补偿企业所得税的税务处理问题,明确在对赌协议中取得的补偿款可视为对最初受让股权的定价调整,降低长期股权投资的初始成本。值得注意的是,计税基础调整处理在实践操作

---

〔1〕 萧潇:《现金形式业绩补偿条款财税处理探讨》,载《合作经济与科技》2021 年第 24 期。

〔2〕 刘斌:《对赌协议的交易属性与税务认定研究》,载《税务研究》2022 年第 8 期。

过程中一般涉及所得税的退还问题,由于税务机关对退税事项审核较严且尚未有文件对该类退税事项予以明确,实务中处理难度较大,需做好进一步沟通协调。

(四)对赌协议下的利益平衡

1. 坚持实质重于形式原则。尽管交易双方已完成股权变更手续,并且出让方已实际获得全部的股权转让价款,按照现行所得税的相关规定,应视同该笔股权转让交易已完成,出让方应履行相应的纳税义务。但由于该笔股权交易附有对赌协议,待对赌期满后,需要再根据对赌实际完成情况及约定的条件,来最终确定该笔股权交易是否完成、融资款项是否应当转为股权转让收入,以及如何计量。对赌期满后针对该笔股权交易进行的估值调整,实质上应与初始交易确定为同一个交易行为的连续状态进行税务处理。

2. 坚持税收中立原则。出让方存在较大可能性无法完成全部对赌条款时,对赌期满后将面临对赌补偿或者撤销交易的风险,即出让方可能需要对受让方进行赔偿甚至回购已转让的股权,最终该笔股权交易的收入金额将会面临较大调整。若出让方在初始交易年度按照股权交易的初始价格及原值计算缴纳税款,该笔税款可能导致企业最终面临巨额亏损,使企业产生流动性风险,进而影响企业的生存发展。因此,财税政策在追求政策目标收益最大化的过程中,还应考虑在不违背公平性的前提下,从合理解决实际问题的角度出发,尽可能做到对市场机制的伤害最小,实现税收的可持续性发展。

四、结论与启示

现实中运用广泛的对赌协议,在法律性质上却尚未形成统一明确观点,相关涉税事项的处理存在颇多争议。例如,现阶段对于对赌协议中业绩补偿收入的税务处理,主要有分阶段税务处理和合并税务处理两种方式。分阶段税务处理的实质是按照形式课税原则,将最初交易事项与补偿事项分别按照单独的交易事项进行处理,交易是否符合收入确认原则值得商榷,且容易产生避税风险。合并税务处理方式则是将对赌协议视作估值调整机制,最初交易价格扣除业绩补偿才是最终交易价格。若采用合并税务处理方式,通常会涉及所得税的退还问题。目前由于缺乏相关法律法规的支持，税务机关采取税款退还处理将存在一定税收执法风险。

立法层面的不明确不仅给纳税人带来困惑，也增加了税务机关服务管理的难度。实践中，对赌协议存在多样性和复杂性，税务机关难以对复杂的资本交易事项进行准确统一的分析定性；且由于现行税收法律法规缺乏关于对赌协议的税收政策支持，各地税务机关在实际操作中针对不同的对赌模式采用的税务处理办法存在较大差别，政策执行尺度不一。尽管"九民纪要"就对赌的主体和范围、对赌协议的效力和履行以及与目标公司对赌等问题作出明确规定，一定程度上为对赌案件的法律处理规则提供了指导性意见，但股权交易事项的定性、业绩补偿性质明确等诸多基础性问题在法律层面尚未有准确界定，对赌协议从签订到执行阶段仍然属于立法的空白地带。

对赌协议，究其本质是一种合同，具体而言是商事主体在频繁的商事交易过程中创制出来的无名合同。应以合同法基本理论为基础，同时站在商事交易的角度以商法思维分析对赌协议的法律性质。基于税法与其他法律的关系，对赌协议相关涉税问题的解决均建立在准确定性对赌协议的交易属性的基础之上，因此笔者建议：一是从法律的角度明确对赌协议的性质，才能给对赌协议的税收政策制定提供正确的方向及合理的借鉴。二是税务部门尽快出台并完善相关税收政策，对各地的政策执行尺度进行统一。具体而言，一方面，应坚持实质课税原则，通过法律形式去洞察背后的经济实质，考量经济目的以及经济意义，并据此寻求税务处理的合理性以及正当性；另一方面，可从税务的角度对对赌协议按照一定的标准进行科学分类，将大致相同的税务处理事项归为一类，再进一步梳理其中的税收问题，制定出符合实际的对赌协议税收处理政策。

同时，在现阶段相关税收法律法规未完善的情况下，建议相关交易方提高对对赌协议税务风险的防范意识，加强对赌协议相关理论研究，谨慎设置对赌协议相关条款，针对对赌协议涉税事项提前与主管税务机关主动沟通，确认业绩补偿、股权回购等情形下涉及的税务处理方式，尽可能取得主管税务机关的认可，增强对赌协议相关事项税务处理的确定性，降低交易的税务风险。

吴某某与佛山市 Y 房地产有限公司房屋买卖合同纠纷案例评析*

胡耘通　严荣强**

一、前言

(一)背景情况

近年来,随着信息网络技术的蓬勃发展,司法实践活动也逐渐与互联网紧密结合,公平正义实现的效率不断提高。网络司法拍卖即其中的一项重要实践活动。网络司法拍卖,是指人民法院在民事案件强制执行程序中,依照法律规定,依托互联网平台以公开拍卖的方式处理债务人的财产,以实现债权人合法债权的活动。网络司法拍卖相较于传统拍卖,能够提高债务人财产变现的效率,可以更好地保证债权人合法权益的充分实现。

随着网络司法拍卖实践活动的不断增多,其存在的问题也越发突出。最突出的问题即不动产网络司法拍卖的税费负担问题。这一问题的产生主要是由于法院在网络司法拍卖中,往往通过《竞买公告》《竞买须知》等形式设置"包税条款",并将该条款纳入《拍卖成交确认书》中,使之成为竞买人与债务人合同的一部分。这些"包税条款"往往采取"一刀切"的方式,不仅将交易过程中应由

* 本文属基金项目:黑龙江省哲学社会科学研究规划项目"AI 时代纳税人信息保护"(19FXBO36)成果。

** 胡耘通,西南政法大学教授,西南政法大学法务会计研究中心主任;严荣强,西南政法大学硕士研究生。

债务人负担的各项税负和费用要求竞买人负担,甚至还要求竞买人负担拍卖标的物所负的与交易无关的积欠税费。

当事人围绕“包税条款”发生的争议,主要包括以下两种情形:一是“包税条款”的合法性问题,即“包税条款”的性质为何,是否违反税收法定原则和《税收征收管理法》的强制性规定;二是“包税条款”所规定的税费负担范围问题,即“包税条款”所约定承担的税费包括哪些内容。

(二)研究意义

1.理论意义

目前,我国学术界对俗称“包税条款”的税费负担条款所进行的研究,多是从纳税义务实现的角度出发,认为我国税收法律并不禁止纳税义务主体与税费负担主体相分离,税费负担条款因而具有合法性。同时,学术界对作为争议焦点的税费负担范围的认定标准的讨论较少。本文结合吴某某、佛山市Y房地产有限公司(以下简称Y公司)房屋买卖合同纠纷案[1],从税收法律关系角度出发,论证纳税义务主体与税费负担主体的可分性,从基本理论上赋予税费负担条款正当性;结合实践中税费负担条款的表述,从合同条款的解释入手,将其性质明确为约定债的代履行义务,在理论上去除税费负担条款性质模糊的面纱;从诚实信用原则入手,提出应注意税费负担条款的合同属性和司法拍卖的经济活动属性,认为税费负担范围应对买受人具有现实可预见性,为税费负担范围争议的认定提供理论依据。

2.实践意义

本文从个案出发,对我国网络司法拍卖税费纠纷中的纳税义务主体和税费负担主体的可分性、税费负担条款的性质、税费负担范围的认定标准问题予以分析并提出相应的理论方案。这些理论既能够为法院对类似案件的处理提供释法说理之依据,又能够为法院对执行工作的改善提供理论指引。就类案的处理而言,本文从根本上明确了税费负担条款的正当性和合法性,以及税费负担范围的认定标准,能够有效提高法院释法说理的充分性。就执行工作的改善而

〔1〕 参见广东省佛山市中级人民法院判决书,(2021)粤06民终9230号。

言,本文明确了税费负担范围的认定标准,有利于指引法院在司法拍卖活动中完善公告公示的内容,从源头上降低税费纠纷的发生可能性。

二、案情简介

(一)主要案情及争议焦点

本案上诉人(原审被告)为吴某某,被上诉人(原审原告)为Y公司。上诉人吴某某与被上诉人Y公司在履行经人民法院司法拍卖订立的不动产买卖合同的过程中,因税费负担问题协商不成发生纠纷,诉至法院。原审被告吴某某因不服一审判决提起上诉。故本案历经两级法院审理,由广东省佛山市中级人民法院于2021年9月1日终审审结。

2018年11月9日,北京市东城区人民法院就广东省佛山市三水区某小区4座302号、402号房产(以下简称涉案房产)作出《竞买公告》。《竞买公告》第7条载明:"标的物过户登记手续由买受人自行办理,所涉及的一切税费及其标的物可能存在的如物业费、供暖费、交通违章扣分、罚款等其他欠费情况,除本公告特别声明外,由买受人承担。"第12条第2款载明:"竞买人在拍卖竞价前请务必再仔细阅读本院发布的拍卖须知。"2018年12月20日,北京市东城区人民法院就拍卖涉案房产作出《竞买须知》,其中第12条第2款载明:"标的物转让登记手续由买受人自行办理,交易过程中产生的税费由买受人承担。自行办理水、电、气等户名变更手续,相关费用自理。水、电、物业管理等欠费均由买受人承担,未明确缴费义务人的费用也由买受人承担。"

吴某某通过北京市东城区人民法院司法拍卖平台竞得涉案房产,并于2018年12月26日付清房款。2019年1月14日,吴某某作为买受人签署《拍卖成交确认书》确认拍卖事实。该确认书第7条载明:"经买受人认可的拍卖须知等拍卖资料是本拍卖成交确认书的组成部分。"嗣后,吴某某向税务机关缴纳了涉案房产过户过程中买方所应承担的契税和印花税,并于2019年2月22日取得涉案房产的不动产权证书。

在此之后,Y公司请求吴某某承担涉案房产过户登记手续涉及的各项税费,吴某某认为其不应承担法定应由Y公司承担的有关税费。Y公司遂向人民法院提起诉讼,请求法院判令由吴某某承担涉案房产因交易及过户产生的增值税、土地增值税、城市维护建设税、教育费附加、地方教育附加、印花税等税费。故本案争议焦点为，买受人吴某某应否负担涉案房产产权转移过程中法定应由Y公司承担的税费。

（二）争议双方观点及理由

出卖人Y公司认为，吴某某依据其签署的《拍卖成交确认书》取得涉案房产的产权，即应遵守《拍卖成交确认书》第2条“买受人在拍卖前已认真阅读《拍（竞）买公告》、《拍（竞）买须知》等公示材料，自愿履行上述材料的相关规定即愿意承担相应的法律责任”之规定。而该条所引用之《竞买公告》第7条、《竞买须知》第12条明确规定买受人须承担因交易及过户而产生的一切税费，其中“一切税费”应理解为本应由出卖人及买受人双方承担的一切税费均由买受人承担。

买受人吴某某认为：(1)《竞买公告》及《竞买须知》只笼统写明，标的物过户登记手续由买受人自行办理，所涉及的一切税、费由买受人负担，但并未明确列明买受人应具体承担哪些税种，也未明确买受人应承担税种的具体税费金额，故其在竞买涉案房产时，只能合理认为只承担法律规定买受人应承担的一切税费。而且，若将“一切税费”理解为买卖双方的一切税费，则与最高人民法院《关于人民法院网络司法拍卖若干问题的规定》（以下简称《网络司法拍卖若干问题的规定》）第30条相违背。(2)根据《不动产登记暂行条例实施细则》第15条第4项的规定，不动产登记机构受理不动产登记申请后，应对法律、行政法规规定的完税凭证或者缴费凭证是否齐全进行查验，亦即相关部门在查验完税或者缴费凭证齐全的情况下，才会核发不动产权证书。其已于2019年2月22日取得不动产权证书，说明政府部门已承认涉案房产处于完税状态，即认可其已缴纳了一切税费。(3)根据《国家税务总局对十三届全国人大三次会议第8471号建议的答复》有关内容，税费依法由相应主体承担，严格禁止在拍卖公告中要求买受人概括承担全部税费。

（三）法院判决意见

一审法院认为，吴某某作为竞买人参与司法拍卖并成功竞买房屋，其应清楚并知悉《竞买公告》《竞买须知》中对拍卖标的物拍卖成交后所有权转让可能产生的税费及承担方式,故其应受到有关条款规定的约束;且拍卖相关文件中仅规定了税费的承担主体,并未实际变更具体的纳税义务主体,并未违反税法和最高人民法院关于网络司法拍卖的司法解释的有关规定,系合法有效的约定;本案所涉税费皆属于"标的物过户登记手续中所涉及的一切税费";过户登记时有关机关未通知买受人缴纳本案所涉税费,系有关机关履行职能的具体程序原因,并不影响本案合同中税费承担条款的效力。

二审法院支持一审法院观点,认为《竞买须知》《竞买公告》属于合同的组成部分,其中明确规定拍卖涉案房屋产权转移产生的税费由买受人承担,故吴某某应受到该约定的约束。根据三水区税务局对法院调查所作的回函,房产过户中产生的各项税费的纳税义务人依照法律规定固然分别为买卖双方,但买卖双方可约定由一方代替对方缴纳有关税费,故由吴某某承担有关税费合法。

三、案例分析

本案核心争议点为买受人吴某某是否应当负担涉案房产权属转移过程中法律规定应由出卖人 Y 公司负担的税费。笔者以为,欲明晰并充分解决本案争议乃至此类争议,对以下几个问题必须予以明确。首先,须明确纳税主体与税费负担主体是否具有可分性,如二者不可分,则买受人吴某某断无负担有关税费之可能;其次,须明确税费负担条款之性质,究竟是约定变更纳税主体还是约定税费承担主体;最后,须明确税费负担范围,即所谓"一切税费"究竟包括哪些税费。

(一)纳税义务主体与税费负担主体具有可分性

本案中,买受人吴某某认为《竞买公告》《竞买须知》规定其应负担的"一切税费"应为法律规定其应当承担的税费,即契税和印花税;若要求其负担法律明文规定由出卖人承担的增值税、土地增值税、城市维护建设税、教育费附加、地方教育附加、印花税,则与我国税收法律有关规定和《网络司法拍卖若干问题的规定》第30条相违背[1]——该条规定因网络司法拍卖产生的税费,法律、行政

---

〔1〕 参见赵海燕:《也谈税收法律关系》,载《山西财政税务专科学校学报》2014年第5期。

法规有规定的依照规定承担，只有没有规定或规定不明的，才可由法院确定。吴某某的抗辩暗示着这样一种认识：本案中网络司法拍卖合同中的税费负担条款在内容上是将出卖人的纳税义务人地位转移给了买受人。

在本案判决中，法院从纳税义务的履行角度对买受人吴某某的这一观点予以了否定。法院认为，尽管依法纳税是法律的强制性规定，我国税法亦规定了不同的主体负有不同的纳税义务，明确了应缴纳的税种、税率及纳税主体等，但税法有关规定之目的在于防止纳税主体逃避纳税义务，却并未禁止纳税主体与合同相对人或第三人约定由合同相对人或第三人缴纳税款。拍卖公告和须知中关于税费负担条款的约定只是改变了承担税费的具体主体，没有改变纳税义务人，不会导致国家税款的流失，故该条款并未违反有关法律和司法解释的规定。法院的论述则表明，确定纳税义务人的目的在于确保税款的不流失，只要税款不流失，纳税义务人和税费负担主体二者就具有可分性。

从法理的推论过程来看，本案判决中法院从税收征收活动出发，认为税法对纳税义务主体的规定旨在确保税款不流失，进而推出纳税义务主体和税费负担主体具有可分性，从而否认买受人之主张。笔者认为，此种论点具有一定合理性，但纳税义务的履行的应然性并不能必然地推导出纳税义务主体和税费负担主体具有可分性。纳税义务固然是税收征收行为中的关键要素，但就其中纳税主体和税费负担主体的可分性而言，除需要从税收征收活动中纳税义务实现的角度进行分析外，还需要从税收法律关系性质的层面进行探讨以进一步厘清可分性的正当性。

所谓税收法律关系，即由税法确认和调整的，在国家税收活动中各方当事人之间形成的，具有权利义务内容的社会关系。从税收活动的实践角度看，税收法律关系可分为包括国家与纳税人之间的税收宪法性法律关系；征税机关和纳税主体之间的税收征纳法律关系；相关国家机关之间的税收权限划分法律关系；国际税收权益分配法律关系；税收救济法律关系等。[1] 其中，税收宪法性法律关系和税收征纳法律关系是税收法律关系中的主要法律关系。

以两类主要的具体税收法律关系为基础，税法学界对抽象的总体的税收法

---

〔1〕 参见刘剑文、李刚：《税收法律关系新论》，载《法学研究》1999年第4期。

律关系的性质提出了若干学说。德国行政法学创始人奥托·梅耶(Otto Mayer)主张"权力关系说",认为税收法律关系是国民对国家课税权的服从关系。这种学说从税收征纳法律关系出发,将国家的课税权作为行政权来看待,将国家的课税权认为是一种特别的行政权力,将税收视为国家对个人单方面享有的权力。税法学家阿尔伯特·亨泽尔(Albert Hensel)和北野弘久主张"债务关系说",认为税收法律关系是国家向纳税人请求给付所谓税收的金钱的债权债务关系。这种学说从税收宪法性法律关系出发,认为国家向纳税人征收税款的行为是一种自力的实现债权的行为。[1]

我国学者刘剑文主张"分层面关系说"。这种学说认为,尽管将税收法律关系界定为公法上的债务关系,有利于公民更好地理解纳税人与国家之间的关系,但国家作为税收征收的主体,其在税收征收过程中所采取的诸如税务检查、税收保全措施、强制执行措施等行为与一般行政机关采取的具体行政行为并无实质差别。故而这种学说认为从抽象层面来说,税收法律关系的性质应界定为公法上的债务关系;从具体层面或者法技术层面来说,应将税收法律关系性质分别界定为债务关系和权力关系。

笔者认为,税收征收行为是国家强制纳税人履行纳税义务的行政行为,这种行政行为以纳税人纳税义务的存在为前提;没有纳税义务的存在,国家的征税行为就欠缺合法性。故而设立纳税义务的税收宪法性法律关系是税收法律关系的核心,税收征纳法律关系是税收宪法性法律关系实现过程中产生的技术性法律关系,此两种法律关系共同构成税收法律关系这一有机整体,而非以一种法律关系之视角否认另一法律关系之视角。因此,笔者亦支持"分层面关系说"。

具体到本案中,如果将纳税义务的设定看作国家对税收收入的保障手段,在一定程度上就是概括地将税收法律关系解释为一种权力关系。因为此时国家权力替代了纳税义务成为税收征收行为的前提,纳税义务则作为一种软性的强制性工具来使所谓的"纳税义务人"缴纳税款,以实现取得税收收入的目的。

---

[1] 阿尔伯特·亨泽尔在征税机关的行政行为的性质上有不同的观点,他认为征税机关的行政行为仅具有确定具体的纳税义务内容的效力。北野弘久的观点系对其观点之发展,本文论述以北野弘久观点为主。

不过,权力所指向的对象往往是特定的,这就否定了纳税义务主体和税费负担主体的可分性。因此,仅仅从权力关系的视角出发,是无法论证纳税义务主体和税费负担主体的可分性的。而当税收法律关系作为一种公法上的债务关系存在时,纳税义务就转化为纳税人向国家负担的一种金钱之债。并且,这种金钱之债并非基于某种身份关系而发生,而往往是基于纳税人先前所为的适用于税收法律规定的经济行为之事实而发生的。因此,以金钱之债作为内容的纳税义务不具有人身专属性,亦即纳税义务具有可移转性。

但纳税义务的可移转性又仅限于税收宪法性法律关系之中。通常而言,纳税义务因纳税人应税行为的发生而产生之时,税收法律关系也随之产生,即税收宪法性法律关系与税收征纳法律关系一并产生。税收征纳法律关系作为一种权力关系,又决定了作为权力作用对象而负担纳税义务的纳税人身份具有专属性,亦即在税收征纳法律关系中,纳税义务所从属的纳税主体的身份具有专属性,这就决定了纳税义务亦具有人身专属性。不过,纳税义务的这种人身专属性同样有其限度,因为作为纳税义务内容的金钱之债的性质决定了纳税义务的履行主体并不必须为纳税义务主体;与此同时,我国的法律也并未禁止纳税义务主体以外的第三人代为履行税费的给付义务。换言之,在税收宪法性法律关系和税收征纳法律关系的双重调整下,纳税义务主体固然具有专属性或不可变性,但税费负担主体代替纳税义务主体实际履行纳税义务并不被禁止,即纳税义务主体和税费负担主体具有可分性。因此,若税费负担条款约定由买受人负担税收法律规定应由出卖人负担的有关税费,则该条款并未违反法律规定,具有合法性。

(二)税费负担条款性质为设定债的代履行义务

本案中,买受人吴某某认为该税费负担条款仅要求其负担税收法律规定应由其负担的税费,若要求其负担税收法律规定应由出卖人负担的税费,则该条款实际上是约定变更纳税主体;出卖人Y公司则认为该税费负担条款仅对实际的税费负担主体的变更进行了约定,而并非对纳税义务主体的变更作出约定。两造之所以对税费负担条款的效力存在认识差异,是因为两造对该条款性质的认定结果不同,即买受人吴某某认为该税费负担条款系法院就纳税义务进行分配,出卖人Y公司认为该税费负担条款系当事人对出卖人所负的税费负担义务的约定,这也是本案争议之缘起。因此,有必要对税费负担条款的性质予以厘清。而对合同条款的性质认定需要通过合同解释的方法进行。根据原《合同法》第125条第1款[1]的规定,当事人对合同条款理解存在争议的,应按照文义解释、体系解释、交易规则或习惯、诚实信用原则进行解释。

本案合同中,《竞买公告》第7条载明:"标的物过户登记手续由买受人自行办理,所涉及的一切税费及其标的物可能存在的如物业费、供暖费、交通违章扣分、罚款等其他欠费情况,除本公告特别声明外,由买受人承担。"《竞买须知》第12条第2款载明:"标的物转让登记手续由买受人自行办理,交易过程中产生的税费由买受人承担。自行办理水、电、气等户名变更手续,相关费用自理。水、电、物业管理等欠费均由买受人承担,未明确缴费义务人的费用也由买受人承担。"这两条共同构成涉案合同的税费负担条款。

从文义解释看,该税费负担条款对税费负担内容的约定可概括为"一切税费由买受人承担"。就其中"一切税费"之争议而言,通常情况下纳税义务及其主体已由税收法律予以明文规定,若该约定仅强调税收法律规定应由买受人负担的税费由买受人自负,则该约定难免显得多此一举。而且,根据税费负担条款要求买受人负担标的物可能存在的物业费、供暖费、水费、电费,甚至缴费义务人尚未确定的费用来看,"一切税费"绝不只要求买受人负担税收法律规定应由其负担的税费。因而,该条款中所称"一切税费"还应包括了税收法律规定应由出卖人负担的税费,而非仅仅要求买受人自负税收法律规定其应负担的税费。就其中"承担"之内涵而言,因"一切税费"包括税收法律规定应由出卖人负担的税费,故此处"承担"应是债务承担之意。

债务承担有广义和狭义两种含义。[2] 狭义的债务承担,是指债务人、第三人与债权人达成协议,将全部或部分的债务移转给第三人承担。狭义的债务承担需要满足以下几个构成要素:有合法有效的债务存在,且该债务具有可移转性;债务的移转得到债权人的同意;当事人就债务承担达成协议。狭义的债务

〔1〕 本案中的民事法律行为发生于2018年年末,彼时《民法典》尚未颁布生效,故此处援引所应适用之法律条款。《民法典》第466条内容与该条款规定内容并无区别。

〔2〕 参见王利明:《债法总则研究》,中国人民大学出版社2018年版,第728页。

承担的法律后果为,第三人替代债务人成为债之关系的主体或第三人加入债务关系成为债之关系的主体。广义的债务承担除包括狭义的债务承担外,还包括代履行,即第三人替代债务人履行债务。代履行的构成要素为:合法有效债务的存在;第三人和债务人之间达成第三人代履行债务人债务的合意。代履行并不能使第三人成为债的关系的主体,债权人只能向债务人主张债权。

具体到本案合同中的税费负担条款来看,该条款内容仅约定了作为第三人的买受人负担作为债务人的出卖人的税费,并未提及出卖人的债权人同意与否,更未说明买受人将替代出卖人的债务人地位。从构成要素的角度看,本案合同中的税费负担条款仅满足了广义的债务承担中,作为代履行的构成要素的合法有效债务存在和债务人与第三人达成代履行的合意两个要素,而不满足作为狭义的债务承担的债务移转的构成要素。

此外,从交易习惯看,司法拍卖是人民法院在民事案件强制执行程序中,按程序自行进行或委托拍卖公司公开处理债务人的财产的活动,其目的在于充分实现债权人的债权。也就是说,人民法院在《竞买公告》《竞买须知》中设定税费负担条款的目的在于尽可能通过拍卖行为将出卖人的财产充分变现,税费负担条款的功能在于使强制执行行为能够执行尽可能多的价款,即税费负担条款关注的是价款的流向而非债务人的债务关系。综合来看,税费负担条款的性质应解释为约定代履行义务而非约定债务移转。

(三)税费负担范围对买受人应有现实的可预见性

税费负担条款作为合同中设定债的代履行义务的条款,其设定和履行就皆应符合民法的基本原则。我国民法明确规定了诚实信用原则:民事主体从事民事活动,应当遵守诚信原则,秉持诚实,恪守承诺。诚实信用原则的要求在订立合同阶段体现为:当事人在设立或变更民事法律关系时,不得虚构事实或隐瞒真相,应当诚实,如实告知对方与交易有关的必要信息;在合同履行阶段体现为:当事人应当恪守诺言,履行义务,维护对方利益,满足对方的正当期待。[1]具体到税费负担范围,就是税费负担范围应是当事人之共识,当事人应当依照

〔1〕 参见魏振瀛主编、王成等撰稿:《民法》,北京大学出版社2007年版,第24页。

共同认定的范围负担税费。

在司法实践中,因税费负担范围认识不一而产生争议的网络司法拍卖纠纷并不鲜见,其中亦有直接援引诚实信用原则的案例。例如,在(2022)最高法民再59号[1]案件中,涉案合同的税费负担条款中约定,买受人的税费负担范围为“办理过程中所涉及的买卖双方所需承担的一切税、费和所需补交的相关税、费及物管费,水、电费等欠费”。在买受人确认拍卖成交后,出卖人依据税费负担范围中所约定的“所需补交的相关税、费”,主张买受人负担出卖人积欠的150多万元城镇土地使用税;买受人则认为出卖人主张由其承担的城镇土地使用税并不在约定的税费负担范围之内。该争议几经诉讼,最后诉至最高人民法院。最高人民法院认为,本案合同约定的税费负担范围应为“办理过程中”所产生的税费,而出卖人主张的城镇土地使用税并不在其中,且出卖人并未就该积欠税款向执行法院提供相关材料以使该情况得以公告,买受人无法预见可能负担城镇土地使用税,若要求买受人承担该笔积欠税款,有违诚实信用原则。

反观本案,法院认为税费负担条款明确约定拍卖涉案房屋产权转移产生的税费负担,买受人参与拍卖即以其行为作出对上述内容知悉及接受的意思表示,买受人应当受涉案《竞买公告》及《竞买须知》的约束,负担涉案房屋产权转移过程中所涉及的买卖双方负担的税费。本案中,法院虽然并未直接引用诚实信用原则有关条款,但其裁判思路与(2022)最高法民再59号案件可谓殊途同归。本案中,法院以税费负担条款约定的税费负担范围能为买受人所充分预见为由,要求买受人负担买卖双方税费;(2022)最高法民再59号案件中法院则以积欠税款不能为买受人所预见为由,不支持出卖人要求买受人负担积欠税款。

故而,笔者认为税费负担范围对买受人来说应当有现实的可预见性,亦即只有对买受人而言具有现实的可预见性的税费才应由买受人负担。一方面,买受人对税费负担范围具有可预见性是民事法律行为生效的实质要件中行为人意思表示真实的要求。行为人意思表示真实,要求行为人的意思表示是行为人在自觉、自愿的情况下作出的。具体到税费负担范围,即是指当事人主观上所

---

[1] 成都金创盟科技有限公司、成都爱华康复医院有限公司拍卖合同纠纷案,最高人民法院民事判决书,(2022)最高法民再59号。

愿意负担的税费范围与税费负担条款约定的税费负担范围应具有一致性。这种一致性就要求网络司法拍卖活动中所提供的信息，应当足以使买受人对税费负担的预期与税费负担条款约定的税费负担范围相吻合。如果税费负担条款约定的税费负担范围超过买受人对税费负担范围能够产生的现实预期，则税费负担条款在效力上就存在瑕疵。另一方面，网络司法拍卖对买受人来说仍是一种经济活动，法院在执行网络司法拍卖的同时，应当兼顾对买受人合法权益的保护。税费负担范围与买受人实际需要支付的对价直接相关，前者直接影响买受人参与网络司法拍卖这一经济活动的意愿、成本、收益。当买受人对税费负担范围的预期与买受人实际需要支付的对价有较大差距时，如果还要求买受人继续履行合同，则有违诚实信用原则和公平原则。

四、结论与启示

（一）结论

不动产网络司法拍卖纠纷中，税费负担条款的合法性问题可谓老生常谈。在司法实践中，法院多以纳税义务主体和税费负担主体是两个概念为由来证明税费负担条款的合法性。笔者认为，纳税义务主体和税费负担主体二者的可分性并不是不言自明的，而且这一理由并未阐明税费负担条款的性质。此外，税费负担范围作为税费负担条款的主要内容，亦是不动产网络拍卖纠纷中的争议焦点。因此，笔者先从纳税义务主体和税费负担主体的可分性分析入手，论证税费负担条款的根本可能性；从税费负担条款的解释入手，论证税费负担条款的性质；从税费负担条款的合同属性入手，从民事法律行为有效性和司法拍卖经济活动属性的角度分析税费负担范围的认定标准。

就纳税义务主体和税费负担主体的可分性而言，笔者认为，尽管根据《税收征收管理法实施细则》规定，纳税义务具有专属性，[1]但是从税收法律关系性质的角度看，纳税义务作为纳税义务主体对国家所负担的公法上的债务，其金钱之债的属性决定了纳税义务主体与税费负担主体具有可分性。因此，对税费

---

〔1〕《税收征收管理法实施细则》第 3 条第 2 款规定，纳税人应当依照税收法律、行政法规的规定履行纳税义务；其签订的合同、协议等与税收法律、行政法规相抵触的，一律无效。

负担主体进行约定的税费负担条款在基本法理上是具有正当性和合法性的。

就税费负担条款的性质而言,笔者认为,从税费负担条款的解释看,税费负担条款约定的内容系债务承担。广义的债务承担包括变更债务承担主体的债务移转和聚焦债务关系消灭的代履行。税费负担条款中的债务承担既未提及债权人,也未提及须得到债权人同意,仅仅约定由买受人负担出卖人所负债务。故此种债务承担仅满足代履行的构成要件,而不满足债务移转的构成要件。而且,从网络司法拍卖活动的司法强制执行属性来看,法院在网络司法拍卖活动中设置税费负担条款的主要目的在于尽可能多地将拍卖财产予以变现,以充分实现债权人的债权。因此,税费负担条款的性质应为设定债的代履行义务。

就税费负担范围而言,笔者认为,税费负担范围系税费负担条款之内容,税费负担条款作为合同的内容,应当符合民事法律的有关规定。从民事法律行为的效力看,当事人对税费负担范围应当达成合意。如果税费负担条款约定的税费负担范围不能为买受人现实地预见,则税费负担条款就存在效力瑕疵。从司法拍卖活动的经济活动属性看,买受人参与网络司法拍卖活动的目的在于实现自己的经济利益。当买受人对税费负担范围的预期与税费负担条款约定的税费负担范围有较大差距时,若还要买受人继续负担税费负担条款约定的税费,则有违诚实信用原则和公平原则。因此,税费负担范围应以买受人现实可预见的范围为准。

(二)启示

公民有依照法律纳税的义务。在网络司法拍卖税费纠纷中,法院从纳税义务主体和税费负担主体二者可分的角度论证税费负担条款的合法性。这种观点坚持纳税义务的专属性,固然值得肯定,但若仅以纳税义务主体和税费负担主体二者可分或者不同为基点进行说理,则有失说理的充分性和彻底性,难免给当事人以“玩文字游戏”的印象,不利于提高司法的公信力。法院既然认为纳税义务主体和税费负担主体二者可分,则应进一步说明此二者何以可分,再借此说明税费负担条款的性质究竟为何,又产生何种效力,从而得以向当事人充分说明法院判决的理由,证明法院判决秉持公平正义,而非因为网络司法拍卖的司法强制执行属性而对一方当事人有所偏袒。此外,再结合司法拍卖活动与其他经济活动的区别进行一定说理，对普及法律知识、提高社会公众遵法守法的氛围、推动法治社会的不断发展亦有“接地气”的示范作用。

通过司法强制执行活动执行到尽可能多的财产以维护债权人合法权益固然重要，但绝不能只强调债权人债权的实现，不能忽视司法拍卖活动的经济活动属性，不能忽视竞买人的经济利益。在网络司法拍卖税费纠纷中，税费负担范围是必不可少的争议焦点。究其根本，还是司法拍卖活动中税费负担条款设置存在一定问题，使买受人对其税费负担范围的现实预期有所偏差。法院应通过对拍卖财产的现状、权利负担及涉及的税费等，进行足以使竞买人高度关注的提示，以使税费负担范围对竞买人能具有现实的可预见性。这也是《网络司法拍卖若干问题的规定》第 6 条[1]对人民法院实施网络司法拍卖时的职能的规定。同时，竞买人也应当尽到谨慎、勤勉的义务，对参与竞拍所需承担的各项开支与风险做充分的调研。

---

〔1〕《网络司法拍卖若干问题的规定》第 6 条规定：“实施网络司法拍卖的，人民法院应当履行下列职责：……（二）查明拍卖财产现状、权利负担等内容，并予以说明；（三）确定拍卖保留价、保证金的数额、税费负担等……”

关于税法与民法平衡适用的探讨

——基于一起股权转让税款追偿纠纷案的分析*

王葛杨**

一、基本案情

2018 年 1 月 29 日,Z 公司原股东温某、郑某、黄某等 8 人和杨某共同签署《股东会决议》,约定温某等 6 人(不含郑某、黄某 2 人)将其各自持有的 Z 公司股权转让给杨某,黄某将其持有的 Z 公司股权转让给郑某(郑某和黄某系夫妻关系),转让后杨某持有 Z 公司股权占比为 70%,郑某为 30%。8 人同时约定,杨某将股权转让款 140 万元一次性转到郑某的银行账户,再由郑某将上述股权转让款分别划给各出让人。同日,杨某通过银行转账的方式向郑某支付了 140 万元的股权转让款。2018 年 4 月 10 日,各方办理了股权变更登记,同日,杨某与温某等 6 人分别签订《Z 公司股权转让合同》,约定温某等人将享有的 Z 公司股权均以每股 1 元的价格转让给杨某,股权转让应缴纳的有关税费由杨某承担。

2020 年 10 月 26 日,国家税务总局 Y 市 D 区税务局出具《股权转让涉税清算意见表》给杨某,认定在本次股权转让中,股权转让方温某等 6 人应按照实际股权转让所得缴纳个人所得税和印花税,并由杨某作为代扣代缴义务人于合同签订次月申报缴纳,超过申报期限应按日加收万分之五的滞纳金。同日,杨某

---

* 本文已发表于《税务研究》2022 年第 9 期,收录于本书时,文字略有改动。

** 王葛杨,就职于国家税务总局北京市西城区税务局。

作为扣缴义务人分别为温某等人代缴了印花税、个人所得税及滞纳金。2020 年 12 月 1 日,杨某认为不应由自己作为扣缴义务人代缴税款及滞纳金,故诉至 Y 市 D 区人民法院,要求温某等人返还其代为缴纳的印花税、个人所得税款项及滞纳金。一审法院依法作出裁定,根据《个人所得税法》第 8 ~ 10 条的规定,个人所得税以取得所得的自然人为纳税义务人,且依据《税收征收管理法实施细则》第 3 条第 2 款认定个人所得税属于不可转嫁税种,不能由受让方承担,因此对杨某的诉讼请求予以支持。温某等人不服一审法院判决,向 Y 市中级人民法院提起上诉,认为个人所得税的纳税主体虽然是股权转让方,但是双方已经通过合同约定,股权转让有关税费由杨某承担。股权转让双方通过协议约定本次股权转让有关费用由杨某承担并不违反法律的强制性规定,且在实践中卖方要求买方承担全部税费是非常普遍的现象,该行为应为合法有效。滞纳金的产生是因为杨某在主导本次股权转让过程中未尽到代扣代缴义务,理应由杨某本人承担因此而产生的滞纳金。故温某等人认为,一审法院认定事实有误,适用法律错误,杨某的主张于法无据,请求二审法院依法予以改判并驳回杨某的全部诉讼请求。二审法院作出终审判决,认定原审判决认定事实清楚,适用法律正确,驳回温某等人的上诉,维持原判。

二、争议焦点

(一)本案合同中的"包税条款"是否有效

本案中股权转让方温某等人认为,关于本次股权转让所产生的税费,双方已经通过双方签订的《Z 公司股权转让合同》对承担义务作出约定,即温某等人在合同中约定的税费应该是包括个人所得税的,同时已约定由受让方杨某承担。在实践中,卖方要求买方承担全部税费是非常普遍的现象,应认定为合法有效。

一审法院认为,费用,是指交易过程中发生的费用;费用的支付可以由交易双方约定,属于私法自治的范畴。但是税款是国家向征收对象按税率征收的货币或实物,不能由合同进行约定,且个人所得税是交易后根据所得额征收的税款,只有在交易之后才能确定转让方的交易所得,不属于交易过程中发生的费用,因此合同中约定的税费不应包括个人所得税。

（二）股权转让应缴纳的个人所得税是否可以通过合同约定实际承担主体

本案中，股权转让方温某等人认为，个人所得税的纳税主体虽然是股权转让方，但是双方通过协议约定该税款的最终承担方并不违反法律的强制性规定，在实践中广泛存在，该行为合法有效。

一审法院认为，《税收征收管理法实施细则》第3条第2款规定：“纳税人应当依照税收法律、行政法规的规定履行纳税义务；其签订的合同、协议等与税收法律、行政法规相抵触的，一律无效。”由此可以看出，纳税人必须根据规定履行纳税义务，且个人所得税属于不可转嫁税种，不能由受让方承担。此外，本案中温某等人通过合同约定将享有的Z公司股权均以每股1元的价格转让给杨某，相关税费由杨某承担，其经济活动的本质是通过降低股权转让金额，进而减少因为股权转让而需缴纳的个人所得税，与真实发生的经济业务实质不符，违反实质课税原则，属于私法权利滥用的无效行为，因此合同中约定股权转让应缴纳的个人所得税由杨某承担是无效条款。

（三）是否应由扣缴义务人承担因未及时申报纳税而产生的滞纳金

本案中，股权转让方温某等人认为，根据《股权转让所得个人所得税管理办法（试行）》第5条，杨某作为扣缴义务人有代股权转让方及时向税务机关申报缴纳税费的义务，温某等人虽然是纳税义务人，但本次股权转让全程由杨某主导，无论是转让协议、股东决议还是办理转让的事宜，全部由杨某一手操办。滞纳金的产生是杨某未尽到代扣代缴义务造成的，是杨某本人的疏忽与过错，应由杨某本人承担因此而产生的滞纳金。

一审法院则认为，《个人所得税法》第10条第1款第3项规定，“取得应税所得，扣缴义务人未扣缴税款”时，纳税人应当依法办理纳税申报。纳税申报是纳税人的法定义务，纳税人没有按时申报缴纳税款，应由纳税义务人本人依法支付滞纳金，因为杨某并不是纳税义务人，温某等人才是纳税义务人，因此主张发生滞纳金是杨某没有及时申报造成的，于法无据，不予支持。

三、法理分析

通过双方的争议焦点可以看出,本案的核心争议在于"包税条款"是否有效、纳税主体是否可以由合同约定等问题,其主要根源在于民法的法律原则究竟如何在实际的经济实践活动中与税法的法律原则平衡适用的问题。

(一)本案合同中的"包税条款"认定

关于合同中"包税条款"是否有效这一问题,学术界争论已久。所谓的"包税条款"就是买卖双方在签订民事合同时,根据双方意思表示约定由非纳税义务人负担纳税义务人应该缴纳的税款。从公法角度看,以德国法学家阿尔伯特·亨泽尔(Albert Hensel)为代表人物的税收债务关系学说认为,税收法律关系是一种国家与纳税人之间因征税而不可避免地产生的债权债务关系,国家与纳税人之间关系的本质可以理解为在公法中的债权人与债务人之间的对应关系,这一学说为近年来税法领域广泛引入的许多私法规范提供了坚实的理论基础。在实践中,虽然我国税收管理方面的法律法规对于各种税款的征收均明确规定了纳税义务人,但是并未禁止纳税义务人与合同相对人约定由合同相对人或者第三人缴纳税款,税法对于税种、税率、税额的规定是强制性的,而对实际应由谁缴纳税款没有作出强制性或禁止性规定。从民法角度看,我国《民法典》第 522 条第 1 款规定:"当事人约定由债务人向第三人履行债务,债务人未向第三人履行债务或者履行债务不符合约定的,应当向债权人承担违约责任。"这也是目前学术界认为"包税条款"有效的民法基础。从这个角度看,如果交易双方是出于自愿协商且意思表示一致,在税收法律规定的纳税申报地点,由非纳税义务人依法代替纳税义务人缴纳税款,并未减少国家税收收入,且不存在人为串通共谋调节双方税负的目的,包税合同条款在具有明确指向的前提下是有法律效力的。

(二)本案中通过合同约定应纳税款的实际承担主体为无效行为

本案中,一审法院认为双方通过合同约定温某等人将享有的 Z 公司股权均以每股 1 元的价格转让给杨某,相关税费由杨某承担,实质是降低交易额规避纳税义务的行为,因违反实质课税原则而无效。这也是在税收实践中值得探讨的问题,其突出反映了民法意思自治原则与税法实质课税原则的平衡适用问题。实质课税原则,是指在适用税法确认的各个要素时,必须从实际出发,从经济活动的本质而不是根据其外在形式或表面现象去审查确认,如果实质条件满足了课税要件,那么就应当按照实质条件的指向确认纳税义务。实质课税原则保护的是国家的税收权益,主要出于反避税的目的,重点凸显的是税收公平。民法意思自治原则是为了保护民事主体的私权利,保障的是民事主体独立、平等的法律人格。从立法本意看,意思自治原则更多是指在形式上理解的经济活动,选择私法形式进行交易安排;而实质课税原则是为了维护税收公平,更倾向于从经济实质上理解交易活动本质,把握经济实质内核,判断纳税人的实际负担能力。

在税收实践中,意思自治和实质课税原则相冲突的现象是普遍存在的,主要有两方面的原因。一方面,税务机关在不能有效把握纳税人准确信息的情况下,出于反避税的目的,必须采用特殊方法去核定其接近真实的应纳税额,以保证税收的公平,如《税收征收管理法》第35条关于税务机关核定纳税人应纳税额的规定。虽然法律条款中没有对实质课税原则进行明确的描述,但《税收征收管理法》第35条被认为是实质课税原则在我国税法领域的集中体现。另一方面,就民事主体而言,税法在采用实质课税原则时,应当充分尊重纳税人正当、合理的交易形式和选择自由权,尊重其所享有的意思自治空间,不应以国家税收利益考虑作为对私法形式进行调整的决定因素,除非纳税人滥用私法形式套取税收利益。税务机关在采用实质课税原则进行调整之前,理应提供充分的证据证明纳税人意思自治下的法律形式不具有正当性与合理性,或者纳税人应当享有通过证明自身交易合理正当而免受实质课税原则调整的权利。因此,交易双方在签订合同时,尽管双方自愿协商且意思表示一致,约定税款的实际承担者,但如果双方串通共谋,故意降低计税基数以逃避税款,那么该约定也是没有法律效力的。结合以上论述,可以认为本案中温某等人将享有的Z公司股权均以每股1元的价格转让给杨某,且相关税费由杨某承担的约定是无效的。

(三)因未及时申报纳税而产生的滞纳金应由纳税人承担

关于是否应由扣缴义务人承担因未及时申报缴纳股权转让中应缴纳的个

人所得税而产生的滞纳金的问题，突出体现了民法的意思自治原则与税收法定原则的冲突。意思自治原则是近现代民法的基本原则之一，是指民事主体在法律规定的范围内，有按照自己的意志依法从事民事活动、管理自身事务的权利，且这一权利不受国家和他人的非法干涉。在本案中，温某等人与杨某签订合同约定税费承担主体，实际上就是民法中意思自治原则的体现。税收法定原则是税法的基本原则，也被称为税收法定主义，是指所有税收活动必须按照法律的规定进行，税务机关必须依法征税，纳税人必须依法纳税，超越法律规定的课征是违法和无效的。因此从税收法定的角度看，纳税人应按时申报缴纳税款，并承担因未按时缴纳税款而产生的滞纳金。在本案中，一审法院根据《税收征收管理法实施细则》第 3 条第 2 款认定个人所得税属于不可转嫁税种，不能由受让方承担。同时《个人所得税法》第 10 条第 1 款第 3 项规定，“取得应税所得，扣缴义务人未扣缴税款”的，纳税人应当依法办理纳税申报，明确认定纳税申报是纳税人的法定义务。这实际上就是税收法定原则的体现。因此，本案中因未及时申报纳税而产生的滞纳金应由温某等人承担。

在实践中，因经济活动的复杂性和隐蔽性，上述两个原则发生冲突的情况是普遍存在的，主要存在两方面的原因：一方面是因税法在制定过程中借用了许多民法中的概念，是在对民法中已明确的经济现象和活动的基础上进行的税收规范；另一方面是因民法与税法的站位不同，税法属于公法领域，维护的是国家的利益，凸显的是法律的刚性，而民法属于私法领域，维护的是个体的利益，凸显的是民事主体间的公平、平等，因此两者间存在不可避免的冲突。从上述角度看，本文认为，纳税义务人是由法律规定的，不可通过合同约定更改，但是如果合同中约定了税款的实际负担主体应属于当事人的意思自治的范畴，属于缔约双方交易环节中经济利益的分配，因而与税收法律、行政法规中纳税义务人的强制性规定并不抵触，是有效的。

四、几点建议

（一）明确“包税条款”的法律效力

本文探讨案例中的“包税条款”突出体现了公法与私法的冲突。特别是《民法典》的出台再次激起了大家对私权利保护的关注，由税收法定原则与意思自治原则延伸出的税法与民法之间的关系将变得更为紧密,因此,厘清税法如何与民法衔接、探寻税法在与民法接轨中的更多价值,对彰显税收公平、促进法治国家建设有重大意义。针对此类问题,建议从以下两方面进行完善。一是要厘清规则。针对税法和民法在同一经济现象中存在的差异,要明确民法与税法发生冲突时各自的边界,在实现国家税收利益的同时,保障纳税人的基本民事权利,尊重纳税人在民事领域的意思自治。如对于本案中"包税条款"的相关问题,可以在税法中明确国家公权力能否干预意思自治的私权利;如果纳税人滥用意思自治从而规避或减少纳税义务,税务机关就具有穿透纳税人交易行为以交易实质认定应税事实的权力。但同时也要限制公权力,如关于税务机关如何适用实质课税原则,对交易实质认定方法和边界应以立法加以规范,明确税务机关的行政责任,规范税务机关的执法方式。二是要注重两者的衔接。一方面,要确保国家税收的公平与效率;另一方面,要确保民事主体之间的平等与意思自治,使国家的公权力和公民的私权利都得到有效的保护。例如,《民法典》规定民事主体的个人信息受法律保护,并且强调任何组织和个人必须依法保护信息安全,那么税法领域就要相应建立与之协调衔接的法律制度,尤其是第三方向征税部门提供纳税人涉税信息的义务应在未来修订《税收征收管理法》时予以规定,同时进一步加强对纳税人涉税信息保护的规定,为税法与民法的衔接提供精准的法律保障。

(二)进一步完善税收立法

《民法典》对很多经济活动和行为进行了完善规定,使民法中的概念、形式、逻辑和体系等方面均有不同形式的变动和完善,但相应法律规定在税法领域还存在一定空白。如上述案例中,双方通过合同约定温某等人将享有的Z公司股权均以每股1元的价格转让给杨某是符合民法中的意思自治原则的,但不符合税法中的实质课税原则。然而,对于此类情况该如何处理,税法中没有明确规定。民事行为及民事主体的经济活动是税法具体规范的基础,税收法律的缺位将会导致税收法定原则与意思自治原则的冲突越发明显,进而有悖于税收公平原则。对于此种情况,建议从两方面进行完善。一方面,要完善税法和民法的协调适用,结合新的经济活动形式查找税法领域存在的"短板",及时梳理现行税法体系并补充完善税收法律，使税收法律更加适应当下的经济形势；另一方面，对于民法中不利于实现税收职能的制度和规范进行梳理，对税收法律进行及时补充完善，准确界定征税对象和征税范围，加强对民事主体出于避税目的滥用私法风险的防范。例如，在民法规范中，网络虚拟财产已经明确是客观存在的，但是税法关于网络虚拟财产的相关税收问题还尚未进行规范。因此税务部门应当及时根据新型经济活动的特征，结合民法的新变化，完善税法的空白领域，通过补充完善税收法律对相关经济活动及时予以规范。

（三）构建完备的税法体系

民法与税法产生一定冲突的最主要原因是当前我国尚未制定一部能够统领各税种法并对税收基本原则加以规范的纲领性法律，导致税法与其他法律以及各税种法之间无法融会贯通，在经济活动中引发了一些不必要的矛盾与冲突。对此，从长远看，笔者提出如下三点建议。一是从立法形式的角度，建议加快制定《税法总则》或《税法典》，可以参照《民法典》的有关内容在我国税法体系中对《税法典》进行创立和完善。二是从立法内容的角度，建议系统梳理税法与民法存在的冲突，结合当下的经济形势和经济业态，寻找公法与私法的契合点，尤其是要注重税法与民法体系的融会贯通，进而促进税收法律体系的完善。三是从立法与时俱进的角度，建议对相关税法内容进行更新完善。针对《民法典》规范的当前经济社会生活中出现的新情况，如对大数据时代的民事主体信息保护、经济发展与环境保护的平衡等，要相应地完善税收法律规范，使其与社会经济活动的规则相统一，保证税收法律体系的与时俱进。

王某与某区税务局不予退税决定税务纠纷案例评析

王忠涨　赵一斐*

一、前言

王某与某区税务局不予退税决定税务纠纷案件涉及对赌协议、债权债务抵销和破产重整，以及由此产生的税务问题。对赌协议在股权转让交易过程中已经比较普遍。关于对赌协议的所得税征管问题，目前仍存在较大争议，而本案又涉及债权债务抵销和破产重整中的债务减免问题，其所得税的缴纳问题显得尤为复杂。就本案而言，在对赌业绩目标未实现的情况下，涉及股权转让的应纳税所得的确定问题，即王某的“股权转让收入”是指对赌协议约定的初始交易对价，还是扣除王某支付的业绩补偿及破产重整减免债务后，王某实际收取的股权转让款；对赌协议的股权转让的公允价值如何确定；破产重整中的债务减免是否系受投资风险因素影响而达成的新的清偿合意，对股权转让时的公允价值是否产生影响。由于目前关于对赌业绩补偿款的性质认定和后续的税务征管等细节问题尚没有明确的规定，极易引发税务争议和税务风险。而对赌协议产生的税务问题，不仅是税务征管等细节问题未明确造成的，也和对赌协议的交易安排有关联，因此，本案对处理对赌协议涉及的税务问题具有一定的启示意义。对赌协议的内涵，以及股权转让收入和应纳税所得额的确定、公允价值

---

* 王忠涨，浙江京衡律师事务所高级合伙人、浙江省律协财税法专业委员会副主任、杭州市律师协会税务专业委员会原主任；赵一斐，浙江京衡律师事务所律师。

的确定等,值得研究和探讨。并且本案涉及债权债务抵销和破产重整问题对股权价格是否产生影响。对于上述问题所引发的税务问题进行研讨,具有一定的理论和实务研究价值。

二、案情简介

(一)主要案情

2016 年 6 月 1 日,A 公司作为甲方与包括王某在内的 B 公司股东(乙方)签订了《协议》,主要内容为:A 公司通过发行股份和支付现金的形式购买乙方合计持有的 B 公司 76.36% 的股份,其中含王某持有的 31.6998% 的股份,交易价格为 257,008,653.71 元;约定以发行股份的方式支付王某 107,924,547.01 元折合 1,528,027 股,以现金方式向王某支付 149,084,106.70 元。乙方作为业绩承诺方承诺 B 公司 2016～2018 年扣非净利润分别不低于 5500 万元、6875 万元和 8594 万元,3 年扣非净利润累加不少于 20,969 万元;如 B 公司达不到承诺的业绩,业绩承诺方需向 A 公司支付补偿,补偿方式是先以其各自在本次交易中取得但尚未出售的对价股份进行补偿,仍不足补偿的部分由其以现金补偿。2017 年,转让的 B 公司股份登记过户至 A 公司名下。

2018 年 2 月 1 日,就该股权转让交易,王某申报个人所得税,减除资产原值及相应税费后的应纳税所得额为 255,579,058.63 元,应纳税额为 51,115,811.73 元。王某已经实际缴纳了 51,115,811.73 元税款。

2019 年 7 月 15 日,王某与 A 公司、B 公司签订《债权转让暨债权债务抵销协议》,协议载明:截至协议签订之日,A 公司尚欠王某现金对价款 77,612,794 元,约定 B 公司将对某合伙企业所享有的债权以 35,034,638.74 元的价格转让给王某,抵销《协议》中 A 公司未支付的现金对价款,抵销后 A 公司欠王某 42,578,155.26元现金对价款。

2020 年 7 月 31 日,某市中级人民法院(以下简称市中院)作出裁定受理对 A 公司进行破产重整的申请。2016～2018 年业绩承诺实现情况专项审核报告确认:B 公司 3 年的业绩完成率为 84.99%。按照《协议》的约定,B 公司的原股东应当对甲方承担补偿责任,其中王某、王某某、罗某三人应向甲方补偿股份数量为 4,040,939 股。2020 年 11 月 6 日,市中院作出民事裁定书,裁定重整计划执行完毕。对按照重整计划减免的债务,自重整计划执行完毕之日起A公司不再承担清偿责任,由此A公司欠付王某、王某某、罗某的现金对价款33,723,201.35元不再支付。

2021年2月4日,王某提交《退还多缴税款申请书》及相关材料,填写了《退(抵)税申请表》,以合同履行完毕但未收到现金对价款35,757,386.01元为由申请退还多缴税款7,151,477.20元,该退税申请于同日被受理。2021年2月10日,某区税务局(以下简称区税务局)作出《通知书》,后将《通知书》向王某予以送达。王某不服该不予退税决定向某市税务局(以下简称市税务局)申请行政复议。市税务局于2021年7月14日收到王某提交的行政复议申请后,作出《受理行政复议申请通知书》,告知王某于收到其行政复议申请书之日受理。2021年9月13日,市税务局作出《复议决定书》并送达复议双方当事人。王某仍不服,遂诉至某区人民法院(以下简称区法院),诉请:(1)撤销某区税务局作出的《通知书》以及市税务局作出的《复议决定书》;(2)判决某区税务局依照税法规定退还王某2018年2月1日超过应纳税额缴纳的个人所得税7,151,477.20元,并加算银行同期存款利息。

(二)争议焦点

法院归纳的争议焦点为:(1)非货币性资产转让收入的实现时间点及确认规则;(2)王某所主张的未取得部分现金对价款是否系退税情形之一。

(三)各方观点

王某认为:根据《个人所得税法》第6条第1款第5项的规定以及《个人所得税法实施条例》第17条的规定,王某、王某某、罗某认为:三人超过应纳税额缴纳个人所得税的事实是客观存在的,本次交易《协议》履行过程较长,整个过程应当按照一次交易行为最终履行完毕的金额确认收入,按照一次转让财产取得的现金对价和股份对价减去财产原值和合理费用后的余额计算纳税。

区税务局认为:其具有作出《通知书》的法定职权,符合法定程序,《通知书》认定事实清楚,适用法律正确,王某自行申报缴纳的税款不存在多缴情形,王某主张的"因受让B公司债权而造成的600万元损失",对王某与A公司之间约定的股权转让价格并无影响,王某执行重整计划导致A公司应支付的"股权转让现金价款"减少,该等情形未对王某的股权转让价格产生影响。综上,因为王某转让的股权价格并未变化,王某主张退税没有事实与法律依据。

(四)法院观点

首先,规范性法律文件对非货币性资产投资的应纳税所得额计算有明确规定。《财政部、国家税务总局关于个人非货币性资产投资有关个人所得税政策的通知》(财税〔2015〕41号,以下简称《通知》)第1条规定,个人以非货币性资产投资,属于个人转让非货币性资产和投资同时发生。对个人转让非货币性资产的所得,应按照"财产转让所得"项目,依法计算缴纳个人所得税。《通知》第2条规定,个人以非货币性资产投资,应按评估后的公允价值确认非货币性资产转让收入。非货币性资产转让收入减除该资产原值及合理税费后的余额为应纳税所得额。个人以非货币性资产投资,应于非货币性资产转让、取得被投资企业股权时,确认非货币性资产转让收入的实现。据此,非货币性资产投资的应纳税所得额系基于非货币性资产转让、取得被投资企业股权这一时间点资产评估的公允价值确认非货币性资产转让收入减去该资产原值及合理税费后的余额。本案中,此次非货币性资产投资的交易价格为257,008,653.71元,包括股份对价107,924,547.01元,现金对价149,084,106.70元。王某于2018年2月1日申报缴纳个人所得税时,将257,008,653.71元确认为非货币性资产转让收入,扣除被转让的股权资产原值及合理税费后的余额为应纳税所得额,以20%的税率计算应缴纳个人所得税为51,115,811.73元符合上述规范性文件的规定。

其次,无论是签订抵销协议还是执行重整计划均未对股权转让收入产生影响。一方面,王某所签订的《债权转让暨债权债务抵销协议》系王某与A公司、B公司协商订立的,是在肯定《协议》所约定的股权转让价格基础上形成的债权债务抵销关系,未改变《协议》确定的股权转让价格,王某所主张因签订该抵销协议所损失的600万元债权明显不能成为退税的理由。另一方面,《企业破产法》对企业法人的破产、重整程序予以了规定。本案中,市中院批准了A公司的重整计划,在民事裁定书中载明该重整计划由A公司有财产担保债权组和普通债权组均表决通过。根据该重整计划,对于仍欠付王某的现金对价款以及对应的利息系转用股票清偿,对王某应当向 A 公司支付的业绩补偿亦通过股票方式补偿,即《协议》确定的股权转让价格亦未因此受到影响。综上,虽然王某认为实际收回的经济利益减少,但此结果发生在王某纳税义务发生后,基于相应经济目的而另行达成的约定不对非货币性资产投资中经双方确认的交易价格产生影响,进而也不影响王某按照交易价格确认收入并缴纳个人所得税。

最后,关于王某所持非货币性资产转让收入应该按照王某最后实际取得的收入确定的主张,法院认为,《通知》将非货币性资产转让、取得被投资企业股权时规定为非货币性资产转让收入的实现时间点,系在非货币性资产价值存在波动性的客观前提下,为纳税人的纳税活动提供了明确的标准和可预期的指引,也保证了非货币性资产投资税收征管的有序和稳定。本案中,A 公司不再支付王某剩余的现金对价款,系因投资风险因素影响各方达成合意的清偿方式,股权转让时的公允价值未发生变化,不存在多缴税款情形,王某现主张以后续实际所得经济利益要求退税与上述规定明显相悖且无事实依据,该项诉讼主张并不能成立。

综上,王某要求撤销《通知书》及《复议决定书》并要求退还多缴税款及利息的请求没有事实和法律依据,法院不予支持。

三、法理评析

(一)应将对赌协议理解为合同中存在可变对价

区法院判决认为,个人以非货币性资产投资,应于非货币性资产转让、取得被投资企业股权时,确认非货币性资产转让收入的实现。本案中,此次非货币性资产投资的交易价格为 257,008,653.71 元,包括股份对价 107,924,547.01 元,现金对价 149,084,106.70 元。王某于 2018 年 2 月 1 日申报缴纳个人所得税时,将 257,008,653.71 元确认为非货币性资产转让收入,扣除被转让的股权资产原值及合理税费后的余额为应纳税所得额,以 20% 的税率计算应缴纳个人所得税为 51,115,811.73 元符合上述规范性文件的规定。本文认为,区法院的上述判决对此认定失之偏颇。且根据股份对价和现金对价的支付金额,区法院将案涉股权转让定性为非货币性资产投资,亦存在错误。即使按照区法院的理解,只是确认了“个人以非货币性资产投资,应于非货币性资产转让、取得被投资企业股权时,确认非货币性资产转让收入的实现”,但实现的是否就是初始的交易价格,值得商榷。因此,区法院认为按照上述《通知》的规定,就可以直接以“257,008,653.71元确认为非货币性资产转让收入,扣除被转让的股权资产原值及合理税费后的余额为应纳税所得额”,实际系认为初始交易价格即为非货币性资产转让收入。本文认为对赌协议的合同价格应为可变价格,根据《通知》,并不能直接得出初始交易价格即为非货币性资产转让收入。同时,根据《国家税务总局关于贯彻落实企业所得税法若干税收问题的通知》(国税函〔2010〕79 号)的规定,“企业转让股权收入,应于转让协议生效、且完成股权变更手续时,确认收入的实现。转让股权收入扣除为取得该股权所发生的成本后,为股权转让所得。企业在计算股权转让所得时,不得扣除被投资企业未分配利润等股东留存收益中按该项股权所可能分配的金额”。《股权转让所得个人所得税管理办法(试行)》(以下简称《股权转让办法》)第 20 条规定,“具有下列情形之一的,扣缴义务人、纳税人应当依法在次月 15 日内向主管税务机关申报纳税:(一)受让方已支付或部分支付股权转让价款的;(二)股权转让协议已签订生效的;(三)受让方已经实际履行股东职责或者享受股东权益的;(四)国家有关部门判决、登记或公告生效的;(五)本办法第三条第四至第七项行为已完成的;(六)税务机关认定的其他有证据表明股权已发生转移的情形”。上述国税函〔2010〕79 号文件提及了确认股权收入的实现问题,上述《股权转让办法》确认了股权转让的申报时间节点问题,但对赌协议所涉及的税务问题与上述规定并不存在矛盾和冲突。国税函〔2010〕79 号文件提及了确认股权收入的实现,涉及对赌协议约定的初始交易价格是否就是实现的收入,即涉及如何确认收入的问题,因此,对于按照初始交易价格进行纳税,如同《企业所得税法》第 54 条第 1 ~ 3 款的规定,“企业所得税分月或者分季预缴。企业应当自月份或者季度终了之日起十五日内,向税务机关报送预缴企业所得税纳税申报表,预缴税款。企业应当自年度终了之日起五个月内,向税务机关报送年度企业所得税纳税申报表,并汇算清缴,结清应缴应退税款”。在合同存在可变价的情况下,王某暂以初始交易价格进行纳税申报,该初始交易价格不应认为是实际收入。其类似于预缴,而不是王某确认股权转让所得的最终实现,在王某作出业绩补偿时,应扣除相应的业绩补偿,作为最终股权转让所得的实现确认的金额。

1. 对赌协议的内涵分析

首先要对对赌协议的内涵进行分析。2019年最高人民法院在《全国法院民商事审判工作会议纪要》(以下简称《九民纪要》)中首次对对赌协议予以定义。其定义为,实践中俗称的"对赌协议",又称估值调整协议,是指投资方与融资方在达成股权性融资协议时,为解决交易双方对目标公司未来发展的不确定性、信息不对称以及代理成本而设计的包含了股权回购、金钱补偿等对未来目标公司的估值进行调整的协议。从《九民纪要》的定义来看,对赌协议的目的是对未来目标公司的估值进行调整。因此,本文认为,根据《九民纪要》关于对赌协议的内涵来看,股权转让的初始价值并非最终的交易价格;受未来目标公司的估值的影响,出让方所得到的股权转让款是不确定的。对于对赌协议所涉及的税务问题,目前有两种主要的观点,一种是"一次交易说",即转让价格调整说。该观点认为,业绩补偿款实质上系股权转让交易价款的调整。股权转让合同约定的初始交易对价系双方当事人在交易信息不对称、对目标公司的真实估值或未来经营效益无法达成统一意见时确定的,并非交易双方真实意愿下的交易价格;之后,双方通过"业绩承诺补偿"这一估值调整机制对预估的交易对价进行调整,使其最终符合转让方和受让方均认可的公允交易价格。因此,转让方支付的业绩补偿应当冲减股权转让收入,重新核定应纳税所得额,同时进行相应的退税安排。另一种是"两次交易说"。持该种观点的人主张,股权转让和后续的对赌事项(如业绩补偿款的支付)属于两次交易,应分别进行税收处理。根据"两次交易说"的观点,对于股权受让方取得的业绩补偿款,应确认为收入,并依法缴纳所得税;对于股权转让方支付的业绩补偿款,不属于股权转让对价的调整,因此不涉及所得税的退还问题。针对上述两种观点,结合对赌协议的内涵进行分析,本文认为,"一次交易说"的观点更符合对赌协议的交易实质,符合税法的实质课税原则。实践中,亦有税务部门支持该观点,海南省原地方税务局《关于对赌协议利润补偿企业所得税相关问题的复函》(琼地税函〔2014〕198号)对海南航空股份有限公司答复:"你公司《关于对赌协议利润补偿企业所得税相关问题的请示》(琼航财〔2014〕237号)收悉,经研究,现答复如下:依据《中华人民共和国企业所得税法》及《中华人民共和国企业所得税法实施条例》关于投资资产的相关规定，你公司在该对赌协议中取得的利润补偿可以视为对最初受让股权的定价调整，即收到利润补偿当年调整相应长期股权投资的初始投资成本。”

2. 收入的确认问题

《企业会计准则第 14 号——收入》第 16 条规定：“合同中存在可变对价的，企业应当按照期望值或最可能发生金额确定可变对价的最佳估计数，但包含可变对价的交易价格，应当不超过在相关不确定性消除时累计已确认收入极可能不会发生重大转回的金额。企业在评估累计已确认收入是否极可能不会发生重大转回时，应当同时考虑收入转回的可能性及其比重。每一资产负债表日，企业应当重新估计应计入交易价格的可变对价金额。可变对价金额发生变动的，按照本准则第二十四条和第二十五条规定进行会计处理。”本文认为，应将对赌协议理解为存在《企业会计准则第 14 号——收入》规定的可变对价。《企业会计准则第 14 号——收入》第二章规定了收入的确认问题，其第 4 条规定，“企业应当在履行了合同中的履约义务，即在客户取得相关商品控制权时确认收入。取得相关商品控制权，是指能够主导该商品的使用并从中获得几乎全部的经济利益”。第 5 条第 1 款规定，“当企业与客户之间的合同同时满足下列条件时，企业应当在客户取得相关商品控制权时确认收入：(一)合同各方已批准该合同并承诺将履行各自义务；(二)该合同明确了合同各方与所转让商品或提供劳务(以下简称“转让商品”)相关的权利和义务；(三)该合同有明确的与所转让商品相关的支付条款；(四)该合同具有商业实质，即履行该合同将改变企业未来现金流量的风险、时间分布或金额；(五)企业因向客户转让商品而有权取得的对价很可能收回”。第 6 条第 2 款规定，“对于不符合本准则第五条规定的合同，企业只有在不再负有向客户转让商品的剩余义务，且已向客户收取的对价无需退回时，才能将已收取的对价确认为收入；否则，应当将已收取的对价作为负债进行会计处理。没有商业实质的非货币性资产交换，不确认收入”。根据上述规定，初始交易价格显然是考虑了业绩对赌的因素。就对赌协议而言，出让方的业绩对赌，显然应被视为出让方的剩余义务，受让方并未获得全部的经济利益，不应直接将初始交易价格理解为收入。

(二)关于签订抵销协议和执行重整计划是否对股权转让收入产生影响的问题

区法院认为,无论是签订抵销协议还是执行重整计划均未对股权转让收入产生影响。同时区法院认为,A 公司不再支付王某剩余的现金对价款,系因投资风险因素影响各方达成合意的清偿方式,股权转让时的公允价值未发生变化。本文认为,签订抵销协议系对股权支付方式的改变,该抵销协议并不影响股权转让收入,区法院该认定正确。执行重整计划本质上并未否认王某原有的债权金额。通过破产重整的方式,减免了 A 公司应支付的款项,系进入破产程序的债务人 A 公司债务处理时和债权人达成的新的合意,但关于执行重整计划是否系对原股权转让协议的变更,这个问题值得商榷。如认为其系对原股权转让协议的变更,则视为股权转让价格被调整,但导致出现重整计划的原因,并非 B 公司的业绩出现问题,而是 A 公司的偿债能力出现问题,因此,重整计划实际并不影响案涉股权的公允价值,王某认为应以实际收到的款项作为缴税的依据,其说法亦存在一定的问题。根据《股权转让办法》的规定,即使王某未收到全部股权转让款,税务机关依然有权对其股权转让价格进行调整,以确定其股权转让的公允价值,因此,区法院的判决亦无不妥。关于重整计划的执行和原股权转让协议应属于两个不同的合意,严格意义来讲,本文上述关于执行重整计划是否系对原股权转让协议的变更的理解,亦有点牵强。另外,区法院以投资风险因素和股权转让时的公允价值未发生变化来进行评判,该评判有失妥当。对于股权转让的公允价值评判,应以签订合同时能够预见的因素作为标准,而本案在签订合同时能预见的因素系 B 公司的业绩问题,和 A 公司没有关联,A 公司的破产重整对股权转让价格没有影响。在签订股权转让协议时,虽然涉及 A 公司的股权对价,但股权转让协议中并未对 A 公司价格变动对股权转让价格的影响作出任何约定。

(三)对赌协议中股权转让价格公允价值的确定

区法院两次提及股权转让时的公允价值问题,一是认为“关于非货币性资产投资的应纳税所得额,系基于非货币性资产转让、取得被投资企业股权这一时间点资产评估的公允价值确认非货币性资产转让收入，并减除该资产原值及合理税费后的余额”，二是提及执行重整计划时减免 A 公司债务时的公允价值问题。关于执行重整计划时减免 A 公司债务时的公允价值问题，前文已经予以阐述，在此不再予以重复。关于区法院提及的“取得被投资企业股权这一时间点资产评估的公允价值问题”，从《九民纪要》对对赌协议的定义来看，对赌协议本来就是对目标公司未来发展的不确定性、信息不对称以及代理成本设计的条款。因此，取得被投资企业股权这一时间点资产评估的公允价值其实是难以确定的，区法院所称的取得被投资企业股权这一时间点资产评估的公允价值的说法值得商榷。根据《股权转让办法》第 11 条的规定，“符合下列情形之一的，主管税务机关可以核定股权转让收入：（一）申报的股权转让收入明显偏低且无正当理由的；（二）未按照规定期限办理纳税申报，经税务机关责令限期申报，逾期仍不申报的；（三）转让方无法提供或拒不提供股权转让收入的有关资料；（四）其他应核定股权转让收入的情形”。东莞市“12366”纳税服务中心对对赌协议问题也曾作出答复：“1. 您在对赌失败时补偿给对方的股权应作为股权转让处理，按照《股权转让办法》的规定，以股权转让收入减除股权原值和合理费用后的余额为应纳税所得额，按‘财产转让所得’缴纳个人所得税。2. 股权转让收入应当按照公平交易原则确定。股权转让收入明显偏低且无正当理由的，主管税务机关可以核定股权转让收入。因此，您补偿给对方的股权，应按公平交易原则确定股权转让收入并申报个人所得税。”这里涉及对赌失败后，股权转让的公允价值究竟如何确定的问题。那么，首先要考量在签订股权转让协议时的公允价值问题。由于签订的股权转让协议有对赌条款，对初始交易价格的公允价值的确定，显然要考虑业绩对赌的因素，而业绩对赌补偿应构成公允价值的一部分。在对赌失败后，初始交易价格显然不应是公允价值；在扣除业绩对赌补偿后，这个价值应视为公允价值。因此，扣除业绩对赌补偿后的股权转让价格，并不违反上述《股权转让办法》的规定，以及东莞市“12366”纳税服务中心提及的公平交易原则。

四、结论与启示

（一）对赌协议中股权转让收入的确定问题

对赌协议产生税务争议时，很多人会认为是由于目前税法对对赌协议相关问题规定得不明确,导致税务机关与纳税人对于是否应缴税及如何缴税产生不同的意见,但诸多税务争议产生的根本原因在于交易安排的不明确。

撇开税法等规定上的问题,对于股权转让价格,出让方和转让方可以在合同条款中予以明确,如在合同条款中明确股权转让价格为可变价格,最终的股权转让价格为"初始交易价格减去业绩对赌补偿金额",出让方和受让方以"初始交易价格减去业绩对赌补偿金额"作为最终的股权转让交易价格。当然,上述合同约定亦需考虑《股权转让办法》第11条规定的公允价值问题,否则,税务部门亦有权进行相应的调整。

(二)加强事先与税务机关的沟通

基于各地税务机关对对赌协议的处理仍存在不同的看法,在签订对赌协议时,应主动与税务机关沟通,确认业绩补偿情形下涉及的税务处理方式。增加税务处理的确定性,减少事后的税务风险。

(三)尽快出台股权转让中涉及对赌协议的相关税收征管细则规定

各地税务机关对对赌协议的税收征管问题看法不一,如国家税务总局四川省税务局《关于答复政协四川省第十二届委员会第三次会议第0427号提案的函》认为,"2019年,我局已就相关问题进行了调研、探讨,形成了处理该问题的观点和建议,并向国家税务总局所得税司作了专题报告。接到您的提案建议后,因省税务局没有政策解释权,我局专题研究了该问题,再次以书面形式向国家税务总局报告,提请国家税务总局商财政部研究出台政策文件。下一步,我局将坚持税不重征也不漏征、税会处理一致的处理原则,继续跟进落实提案相关工作要求,推动早日解决对赌协议涉及的税收难题"。国家税务总局福建省税务局于2019年6月26日在"12366"纳税服务平台对"企业股权转让签订对赌协议,协议要求三年净利润不低于3亿元,达不到要求按规定进行现金补偿,个人所得税已缴纳。现三年已过,因净利润达不到要求,要现金补偿,那么之前缴纳个人所得税部分能否申请退还?"的问题答复为:"根据您提供的信息,您所述的情形没有退还个人所得税的相关政策"。有人提问:"A公司从交易对手方收购了目标公司100%的股权,同时签署了对赌协议,约定目标公司应在三年内实现一定利润经营目标,否则交易对手方应向 A 公司支付补偿金。现因目标公司未实现利润经营目标,交易对手方向 A 公司实际支付了补偿金。请问对这部分补偿金如何确认,是否可以调整相应长期股权投资的初始投资成本?2014 年 5 月 5 日《海南省地方税务局关于对赌协议利润补偿企业所得税相关问题的复函》(琼地税函〔2014〕198 号)明确,'依据《企业所得税法》及其实施条例关于投资资产的相关规定,对赌协议中取得的利润补偿可以视为对最初受让股权的定价调整,即收到利润补偿当年调整相应长期股权投资的初始投资成本',请问是否可以比照此规定执行?"宁波市"12366"呼叫中心答复认为:"《企业所得税法实施条例》第 56 条规定:企业的各项资产,包括固定资产、生物资产、无形资产、长期待摊费用、投资资产、存货等,以历史成本为计税基础。前款所称历史成本,是指企业取得该项资产时实际发生的支出。宁波不执行(上述海南的规定)。"本文认为,上述答复均只是针对对赌协议这个抽象的概念作出的答复,我国的税收法律法规、政策等规定无法穷尽每一个具体的涉税交易,对于相关的征税问题,应结合涉税交易的具体情形进行评判,即应该根据每一个具体的涉税交易来确定其应纳税所得额。对赌协议目前适用较为普遍,但实务中又存在较多争议,因此,财政部、国家税务总局应尽快出台股权转让中涉及对赌协议的相关细则规定,对对赌协议的性质、公允价值的确定方式等作出细化的规定,以统一对赌协议税收征管的口径。且在司法层面,《九民纪要》肯定了对赌协议的效力,并对对赌协议的内涵作出了定义。从对赌协议的经济实质来看,投资方在投资时,虽然做了相应的尽调,但实际上往往仍无法全面掌控目标公司的实际经营状况,设置对赌条款是保护自己投资安全的一种重要手段,业绩对赌系其对目标公司未来投资的预期,如对赌失败,投资方获得的业绩补偿也并不是投资收益,而是对原始交易价格的调整,即对目标公司股权转让价值的调整。因此,《九民纪要》亦将对赌协议定义为估值调整协议,对于对赌协议相关的征税问题,应本着实质课税原则进行相应的细化规定。

国家税务总局龙岩市税务局第二稽查局执行异议复议案例评析

侯　卓　陈　哲*

一、前言

在纳税义务人无法足额清缴税款时，为防止国家税款流失，法律对税收债权配置一定的优先性，此即税收优先权。[1] 我国《税收征收管理法》第 45 条第 1 款确立了税收优先权制度，[2] 其表现为对同一债务人，且在该债务人不能足额清偿之时，征税主体的税收请求权优先于其他主体的债权。然而，现行法律规范对税收优先权适用范围没有清晰界定，乃至在司法实践中问题频发。关于税收优先权的争议，以往主要集中在税收行政执法和企业破产领域，前者主要讨论税收征管过程中行政强制程序的适用问题，即如何确定税款发生时间以适用税收优先权；后者则聚焦于税收债权与担保债权何者优先的问题。然而随着利益均衡原则和“课税特区”理论的普及，上述争议目前大多已经基本形成定论，即使部分程序争议仍然存在，也不影响制度的整体运行。近年来，税收优先权的争议在民事执行领域出现的频次越来越多，并且同样面临现行法律无明确规定的尴尬局面。在民事执行程序中，税收债权就被执行人财产优先于其他债

---

* 侯卓，中南财经政法大学法学院教授、硕士生导师；陈哲，中南财经政法大学经济法研究所研究人员。

〔1〕 刘剑文、熊伟：《税法基础理论》，北京大学出版社 2004 年版，第 298 页。

〔2〕 《税收征收管理法》第 45 条第 1 款规定，“税务机关征收税款，税收优先于无担保债权，法律另有规定的除外；纳税人欠缴的税款发生在纳税人以其财产设定抵押、质押或者纳税人的财产被留置之前的，税收应当先于抵押权、质权、留置权执行”。

权参与分配，无法依照破产程序中税收优先权和特定担保债权清偿顺位的规定。不难看出，我国税收优先权制度关系私法交易安全，其在民事执行领域引发了个人利益和公共利益、民事主体和税务机关的清偿顺位的矛盾，由此产生的分配异议不仅直接影响债权人的受偿利益，而且加大了民事执行的难度。

2021 年 3 月，《中共中央办公厅、国务院办公厅关于进一步深化税收征管改革的意见》发布，强调推进税务精确执法和精诚共治，提高税法遵从度和社会满意度。在这种优化税务执法方式和解决执行难的大背景下，税收优先权在民事执行领域中适用混乱的情况，不仅严重影响依法征税的权威性，也阻滞了解决执行难问题长效机制的完善，确有厘清的必要。研究税收优先权在民事执行程序中的适用，一方面可以重塑税收利益和民事主体利益的均衡标准，既可以确保税收优先权在民事执行领域中适用的正当性，也可以保障民事主体的相关权益；另一方面能够推动司法机关与税务机关的精诚共治，提升税收征管水平和治理能力。民事执行程序中涉及的税款包括既往的税款和因执行行为产生的新生税款，本案例的讨论仅局限于历史欠缴的税款，也即税款欠缴时间发生在民事执行程序之前。

二、案情简介

武平县人民法院执行福州康居企业集团有限公司与王某林借款合同纠纷案和执行黄某兰与武平新天地房地产开发有限公司、福建大润发商贸有限公司、钟某英、钟某成、王某林民间借贷纠纷案时，国家税务总局龙岩市税务局第二稽查局对该院不予支持其税费协助追缴申请的结果提出书面异议。

2005 年 11 月 8 日，康居（新余）企业发展有限公司申请武平县人民法院执行，要求王某林归还借款 120 万元及利息。2017 年 8 月 15 日，康居（新余）企业发展有限公司注销登记，其债权债务由福州康居企业集团有限公司承受。2021 年 2 月 8 日，黄某兰申请该院执行，要求武平新天地房地产开发有限公司归还借款本金 1250 万元及利息；福建大润发商贸有限公司、钟某英、钟某成、王某林对上述款项承担连带清偿责任。上述案件执行过程中，上述被执行人未履行义务。申请执行人黄某兰向该院提供王某林在福建省万翔房地产开发有限公司以王某君的名义持有 17% 的股份，现该股份有收益 136 万元的财产线索，2021

年6月1日,经查证属实,该院遂将该136万元扣划至该院账户。

2021年6月17日,龙岩市税务局第二稽查局作出岩税二稽处〔2021〕32号《税务处理决定书》,并发函给该院,请该院协助追缴税款。王某林税费欠缴合计79.049095万元,滞纳金合计368.615499万元。该院于2021年7月7日发函给龙岩市税务局第二稽查局,认为其申请参与分配不符合法律规定。2021年7月20日,异议人龙岩市税务局第二稽查局再次发函该院,请求该院控制被执行人财产。该院于2021年8月4日函复,“若异议人对本院答复还有异议,可以递交异议申请书及材料”。2021年8月30日,异议人以法院不支持其税费协助追缴申请为由,向该院提出书面异议。另查明,异议人于2021年7月24日将《税务处理决定书》送达王某林。

本案争议焦点有二,一是税收债权能否享有优先权的问题,二是税务机关是否可以申请参与分配的问题。

一审法院认为,人民法院在分配执行款项时,应当依法保护税费债权。对有确切证据证明被执行人另有其他财产可供执行的,人民法院对税务机关的受偿申请可不予支持。第一,税收债权不具有优先权。在民事诉讼程序中应优先适用《民事诉讼法》之相关规定,而不应一体适用《税收征收管理法》。法律法规中,程序法唯有《企业破产法》对税务机关在民事诉讼程序中享有税收优先权作出相关规定,民事执行方面的法律以及司法解释并没有关于税收优先权可在执行程序中参加案款分配并优先实现的规定,故本案中的案款分配行为与异议人不存在直接的、法律上的利害关系,异议人不具备《民事诉讼法》第232条规定的利害关系人主体资格,[1]本案异议人没有税收优先权。第二,税务机关不能申请参与分配。根据《最高人民法院关于适用〈中华人民共和国民事诉讼法〉的解释》第508条的规定,被执行人为公民或者其他组织,在执行程序开始后,被执行人的其他已经取得执行依据的债权人发现被执行人的财产不能清偿所有债权的,可以向人民法院申请参与分配。本案中,王某林除本案所执行的股份收益外,其名下还有包括在福建省万翔房地产开发有限公司持有17%的股份

---

〔1〕 由于该案例发生于2021年《民事诉讼法》修正之前,本文已根据出版时现行有效的法律将原案例中的相关法条进行更新。

等其他财产,2020 年王某林在该公司已领取 204 万元的股份收益,异议人向法院申请参与分配,不符合前述规定,故不能参与分配。

复议申请人龙岩市税务局第二稽查局认为,第一,《税收征收管理法》第 5 条规定,国务院税务主管部门主管全国税收征收管理工作,各有关部门和单位应当支持、协助税务机关依法执行职务,任何单位和个人不得阻挠。武平县人民法院有义务协助税务机关依法执行职务。第二,《税收征收管理法》第 45 条规定,"税务机关征收税款,税收优先于无担保债权"。该规定所指的税款,并无特指哪项业务产生的税款。而且不受民事诉讼程序的约束,均有优先受偿权。

二审法院维持原判,认为对王某林 2015 年以来所欠税款,税务机关可以根据《税收征收管理法》及其实施细则相关规定,扣押、查封、依法拍卖或者变卖被执行人王某林的财产抵缴。本案武平县人民法院扣划的 136 万元系被执行人王某林以王某君名义在福建省万翔房地产开发有限公司持有 17% 股份的收益,复议申请人国家税务总局龙岩市税务局第二稽查局请求武平县人民法院协助追缴的并不是本次武平县人民法院处置被执行人王某林股权收益产生的税款。因此,武平县人民法院并未阻挠税务机关依法执行职务。[1]

三、法理评析

税收优先权本质上是基于公共利益与公共需求的考虑,法律赋予税收债权一定优先性。也正因如此,公益性是税收优先权的正当性基础。然而这种优先权也不能被过度强调,在民事执行程序中,税收优先权的适用应当充分考量民事债权人的利益,兼顾效率与公平。反之,税收优先权在民事执行领域的扩张不仅将增加民事执行难度,降低执行效率,还会严重影响交易安全,破坏民事交易秩序。结合该案争议焦点,本文围绕"税务机关发出的协助通知书是否具有效力""税务机关能否在民事执行程序中参与分配""历史欠缴的税款在民事执行程序中是否具有优先性"等问题进行法教义学分析,并对税务机关和法院的观点进行评价。

---

〔1〕 参见福建省龙岩市中级人民法院执行裁定书,(2021)闽 08 执复 69 号。

(一)税务机关要求法院协助执行通知的效力

根据《税收征收管理法》第5条的规定,国务院税务主管部门主管全国税收征收管理工作,各有关部门和单位应当支持、协助税务机关依法执行职务。任何单位和个人不得阻挠。本案税务局也正是以此作为要求武平县人民法院协助追缴王某林历史所欠税款的法律依据。探究本条规定本意,税务局作为税务主管机关在程序适用上应是由法院协助完成执行,而不是作为税款债权人参与法院的执行分配程序。倘若法院在执行程序中将王某林历史所欠税款从执行款项直接划扣,是不是可以极大提升历史欠税的征管效率,并且实现税务机关与法院的协调共治呢?事实并非如此,上述路径看似便捷,其中却有颇多不尽合理之处。首先,根据《行政强制法》《税收征收管理法》相关规定,税务机关对欠税人启动强制执行至少需要经过限期缴纳、催告履行等程序,并且向协助执行的部门送达相应的文书。也就是说,税务机关发出的《协助执行通知书》需要税务机关对欠税启动相应的强制执行程序为支撑。然而通过本案法院的说理,本案税务局并未事先对王某林实施强制执行措施,因此,税务局对法院发出的《协助执行通知书》并无行政法上的效力。其次,《税收征收管理法》第41条规定,"本法第三十七条、第三十八条、第四十条规定的采取税收保全措施、强制执行措施的权力,不得由法定的税务机关以外的单位和个人行使",按照体系解释,《税收征收管理法》第5条规定的"协助义务"应侧重于向税务机关协助提供相关的涉税信息、查封、冻结等程序方面的协助义务,减少执法成本,提高执法效率,并非直接"替代"税务机关完成税款征收,这从2015年的《税收征收管理法修订草案(征求意见稿)》第5条的变化也可以看出。[1] 据此,本案法院只能依照法定程序对执行人财产进行分配,其向税务机关负有的协助义务并不保障税收债权必须优先实现。[2]

即使税务机关事前已经对欠税人启动强制执行程序,法院也不必然予以协助。税务机关启动的行政执行程序与法院的民事执行程序并没有优劣之分,两

---

〔1〕 2015年《税收征收管理法修订草案(征求意见稿)》第5条第4款规定:"各有关部门和单位应当支持、协助税务机关依法执行职务,及时向税务机关提供涉税信息。"

〔2〕 参见程国琴:《论民事执行程序中税收债权与民事债权的协调》,载《国际税收》2022年第8期。

套程序地位平等，税收强制执行程序不能因税收债权具有优先性而当然优先于民事执行程序。[1] 也就是说，当税收强制执行程序与民事执行程序产生竞合冲突时，并不当然优先协助税务机关追征税款。二者孰先孰后应取决于各自执行行为的先后，若税收强制执行行为在先，民事执行不会对行政执行予以妨碍；相反，若先进入民事执行程序，法院只就民事执行结束后剩余的财产向税务机关履行协助义务予以划扣。综上，只有当税务机关事前已独立启动行政执行程序，法院将其控制的执行财产分配后尚有剩余时，税务机关要求法院履行协助义务对剩余财产划扣以推进行政执行程序，法院应予协助。值得注意的是，税务机关发出的《协助执行通知书》虽然不具有行政法上的效力，但是税务机关实质上已经构成申请参与执行分配；由此，税务机关能否参与执行分配程序仍需继续讨论。

（二）应当允许税务机关以债权人身份参与执行分配程序

本案武平县人民法院针对税务机关通过发出《协助执行通知书》申请参与执行分配的行为持否定态度，理由是民事执行方面的法律以及司法解释并没有关于税收优先权可以在执行程序中参加分配并优先实现的规定，龙岩市税务局第二稽查局与本案的分配行为不存在法律上的利害关系，龙岩市税务局并不具备《民事诉讼法》第 232 条所规定的利害关系人主体资格。[2] 关于这种说法是否可行，还需回归税收优先权的理论基础，方可剖析问题背后蕴含的深层法理。税收权力说是税收债权具有优先性的规范基础，虽然税收代表的是公共利益、国家利益，但是这并不必然支持税收绝对优先。[3] 税收优先权进入民事领域依托于税收债权债务说，税务机关是以债权人的身份进入民事领域的，倘若税收债权能够无视民事债权平等规则，独自获得优先受偿的权利，这将对民事交易

---

〔1〕 参见侯卓：《公权与私权的平衡：论税收征管法的"通三统"》，载《湖北大学学报（哲学社会科学版）》2020 年第 4 期。

〔2〕 《民事诉讼法》第 232 条规定："当事人、利害关系人认为执行行为违反法律规定的，可以向负责执行的人民法院提出书面异议。当事人、利害关系人提出书面异议的，人民法院应当自收到书面异议之日起十五日内审查，理由成立的，裁定撤销或者改正；理由不成立的，裁定驳回。当事人、利害关系人对裁定不服的，可以自裁定送达之日起十日内向上一级人民法院申请复议。"

〔3〕 参见熊伟、王宗涛：《中国税收优先权制度的存废之辩》，载《法学评论》2013 年第 2 期。

秩序产生严重影响,极大程度上影响平等主体之间的交易安全。既要以债权人身份进入参与分配,又要凭借权力角色优先受偿,这种特权思维将极度损害纳税人和民事债权人的合法权益,得不偿失。[1] 一方面,税务机关已被赋予强制执行权以保障税款征收,再通过税收优先权窃入平等保护债权的民事领域,只顾效率不见公平。另一方面,税款征收虽得以保障,纳税人和民事债权人的后续纷争将大大影响民事执行效率和交易秩序。可以看出,税收优先权扩张至民事执行程序;只有对其进行适当限缩,才能均衡税收债权和民事债权之间的关系。[2] 也就是说,税收债权要在民事执行程序中实现,与其他民事债权一样遵循民事平等原则,以债权价值位阶确定清偿顺序,而不是以权力主体身份作为其正当性的前提。

本案法院不应囿于税务局不具有《民事诉讼法》规定的利害关系人主体资格而将其拒在参与分配程序之外。税收债权债务关系说已成为税法理论通说,也实现了税法与民法相关规则的互认。[3] 税务机关除了具有税收征管机关角色之外,还以税收债权人的身份进入民事领域,在保障民事主体权益的前提下,落实税收征管职责。职是之故,不宜完全否定税务机关以税收债权人身份进入民事执行程序参与分配的权利。例如,《上海市高级人民法院执行局、上海市国家税务局政策法规处、上海市地方税务局政策法规处关于落实本市人民法院与税务部门衔接机制建设相关问题的意见》第3条即规定:“在法院强制执行过户案件中,对属于被执行人原先经营过程中所产生的相关历史欠缴税费,由税务部门负责追缴,不作为本次交易过户的前置要件。税务部门对该历史欠缴税费,可以在人民法院处置相关被执行人财产后依法申请参与分配受偿。”但若税务机关能够径直通过民事执行程序参与分配税款,实践中将会出现税务机关规避税收强制执行职责的现象,借民事执行程序大行“搭顺风车”之举。由此,参与分配这一途径并非给予税务机关以选择权,只是作为补充的救济方式,不应

---

[1] 参见徐阳光:《破产程序中的税法问题研究》,载《中国法学》2018年第2期。

[2] 参见程国琴:《从扩张走向限缩:税收优先权在民事执行程序中的实现路径》,载《税务研究》2021年第3期。

[3] 参见陈清秀:《税法总论》,台北,元照出版有限公司2019年版,第171页。

将其视为与税收强制措施同等地位的选项。[1] 因此,除《最高人民法院关于适用〈中华人民共和国民事诉讼法〉的解释》第508条规定的要件外,税务机关需要满足其已对历史欠税穷尽征管措施这一条件。本案被执行人王某林名下仍有财产可以执行,税务机关可就其剩余财产以扣押、查封、依法拍卖或者变卖等方式抵缴税款,不应参与民事执行分配。

(三)民事执行程序中的税收债权相对优先

本案法院认为,现行法律法规中,程序法中唯有《企业破产法》明确了税务机关在民事诉讼程序中享有税收优先权的实现方式,民事执行领域如何适用税收优先权并未有所规定,因而税收优先权不应延伸于此。前文已述,程序上税务机关满足一定条件可以债权人身份进入民事执行领域,然而实体上税收债权的优先性如何把握还需进一步分析。当税务机关以税收债权人身份与民事债权人同台竞争时,应当遵循民法债权受偿的一般规则,只有具备公示效应的债权才能获得优先受偿,以此保护民事交易安全。[2] 例如,担保债权能够优先于其他一般债权获得清偿的根本原因就在于其公示性,交易相对方可以减少信息不对称带来的交易成本,保护交易安全。税收债权情况亦是如此,欠税行为同样会影响市场交易,倘若税务机关将欠税情况予以公示,税收债权也理应在受偿过程中取得优先性。相反,不满足公示条件的税收债权则应与普通债权平等受偿。整体观之,税收债权被允许进入民事执行程序已是出于对税收公益性的尊重以及税收征管效率的考量,让其与民事债权遵守同一受偿规则也是对民事债权人权益的保护,相比税务机关拥有多种行政权力,民事债权人仅有民事执行程序这一救济路径,倘若税收债权还可拥有特权无条件优先受偿,这将导致原本稳定有序的民事执行因税收优先权的存在而争议不断。[3] 由此,税收优先权能够在民事执行程序适当延伸的前提是满足公示要件,完善欠税公告制度以及登记制度成为重中之重。本案税务局若满足前文所述的参与分配的程序条

---

〔1〕 参见王贵松:《民法规范在行政法中的适用》,载《法学家》2012年第4期。

〔2〕 参见王一鹤:《税收优先权法律冲突检视》,载《税务研究》2020年第11期。

〔3〕 参见葛克昌:《税捐行政法:纳税人基本权视野下之税捐稽征法》,厦门大学出版社2016年版,第203页。

件,在武平县人民法院民事执行之前已经完成公示公告,那么在之后的执行款项分配时可以优先于普通债权得以清偿。

此外,本案税务局向法院发函,请求控制被执行人财产以欠缴的税款以及滞纳金的总和为限,滞纳金又是否能够同税款一样享有优先性?根据《国家税务总局关于税收优先权包括滞纳金问题的批复》(国税函〔2008〕1084号)以及《税收征收管理法》第45条的规定,税收优先权执行内容包括税款与滞纳金。但是在《最高人民法院关于税务机关就破产企业欠缴税款产生的滞纳金提起的债权确认之诉应否受理问题的批复》(法释〔2012〕9号)中,最高人民法院认为,"破产企业在破产案件受理前因欠缴税款产生的滞纳金属于普通破产债权"。《国家税务总局关于税收征管若干事项的公告》(国家税务总局公告2019年第48号)也明确表示,"企业所欠的滞纳金、因特别纳税调整产生的利息按照普通破产债权申报"。在民事执行领域,实践中也出现上述两种观点。然而要探寻滞纳金能否优先受偿,还需明确滞纳金的法律性质,判断其是补偿性质还是惩罚性质。《民法典》第187条规定,"民事主体的财产不足以支付的,优先用于承担民事责任"。也就是说,当被执行人财产不足以支付时,具有补偿性质的滞纳金应同税收债权享有相对优先性,"滞纳金的性质若偏向惩罚性,且计征期间越长惩罚性越强,实际征收率超过滞纳税款本金1倍以上时,则具有完全的惩罚性,与罚款无异"[1]。由此,具有惩罚性质的滞纳金清偿顺位应当劣后于普通债权。

四、结论与启示

分析本文的案例可以发现,虽然民事执行领域没有税收优先权的相关规定,但也不宜全面否定税务机关进入民事执行分配程序获得受偿的权利,也不能任由税收优先权长驱直入伤及民事债权人利益。要实现税收征管与民事执行的法域融合,不仅要在理念层面上完成从税收国库主义向债权平等保护理念的转变,而且要在制度层面上强化二者规则的衔接,最终达到均衡税收利益和

---

〔1〕 参见李刚、郑晶晶:《有关税收优先权的司法案例实证分析——兼评〈税收征管法修订草案(征求意见稿)〉相关条文》,载《税务研究》2020年第7期。

民事债权人利益、兼顾效率与公平的目标。

（一）债权平等保护理念的转变

现今法规对税收优先权规定含糊，实践中税收债权的保护倾向于国库主义，该模式区别对待债权人，可能挫伤普通债权人启动程序的积极性，无益于充盈税源。鉴于此，建立债权平等保护的模式为可能路径。

现行法规尚未明确规定税收优先权的适用范围，可兹参照的是《税收征收管理法》第45条、《企业破产法》第113条及相关规定，但且不论能否从税收债权在破产程序中的优先性推导出税收债权在民事执行程序中的优先性，《税收征收管理法》与《企业破产法》对税收优先权的规定本就存在冲突。这种缺漏冲突的立法现状促使实践中，税务机关乃至法院呈现国库主义的倾向。固然，国库主义有助于保障国家税收利益，绝对的税收债权优先清偿在征管效率上较高，但民事执行程序是私权救济的最后一道防线，理应维护平等主体间的意思自治；换言之，在民事执行程序中，平等价值应优先于保障国家税收利益及提高征管效率，国家税权在民事执行程序中应呈现普通债权人拥有的“权利”而非“权力”属性。实际上，普通债权人抵御风险的能力相比国家显著较弱，不平等的税收优先权可能阻碍普通债权人主张合理诉求，导致普通债权人启动相关程序的积极性不高。退言之，税收债权绝对优先未必能保障国家税收利益，普通债权劣后清偿意味着普通债权人的可税性财产减少，不利于涵养税源。现今法规文件对税收优先权的适用范围、比例、顺位等规定不清，实践中各行其是的落实方式反倒容易降低征管效率。

实际上，今世诸国并未严守税收债权优先清偿的规则，各国关于税收优先权的立法趋势呈现三种样态，分别为取消税收优先权、限制税收优先权的适用条件及保留税收优先权。[1] 总体来看，税收优先权日渐式微，如破产程序中限缩税收债权的优先性已成趋势，强调债权平等的民事执行程序更应限缩税收债权的“特权”。平等原则是我国民法的首要原则，就实体法而言，除如担保物权等获得特殊保护的债权外，一般债权一律平等，程序法的重要目标之一是维护

〔1〕 参见程国琴：《论民事执行程序中税收债权与民事债权的协调》，载《国际税收》2022年第8期。

实体法的基本原则和规定。就此而言,除实体法中的特殊规定,程序法应当贯彻债权平等保护的原则。细究之,程序法具有其独立的价值,如英国普通法中的执行优先权,但综合《最高人民法院关于适用〈中华人民共和国民事诉讼法〉的解释》第508~516条、《民法典》第1162条等民事执行程序相关法规确定的清偿顺序来看,我国民事执行程序采用平等原则。鉴于此,为了维护交易的安全稳定,民事执行程序中应建立债权平等保护的模式。

(二)强化税收执行与民事执行规则的衔接

具言之,关于协助义务、参与分配及税收优先权的争议均源自行政执行程序与民事执行程序的脱轨及理念差异。据此,本文建议在债权平等保护模式的基础上,强化相关规则间的衔接与调和。

首先,应当协调《税收征收管理法》第5条等税收征管领域法规、《行政强制法》第35条与民事执行程序相关规定之间的关系,构建以税务机关为主、法院协助执行的税款征缴模式。客观而言,现今的《税收征收管理法》、《行政强制法》及《民事诉讼法》关于协助义务的规定存在理念冲突及不协调的问题。税收执行程序相关法规文件强调税收债权的优先性。依据《税收征收管理法》第5条第3款的规定,各有关部门和单位应当支持、协助税务机关依法执行职务。各级人民法院当属其中部门,依据《国家税务总局关于人民法院强制执行被执行人财产有关税收问题的复函》(国税函〔2005〕869号,以下简称869号文)规定,人民法院应当协助税务机关依法优先从拍卖、变卖财产的收入中征收税款。实践中,各地税务机关易于据此主张税收债权绝对优先。但从民事执行程序相关法规文件来看,民事执行程序以债权平等为原则。从《最高人民法院关于适用〈中华人民共和国民事诉讼法〉的解释》第508~516条、《民法典》第1162条等规定来看,在扣除债权有关费用、利息后,除具有特殊性质的债权(如抵押权、质押权、留置权等担保物权及遗赠)外,普通债权的清偿顺序是一样的。民事执行程序与税收执行程序存在理念冲突。此外,依据《行政强制法》第35条的规定,税务机关需经过限期缴纳、催告履行等程序后方可实施行政强制执行。因此,法院及税务机关在征缴税款中可能出现角色错位的现象,如法院按税务机关的协助执行请求径直将被执行人所欠税款从执行款项中划扣。实际上,在税款征缴过程中，税务机关应扮演主角，法院应扮演辅助角色。具言之，法院仅当在税务机关实施完行政强制程序后，依据法规承担必要的、程序性的协助义务。详述之，依据《税收征收管理法》及《行政强制法》相关规定，税务机关需经过限期缴纳、催告履行等程序后方可实施行政强制执行。此后，若税务机关向法院发出协助执行文书，鉴于民事执行与行政强制执行是两套地位平等的并行规则，税收优先权限于实体权利优先而非行政强制执行程序优先，因此，法院协助义务是否具有强制性应依据执行标的、保全或执行行为的先后确定。869 号文规定的"优先"加重了法院的协助义务，容易产生税收债权绝对优先的错觉，不利于税务机关履行催告等在先义务，因此建议在 869 号文等相关文件中删除"优先"字样抑或明确"优先"的适用条件。[1]

其次，应当理顺《税收征收管理法》和《民事诉讼法》的相关规定，允许税务机关以税收债权人的身份参与分配。依据《税收征收管理法》第 45 条第 1 款的规定，税收债权优先于无担保债权及设立在后的抵押权、质押权、留置权，但民事执行相关的法规文件并无关于税收债权可以在执行程序中参与分配的规定。据此，针对税务机关在民事执行程序中参与分配的资格及条件，实践中存在三种观点：一是优先适用《税收征收管理法》第 45 条，税务机关直接获得参与分配的资格；二是适用《税收征收管理法》第 5 条，以法院对税务机关征缴税款的协助义务回避对税务机关参与资格的讨论；三是依据《民事诉讼法》否认税务机关的民事主体资格。[2] 本文认为，税收是公法之债，税务机关可依据公法之债的债权人身份参与分配，但是参与分配仅能作为税收征管的补充措施。第一，税务机关应满足在民事执行程序中参与分配的一般条件。依据《最高人民法院关于适用〈中华人民共和国民事诉讼法〉的解释》的规定，税务机关申请参与分配需满足以下条件：(1)被执行人是公民或其他组织；(2)税务机关需履行正式的申请程序，获得执行依据；(3)申请参与分配的时间在执行程序开始后，执行程序终结前；(4)税收债权已经成立且履行期限届满等。第二，税务机关应当举证证明被执行人的剩余财产不足以清偿税收债权，否则税务机关可依职权直接扣

〔1〕 参见程国琴：《论民事执行程序中税收债权与民事债权的协调》，载《国际税收》2022 年第 8 期。

〔2〕 参见李俊英、黄轶琛：《税收优先权适用范围的法律规制研究》，载《税务研究》2020 年第 5 期。

缴或请求法院协助划扣欠缴税款。

最后,应当确立税收债权公示是享有税收优先权的前提条件。税务机关既然是以债权人身份参与分配,则应当遵循债权的受偿规则。依据《最高人民法院关于适用〈中华人民共和国民事诉讼法〉的解释》第 508 ~ 516 条、《民法典》第 1162 条等规定,除却具有特殊性质的债权如抵押权、质押权、留置权等担保物权及遗赠外,普通债权的清偿顺序是一样的。税收债权自然不属于遗赠,担保债权的优先受偿顺位源自其公示性,据此,已发布欠税公告或在不动产登记部门处进行欠税登记的税收债权可获得优先受偿的顺位。[1] 具言之,税收债权的公告之日或登记之日早于纳税人以其财产设立担保物权的,税收债权优先于担保物权受偿;反之,税收债权劣后于担保物权受偿。进言之,未进行公示的税收债权与普通债权处于同一受偿顺位。

〔1〕 参见杨佩龙:《论税款缴纳义务履行顺位的确定:基于〈税收征管法〉第四十五条中的税收优先原则》,载《税务与经济》2020 年第 1 期。

商品销售价格明显偏低核定征收增值税案例评析

殷　军*

一、前言

税务机关以“交易价格明显偏低且无正当理由”为由对计税价格或计税依据直接进行核定是实践中大量存在的情形，如《税收征收管理法》第35条规定，纳税人申报的计税依据明显偏低，又无正当理由的，税务机关有权核定其应纳税额。《增值税暂行条例》第7条规定，“纳税人发生应税销售行为的价格明显偏低并无正当理由的，由主管税务机关核定其销售额”。《契税法》第4条第2款规定，“纳税人申报的成交价格、互换价格差额明显偏低且无正当理由的，由税务机关依照《中华人民共和国税收征收管理法》的规定核定”。此外，在资源税、车辆购置税等个别税种的规范中，也有类似对于计税依据偏低进行核定征收的表述。对于这些条款，税务机关在具体适用时常会面临两个难点：一是“计税依据或价格明显偏低”没有具体的比例和更为细化的政策依据，二是“何种理由构成正当理由”几乎无规定。笔者通过分享一起代理的增值税核定征收行政诉讼案例，探讨“销售价格明显偏低并无正当理由”如何确定以及税务机关自由裁量权限度的问题。

---

* 殷军，北京京师（合肥）律师事务所律师，安徽省律师协会财税法专业委员会主任。

二、案情简介

(一)案件主要情况

2017年5月8日,国家税务总局某市税务稽查局(以下简称市税务稽查局)对某省某医药贸易有限责任公司(以下简称某医药贸易公司)2014年至2016年涉税事项进行立案调查,调取了某医药贸易公司2014年至2016年的账簿、记账凭证、报表等材料,并对某医药贸易公司财务经理进行调查询问,发现某医药贸易公司销售部分注射用某蛇毒血凝酶(以下简称邦某药;生产厂家为锦州某鸿药业有限责任公司,以下简称锦州某鸿药业)价格既明显低于其同期或近期同类产品销售价格,也明显低于其他纳税人同期或近期同类产品的销售价格,同时还远低于其自身进货价。某医药贸易公司向市税务稽查局提交书面意见,解释其为了占领市场,与两家代理公司签订对赌性质的分销协议,采取低价策略分销邦某药,争取代理权,并称出现低价销售是为了完成协议约定销售任务。其提供了与两家代理公司之一的振某公司签订的邦某药《产品分销协议》及《产品分销协议补充协议》,但未能提供其与另一家代理公司瑞某公司签订的协议,也未提供两家代理公司作为邦某药代理商资质的认定资料。

市税务稽查局在调取锦州某鸿药业与某医药贸易公司的销售合同及销售汇总表、稽查局所在城市其他医药销售企业同期从锦州某鸿药业采购合同等证据材料后,认定某医药贸易公司提出的所谓正当理由不成立,遂于2020年12月8日作出某税稽处(2020)70号税务处理决定书,按照《增值税暂行条例》第7条以及《增值税暂行条例实施细则》第16条之规定的前两种顺序"(一)按纳税人最近时期同类货物的平均销售价格确定;(二)按其他纳税人最近时期同类货物的平均销售价格确定"核定某医药贸易公司销售额,计算出某医药贸易公司应补增值税合计720余万元,同时依据原《城市维护建设税暂行条例》、《征收教育费附加的暂行规定》、某省《地方教育附加征收和使用管理暂行办法》的规定,以应补增值税税款为基数计算应补城市维护建设税、教育费附加、地方教育附加,并加收滞纳金。

某医药贸易公司因不服市税务稽查局处理决定,向市税务稽查局的上级某市税务局提起行政复议,请求撤销关于补缴增值税、城市维护建设税、教育费附加、地方教育附加,并加收滞纳金的税务处理决定内容。某市税务局于2021年4月20日作出行政复议决定,维持了市税务稽查局作出的税务处理决定。此后,某医药贸易公司向某市某山区人民法院提起诉讼,要求撤销市税务稽查局的税务处理决定以及市税务局的行政复议决定。经一审法院公开审理,2022年4月29日,某市某山区人民法院作出(2021)某0104行初116号行政判决,驳回某医药贸易公司的诉讼请求。某医药贸易公司随后向某市中级人民法院提起上诉。经二审法院合议庭审理,2022年8月5日,某市中级人民法院作出(2022)某01行终548号行政判决,判决驳回某医药贸易公司的全部上诉请求。

(二)纳税人观点

本案行政复议及行政诉讼过程中,某医药贸易公司向复议机关和人民法院提出四点主要事由:

一是市税务稽查局不是适格执法主体,无权作出案涉具体行政行为。根据《增值税暂行条例》第7条的规定,由主管税务机关核定销售额,而市税务稽查局并非增值税征收主管机关,且本案不是偷税案件,市税务稽查局对案涉药品进行销售额核增系超越职权范围的无权执法行为。

二是其与代理公司之间签订对赌性质的协议合法有效,证明其正当商业目的的存在。其与振某代理公司签订的《产品分销协议》及《产品分销协议补充协议》应属于合法有效的协议,协议中关于案涉药品的对赌性质的结算价格是双方真实意思表示,应受法律保护。其明知存在亏损依然执行低价销售策略的根本目的在于扩大销量,占领市场,通过市场份额实现低价结算的采购政策,低价结算和市场销量的扩张确保最终盈利,因此以相对低价出售案涉药品存在正当理由。

三是根据增值税计算原理,其客观上并未造成国家税收损失。其与两家代理公司以及下游销售企业之间在实际控制人和股权结构上无任何关联关系,相关业务均为真实交易。根据增值税计算原理,有增值才征税,虽然本案中其以低于成本价的形式销售药品,未能缴纳增值税,但其上游出售商和下游采购商均缴纳了增值税,税收总量并未发生变化,其并未给国家税收造成损失。

四是市税务稽查局核增涉案药品销售额的计算方法违法,且忽略其严重亏损的情况,加重其税收责任。一方面,其在交易过程中存在向下游贸易公司分销批发和直接配送至终端客户两种情形,批发价格远低于终端零售价格,而市税务稽查局未实际考虑商品交易在批发与终端零售环节的价格差异,仅将终端零售价格作为核定价格的取值,让其补缴近800万元的税款及滞纳金,不符合市场规律,加重了其税收责任。另一方面,市税务稽查局在对其他纳税人最近时期同类货物的平均销售价格取值过程中,未对其提交的多家企业同类商品的批发价格予以采纳。

(三)税务机关观点

1. 市税务稽查局作出的税务处理决定,主体适格,程序合法。《税收征收管理法》第14条及《税收征收管理法实施细则》第9条赋予市税务稽查局作出相关具体行政行为的主体资格。《国家税务总局关于稽查局职责问题的通知》(国税函〔2003〕140号)规定税务稽查局的职权范围不仅包括偷税、逃避追缴欠税、骗税、抗税案件的查处,还包括与查处税务违法行为密切关联的稽查管理,税务检查、调查和处理等延伸性职权。市税务稽查局在税务检查过程中发现某医药贸易公司有《税收征收管理法》第35条规定的计税依据明显偏低情形,据此核定应纳税额是其职权的内在要求和必要延伸,并不违反《税收征收管理法实施细则》第9条之规定,符合税务稽查的业务特点和执法规律,符合国税函〔2003〕140号文关于稽查局职责的精神。如市税务稽查局不能行使税款核定权,反而会影响稽查工作的效率和效果,甚至对税收征管造成阻碍。

2. 市税务稽查局认定某医药贸易公司的理由不正当,事实清楚,符合法律规定。一是某医药贸易公司未提供对赌协议履行情况,未提供与瑞某公司口头协议、两家代理公司区域代理资质的相关佐证资料。二是在案涉药品销售同期,除振某公司和瑞某公司外,还有其他多家本地医药销售企业同时从锦州某鸿药业采购邦某药并对外销售。锦州某鸿药业在该省内通过区域代理方式并未限制或排除其他药企销售邦某药,某医药贸易公司所称其仅能从两家公司购进邦某药再对外销售的说法不符合实际。三是某医药贸易公司一直都在从锦州某鸿药业直接采购不同规格的邦某药。且在《产品分销协议》的约定期间,其本应完成采购指标,但却多次从其他企业采购邦某药,不符合商业逻辑。四是某医药贸易公司为了排挤竞争对手或独占市场，以明显偏低价格对外销售的行为，也涉嫌违反《反不正当竞争法》《价格法》的禁止性规定，其行为难言正当。

3. 某医药贸易公司无正当理由低价销售行为已经直接造成了少缴国家税款的后果。根据《增值税暂行条例》第 4 条的规定，纳税人销售货物，应纳税额等于当期销项税额减去当期进项税额。某医药贸易公司无正当理由以明显偏低价格对外销售邦某药，直接导致该公司当期销项税额大大减少，从而造成了该公司当期应纳税额减少的客观后果。

4. 市税务稽查局核定补缴税款适用法律正确，核定方法合法。根据《增值税暂行条例实施细则》第 16 条之规定，纳税人价格明显偏低并无正当理由的，按下列顺序确定销售额：(1)按纳税人最近时期同类货物的平均销售价格确定；(2)按其他纳税人最近时期同类货物的平均销售价格确定；(3)按组成计税价格确定。本案中，市税务稽查局依法采取了前两种顺序确定销售额的方法。

(四)法院审理认定

1. 关于市税务稽查局是否具有管辖权。《税收征收管理法》第 14 条规定："本法所称税务机关是指各级税务局、税务分局、税务所和按照国务院规定设立的并向社会公告的税务机构。"第 35 条第 1 款规定："纳税人有下列情形之一的，税务机关有权核定其应纳税额：……(六)纳税人申报的计税依据明显偏低，又无正当理由的。"《税收征收管理法实施细则》第 9 条规定，"税收征管法第十四条所称按照国务院规定设立的并向社会公告的税务机构，是指省以下税务局的稽查局"。《国家税务总局关于稽查局职责问题的通知》规定，"凡需要对纳税人、扣缴义务人进行账证检查或者调查取证，并对其税收违法行为进行税务行政处理(处罚)的执法活动，仍由各级稽查局负责"。根据上述规定，市税务稽查局具有作出案涉行政处理决定的法定职责。

2. 关于某医药贸易公司低价销售是否具有正当理由。某医药贸易公司在税务调查处理阶段称其目的是与代理公司签订分销协议，控制邦某药销售权，最终通过销售业绩取得邦某药省内代理权，并称 2014 年至 2015 年振某公司、瑞某公司为邦某药省内不同时期代理商，其仅能从振某公司、瑞某公司高价购进。市税务稽查局对此进行了调查核实。经查，自 2013 年以来某医药贸易公司可直接从生产厂家锦州某鸿药业正常采购邦某药并销售,未有所谓销售权被他人控制的情形;除某医药贸易公司、振某公司和瑞某公司外,还有其他多家医药销售企业同时从锦州某鸿药业采购同规格的邦某药并对外销售,无证据证明锦州某鸿药业在省内通过区域代理方式限制或排除其他经销商销售邦某药;在某医药贸易公司所称其与振某公司签订分销协议的合同履行期间,某医药贸易公司也多次从振某公司以外的企业采购邦某药,且高价买低价卖的行为违反了《价格法》规定的定价原则,亦无正当性。

3. 关于核定销售额是否符合规定。《增值税暂行条例实施细则》第16条规定,"纳税人有条例第七条所称价格明显偏低并无正当理由或者有本细则第四条所列视同销售货物行为而无销售额者,按下列顺序确定销售额:(一)按纳税人最近时期同类货物的平均销售价格确定;(二)按其他纳税人最近时期同类货物的平均销售价格确定;(三)按组成计税价格确定"。在适用其他纳税人价格时,市税务稽查局选取注册资本最接近、同时期同类货物的平均销售价格低的企业采样,该核定方法是税务核定机关的裁量权范围,且具有合理性和可操作性,并无不当。

三、法理评析

本案中,征纳双方对于某医药贸易公司存在销售货物价格明显偏低的行为并无异议,争议焦点主要集中在两个方面,一是某医药贸易公司销售货物价格明显偏低是否有正当理由,二是市税务稽查局核定的销售额是否符合法律规定。

(一)某医药贸易公司举证不足以支持其自称的理由正当,市税务稽查局事实认定准确

首先,某医药贸易公司称其要抢占市场,但其仅能从邦某药生产厂家锦州某鸿药业某省区域的两个总代理振某公司、瑞某公司处高价采购。但某医药贸易公司直至本案二审也仅提供了其与振某公司签订的邦某药《产品分销协议》及《产品分销协议补充协议》,其自称与瑞某公司之间的分销协议为口头协议;除此之外,某医药贸易公司始终未能提供可证明其与两家代理公司分销协议真

实履行情况的佐证材料，也未能提供振某公司和瑞某公司关于邦某药省内区域总代理资质认定的相关佐证资料。

其次，某医药贸易公司称其是以先亏后赢为战略，与省代公司签订分销协议，将邦某药销售权统一控制在手中。表面看起来似乎某医药贸易公司为了控制邦某药销售权，仅能从振某公司与瑞某公司采购并以明显偏低价格对外销售，但实际上，根据市税务稽查局提供的证据，2013 年以来，某医药贸易公司一直都在从锦州某鸿药业直接采购邦某药，即使采购量较小也不存在必须高价采购的情况。而且在某医药贸易公司所称其与振某公司签订《产品分销协议》的合同履行期间，为实现所谓对赌，某医药贸易公司本应竭尽所能去完成采购指标，但实际上其却多次从振某公司以外的企业直接采购邦某药，不符合商业逻辑。在没有证据证明所谓销售权被他人控制并造成其采购或销售困难的情况下，某医药贸易公司专门另行从振某公司与瑞某公司高价采购，再以远低于其自身同期正常销售价格、远低于其他纳税人同期销售价格、远低于对应进价的明显偏低价格对外销售，不符合经营常规。

再次，对案涉药品销售同期同区域邦某药销售市场的调查显示，除某医药贸易公司、振某公司和瑞某公司外，还有其他多家医药销售企业同时从锦州某鸿药业采购与案涉药品同规格的邦某药并对外销售，销售价格也均为市场正常销售价格。某医药贸易公司未能提供证据证明锦州某鸿药业在某省内通过区域代理方式限制或排除其他经销商销售邦某药，某医药贸易公司所称的 2014 年至 2015 年振某公司、瑞某公司为省内不同时期代理商，其仅能从振某公司、瑞某公司高价购进邦某药再低价对外销售的说法不符合市场实际。

最后，某医药贸易公司为了排挤竞争对手或独占市场，以明显偏低价格对外销售，争夺所谓代理权、控制市场的行为，系对公平市场竞争环境的故意破坏、对消费者合法权益的肆意损害，已涉嫌违反《反不正当竞争法》《价格法》的禁止性规定；即使不构成违法，该行为也属于违反社会经济秩序与社会公共利益的行为，难言正当。

(二)某医药贸易公司称其亏损以及市税务稽查局进行核定是加重其责任的观点,无法取得复议机关及法院认可

一方面,亏损是《企业所得税法》规定的概念。本案涉及的税种是增值税,而非企业所得税,且是否亏损并不是税务机关对纳税人进行核定征收增值税税款的法定事由,不是核定增值税税款时考虑的裁量因素。另一方面,本案庭审中,经法院查明,某医药贸易公司2014年至2016年均正常实现了营利,未出现其自称的"巨额亏损"的情形。

根据《增值税暂行条例》第4条的规定,纳税人销售货物,应纳税额为当期销项税额抵扣当期进项税额后的余额,其中:应纳税额 = 当期销项税额 - 当期进项税额。本案中,某医药贸易公司在采购案涉邦某药时,取得的进项税额有1100余万元,对应销项税额是400万元,应纳税额为400万元减去1100余万元,等于负700余万元,也就是说,某医药贸易公司无正当理由以明显偏低价格对外销售商品的行为,直接导致了少申报应纳税额700余万元的后果。按照税法规定,纳税人的纳税义务源自其自身实施的涉税行为,税务机关作为执行税法的行政机关,依法行政不会产生额外的纳税义务,某医药贸易公司将其自身违法行为导致的需补缴巨额税款的后果归咎于市税务稽查局的依法行政,并试图以此否定市税务稽查局依法行政的合法性,是"倒果为因",难以得到复议机关以及法院的认同。

(三)市税务稽查局核定补缴税款适用法律正确,核定方法合法且具有一定的合理性

根据《增值税暂行条例实施细则》第16条之规定,纳税人价格明显偏低并无正当理由的,按下列顺序确定销售额:(1)按纳税人最近时期同类货物的平均销售价格确定;(2)按其他纳税人最近时期同类货物的平均销售价格确定;(3)按组成计税价格确定。即税务机关核定增值税时,应当按照以上三种方法按顺序核定。

1. 某医药贸易公司认为核定销售额时,应当区分销售对象为批发或零售,该观点忽略了《增值税暂行条例》的设定。《增值税暂行条例》及其实施细则并

未规定确定纳税人销售额时应区分所谓零售或批发，而是规定应以“最近时期同类货物的平均销售价格”或者“组成计税价格”作为核定取值考量，且还规定必须按照一定的顺序而不是任意选择某一种方法，即该规定对税务机关如何行使应纳税额核定权做了非常具体的程序设计，已在制度层面充分体现了合理性的考量。医药企业在向其他医药贸易公司或者医院销售过程中，即使存在差异，也属于不同销售模式下自然形成的价格差异，因正常商业行为而形成的价格差异符合商业逻辑，不属于需要进行调整的范畴。但在本案中，某医药贸易公司的行为已超出正常销售模式下形成的价格差异的合理界限，市税务稽查局在界定某医药贸易公司哪些销售价格明显偏低时，也是以其销售价格本身，而非销售模式或销售对象来作为标准；同时在核定其销售额时也是采用同期同类货物的平均销售价格，而不是有选择性地采用所谓批发价、零售价。市税务稽查局按照法定的核定顺序与方法确定某医药贸易公司的销售额对应的增值税税款，已经体现了合法性与合理性的统一。

2. 被核定商品对应的明显偏低价格，理应剔除在平均销售价格取值范围之外。某医药贸易公司称“对销售给下游贸易公司的批发价格予以剔除，明显加重其责任”，但某医药贸易公司的这部分“批发价”本身就是价格明显偏低且无正当理由的核定对象，显而易见应当在核定计算时予以剔除，而且《增值税暂行条例实施细则》规定的“同类货物”，显然是指除该被核定价格的商品外的同类规格，相同或者相近厂家、产地的该品种商品，即该部分明显偏低商品价格不应列入最近时期同类货物的平均销售价格取值范围。

3. 市税务稽查局的具体核定方法具有一定的合理性、可操作性。市税务稽查局在采用某医药贸易公司近期同类货物平均价进行核定时，使用了某医药贸易公司近期除明显偏低价格以外的所有产品销售价进行加权平均，未发现市税务稽查局选择性执法的情形。在采用其他纳税人近期同类货物平均价时，市税务稽查局最终采用的核定价格系其他纳税人的最低销售价。其中，在采用《增值税暂行条例实施细则》第 16 条第 1 款第 2 项规定的“按其他纳税人最近时期同类货物的平均销售价格确定”时，有多家同类型企业销售价格可供参考，市税务稽查局最终从公平角度和最小损害原则且具有可比性出发，取样的其他纳税人为该地区仍在正常经营且销售与某医药贸易公司相同邦某药（相同规格、生产厂家、产地)的3家医药销售企业,最终采用了与某医药贸易公司规模相当(与某医药贸易公司注册资本相近)的海某医药有限公司的邦某药销售价格,且该价格在取样的3家医药销售企业的同类货物销售价格中也是最低价,从而最大限度地保护了某医药贸易公司的合法权益。

另外,某医药贸易公司在庭审中提出市税务稽查局选取3家医药销售企业进行取值,是采取了"有限的方法",是有限执法、有限取值,对其不公平;而事实上,任何行政机关在作出具体行政行为时,客观上都无法做到"无限的方法",而仅能依据案件查明事实、相关证据,采取相对有限的方法进行执法。

4. 某医药贸易公司自制的同类产品销售价格不具有法律效力,且与案涉药品差别较大,不具有参考性,无法被税务机关采用。根据《税收征收管理法》《增值税暂行条例》及相关实施细则等规定,对纳税人对外销售价格明显偏低并无正当理由的核定权,属于税务部门的法定职权,纳税人不可以自行计算。而且,某医药贸易公司提供的所谓其他同类企业同时期同类产品资料均为复印件,从证据效力角度,效力待定,资料中列明的大部分商品品种为"速某涓",与本案"邦某药"并非相同或相似药品,所有商品都不是锦州某鸿药业生产的,即某医药贸易公司所称的其他企业商品与本案"邦某药"不属于最近时期同类商品,市税务稽查局无法采纳并将其用于核定销售额。

四、结论与启示

税务机关在税收征管实践中,依法对应纳税额进行核定是其法定行政权力,但关于什么是"销售价格明显偏低",什么又是"正当理由",法律法规并未明确规定,税收规章以及税务规范性文件亦无明确指引,这往往使这些问题成为征纳双方争议之焦点。虽然客观上存在法律规定空白,但这并不意味着税收法律法规对该权力的行使没有任何限制,本案的典型性也就在于此。

(一)现行法律法规规章及规范性文件对于"价格明显偏低"的判断标准

《最高人民法院关于适用〈中华人民共和国合同法〉若干问题的解释(二)》(已失效)第19条规定,对于《合同法》(已失效)第74条规定的"明显不合理的低价",人民法院应当以交易当地一般经营者的判断,并参考交易当时交易地的物价部门指导价或者市场交易价,结合其他相关因素综合考虑予以确认。转让价格达不到交易时交易地的指导价或者市场交易价70%的,一般可以视为明显不合理的低价。

现行税收法律规章及规范性文件对于"价格明显偏低"没有一个总括的具体标准,但在一些个别税种如消费税、个人所得税的规范中规定了具体的标准。《白酒消费税最低计税价格核定管理办法(试行)》(国税函〔2009〕380号的附件)第2条规定,"白酒生产企业销售给销售单位的白酒,生产企业消费税计税价格低于销售单位对外销售价格(不含增值税,下同)70%以下的,税务机关应核定消费税最低计税价格"。《股权转让所得个人所得税管理办法(试行)》第12条规定,"符合下列情形之一,视为股权转让收入明显偏低:(一)申报的股权转让收入低于股权对应的净资产份额的。其中,被投资企业拥有土地使用权、房屋、房地产企业未销售房产、知识产权、探矿权、采矿权、股权等资产的,申报的股权转让收入低于股权对应的净资产公允价值份额的……(六)主管税务机关认定的其他情形"。

本案中,以某医药贸易公司销售的某规格邦某药价格为例,其对外销售价格为6.496元,既明显低于其同期或近期同类产品销价19.69元,也明显低于其他纳税人同期或近期同类产品的销售价格12.07~22.26元,同时还远低于其自身进价18.71元,从上述税务规范性文件以及最高人民法院相关司法解释角度出发,本案价格明显偏低的事实较为清晰。

(二)现行法律法规规章及规范性文件对于"正当理由"的判断标准

综观现行税收法律规章及规范性文件,对于"正当理由"仅在股权转让所得个人所得税规范中进行了详细的规定。《股权转让所得个人所得税管理办法(试行)》第13条规定,"符合下列条件之一的股权转让收入明显偏低,视为有正当理由:(一)能出具有效文件,证明被投资企业因国家政策调整,生产经营受到重大影响,导致低价转让股权;(二)继承或将股权转让给其能提供具有法律效力身份关系证明的配偶、父母、子女、祖父母、外祖父母、孙子女、外孙子女、兄弟姐妹以及对转让人承担直接抚养或者赡养义务的抚养人或者赡养人……(四)股权转让双方能够提供有效证据证明其合理性的其他合理情形"。

虽然除上述规定再无其他依据来定义“正当理由”，但在某些情形下，只要纳税人理由正当，如无偿的公益性销售行为，远低于市场价格处理鲜活产品、即将到期的商品，临时歇业、转产、破产清算降价销售商品以及司法拍卖等，税务机关也应当尊重市场规则，对这些经营行为无权核定税款，即这些情形应当被视为“正当理由”。

此外，某些税务规范性文件中规定了类似于“无正当理由”的表述，如《营业税改征增值税试点实施办法》第44条关于“视同销售”条款适用时，就提及不具有合理商业目的，是指以谋取税收利益为主要目的，通过人为安排，减少、免除、推迟缴纳增值税税款，或者增加退还增值税税款。又如《财政部、国家税务总局关于企业重组业务企业所得税处理若干问题的通知》(财税〔2009〕59号)规定的“具有合理的商业目的，且不以减少、免除或者推迟缴纳税款为主要目的”。

(三)“正当理由”的举证责任

税务案件有诸多特殊性，从行政效率和成本维度考虑，税务机关的调查取证职权实现并不容易，虽然《行政诉讼法》第34条规定，“被告对作出的行政行为负有举证责任，应当提供作出该行政行为的证据和所依据的规范性文件”，即税务机关具有基本的举证义务，但简单的“税务机关负举证责任”的举证责任分配方式已无法适应现阶段纷繁复杂的经济活动。

《税收征收管理法实施细则》第47条规定，“纳税人有税收征管法第三十五条或者第三十七条所列情形之一的，税务机关有权采用下列任何一种方法核定其应纳税额：(一)参照当地同类行业或者类似行业中经营规模和收入水平相近的纳税人的税负水平核定……纳税人对税务机关采取本条规定的方法核定的应纳税额有异议的，应当提供相关证据，经税务机关认定后，调整应纳税额”。因此，在具体适用《税收征收管理法》第35条核定征收税款时，不能简单将举证责任完全分配给税务机关，而应该采用合理分配的方式进行。通俗来说，税务机关应当就“价格明显偏低”承担举证责任，而纳税人则应当就其具备“正当理由”承担举证责任。以本案为例，在某医药贸易公司对其销售价格明显偏低的事实不持异议的情形下，理应先由其向市税务稽查局作出理由正当的合理解释并提交相关证明，如其解释及相关证据符合正当理由，市税务稽查局则无权对其进行核定税款;反之,如税务机关对上述解释或证据不予认可并作出行政处理决定,其应当对作出的行政处理决定负有举证责任。

(四)核定征收方法的合理性及其评析

《税收征收管理法实施细则》第 47 条规定,"纳税人有税收征管法第三十五条或者第三十七条所列情形之一的,税务机关有权采用下列任何一种方法核定其应纳税额:(一)参照当地同类行业或者类似行业中经营规模和收入水平相近的纳税人的税负水平核定;(二)按照营业收入或者成本加合理的费用和利润的方法核定;(三)按照耗用的原材料、燃料、动力等推算或者测算核定;(四)按照其他合理方法核定。采用前款所列一种方法不足以正确核定应纳税额时,可以同时采用两种以上的方法核定"。即在对纳税人核定应纳税额时,理论上可以任意采取上述 4 种方法中的某一种或者同时采用两种以上的方法。当然,《税收征收管理法实施细则》是以行政法规的形式,赋予了税务机关对纳税人的税款基本核定征收权,并要求税务机关采取合理的方法进行核定。当税务机关具体核定税款时,针对不同税种,则还应具体适用不同税种对应的法律、法规、规章以及税务规范性文件。如本案中涉及增值税核定,则应当适用《增值税暂行条例》的相关规定先行确定原告的应税货物销售额,即根据《增值税暂行条例》第 7 条以及《增值税暂行条例实施细则》第 16 条的规定来最终确定原告应补缴的增值税税款。

值得注意的是,根据《增值税暂行条例实施细则》第 16 条之规定,纳税人价格明显偏低并无正当理由的,按下列顺序确定销售额:(1)按纳税人最近时期同类货物的平均销售价格确定;(2)按其他纳税人最近时期同类货物的平均销售价格确定;(3)按组成计税价格确定。即税务机关核定增值税时,应当按照以上三种方法按顺序核定,不能任意选择顺序,只有第一顺序无法适用时才能适用第二顺序,当第一顺序、第二顺序都不能适用时,才能适用第三顺序。同时,税务机关也不能任意取值,不能任意选择相关商品的销售价格,而只能在"最近时期"且"同类货物"的销售价格中进行取值并作平均值计算,否则就有滥用职权之嫌。

本案中,"应税销售行为的价格明显偏低并无正当理由"是税务机关行使法律赋予的应纳税额核定权的法定事实要件之一,税务机关基于法定调查程序,对这一不确定概念进行的专业认定和行政解释,具有较大的判断余地和裁量空间,除非这种专业认定明显不符合常理或者属于滥用职权。某医药贸易公司未提出证据证明该专业认定存在明显不符合常理的情形,亦未提出证据证明市税务稽查局存在滥用职权的行为,只能承担败诉的不利法律后果。

民事执行程序中税收债权清偿纠纷案例评析

戴　芳　朱　哲*

一、前言

民事执行作为公权与私权、行政权与司法权、审判权与执行权等各种权力碰撞最为激烈的法律制度，是实体法与程序法交织缠绕，不同部门法交错适用最为复杂的领域。[1] 其中，如何在民事执行程序中实现税收债权，便成为执行当事人、税务机关和人民法院面前的一大难题。而该难题具体体现在以下两个方面：第一，从程序法的角度来看，税收法定原则要求"课税要素法定、课税要素明确、依法稽征或程序合法"，然而，实践中，执行法院在先查封财产导致税务机关无法通过自力强制执行的手段实现税收债权，此时，税务机关应当以何种身份参与民事执行程序就值得思考了，其关系税务机关实现税收债权的路径选择问题。第二，从实体法的角度来看，《税收征收管理法》第45条赋予了税务机关税收优先权，同时，私法领域基于私法自治原则也赋予了债权人担保债权优先权。那么，在执行款项分配的过程中，税收债权和担保债权发生竞合时，税务机关所主张的税收债权能否从执行款项中优先受偿，便成为不可回避的问题。其不但影响民事执行程序中税收优先权范围的界定，而且还影响民事交易秩序和民事执行的效率。

鉴于现有关于执行的法律规范并没有就如何实现税收债权予以明确的规定，笔者以国家税务总局广州市海珠区税务局（以下简称海珠税局）与广州从化

* 戴芳，西北政法大学经济法学院教授，硕士生导师；朱哲，西北政法大学经济法学院硕士研究生。

〔1〕 肖建国、庄诗岳：《论民事执行权与行政权的冲突与协调》，载《东岳论丛》2020年第6期。

柳银村镇银行股份有限公司(以下简称柳银银行)不动产拍卖款执行纠纷案[1]为例,梳理案件的脉络与争议焦点,对民事执行程序中税务机关的法律身份,以及民事执行程序中税收优先权的范围进行分析,以期从制度供给的角度,明确具有强制执行权的税务机关参与民事执行程序的主体地位,化解税收债权与担保债权之间的矛盾,寻求走出执行困局的有效方法。

二、案情简介

原告柳银银行与被告广州市安能物业管理有限公司(以下简称安能公司)金融借款合同纠纷于2016年12月27日判决。判决内容为:"安能公司在本判决生效后10日内归还柳银银行贷款本金13,000,000元及逾期利息、罚息、复利;柳银银行对安能公司于2014年1月30日提供抵押的位于广州市海珠区江燕路晓燕街61号地下的67个车位以折价或拍卖、变卖上述抵押物所得价款在上述债务范围内享有优先受偿权。"2017年1月15日上述判决发生法律效力,其后因安能公司拒不履行生效法律文书确定的还款义务,柳银银行于2017年3月6日向广州市从化区人民法院(以下简称从化法院)申请强制执行。2017年12月29日,从化法院以(2017)粤0184执1076号对该案强制执行,案件进入了民事执行阶段。

海珠税局于2016年11月9日向安能公司发出《土地增值税清算决定书》。决定书内容为:"安能公司'晓燕湾'项目从1997年1月23日至2013年4月22日应缴土地增值税558万余元,已预缴305万余元,应补缴2,536,761.40元。"安能公司于2016年11月11日签收该份决定书,但未按时补缴相应税款。海珠税局于2017年3月2日向从化法院发出商请函,认为该笔税款产生在柳银银行抵押权设立登记之前,主张从拍卖款中优先支付欠税。从化法院于2018年2月27日作出(2018)粤0117执异14号执行裁定书,认为海珠税局主张的优先受偿权不符合《最高人民法院关于适用〈中华人民共和国民事诉讼法〉的解释》

[1] 参见广东省广州市中级人民法院执行裁定书,(2021)粤01执复231号。

(以下简称《民事诉讼法解释》)第508条[1]的规定,依法不能在该案中直接参与分配。随后,海珠税局于2020年9月1日再次向从化法院主张安能公司尚欠的土地增值税及滞纳金,合共2,997,183.59元。从化法院于2020年12月24日作出(2020)粤0117执异210号执行裁定书,认为海珠税局所主张的税款是已经销售的房产欠缴的土地增值税,不是从化法院拍卖物应征收的土地增值税,不符合国税函〔2005〕869号《国家税务总局关于人民法院强制执行被执行人财产有关税收问题的复函》(以下简称《复函》)第4条[2]所规定的"因强制执行活动而被拍卖、变卖财产"产生的税款情形,海珠税局所主张的已经销售的房产欠缴税款不能在从化法院的拍卖所得款中优先征收。

海珠税局不服从化法院作出的(2020)粤0117执异210号执行裁定,向广东省广州市中级人民法院(以下简称广州中院)申请复议,并对从化法院(2018)粤0117执异14号执行裁定提出执行监督。海珠税局认为,涉案"晓燕湾"项目土地增值税的纳税义务发生在柳银银行办理涉案车位抵押登记之前,海珠税局依法享有税收优先权;同时提出,从化法院在首次裁定中认为海珠税局"主张优先受偿税款不符合《民事诉讼法解释》(法释〔2015〕5号)第508条的规定,依法不能在本案中直接参与分配"是对执行分配程序及税收债权协助执行司法行为的错误理解;海珠税局还认为,从化法院在第二次裁定中认定海珠税局"主张的'历史欠税'并不是本案拍卖行为所产生的税款",是对《复函》第4条中的"税款"的错误理解,实际上限缩了税务机关依法实现税收债权的财产范围。

广州中院裁定:(1)涉案"晓燕湾"项目土地增值税的缴税义务是否发生在安能公司名下67个车位办理抵押登记之前,是安能公司所欠缴的税款在执行

---

〔1〕《民事诉讼法解释》(法释〔2015〕5号)第508条规定:"被执行人为公民或者其他组织,在执行程序开始后,被执行人的其他已经取得执行依据的债权人发现被执行人的财产不能清偿所有债权的,可以向人民法院申请参与分配。对人民法院查封、扣押、冻结的财产有优先权、担保物权的债权人,可以直接申请参与分配,主张优先受偿权。"此规定对应现行有效的《民事诉讼法解释》(法释〔2022〕11号)第506条。

〔2〕《复函》第4条规定:"鉴于人民法院实际控制纳税人因强制执行活动而被拍卖、变卖财产的收入,根据《中华人民共和国税收征收管理法》第五条的规定,人民法院应当协助税务机关依法优先从该收入中征收税款。"

中是否具备优先权的关键问题,从化法院对此未予以查明及认定,属基本事实不清。(2)在税款满足优先权条件的情况下,海珠税局可以函请从化法院协助划扣相应数额的拍卖款用于补缴被执行人所欠缴的税款,从化法院在基础事实未查清的情况下驳回海珠税局的异议请求,显然处理不当。(3)从化法院以涉案车位的税费已在拍卖公告中公示,不在执行款项中征收为由,驳回海珠税局请求征收安能公司欠缴税款的异议请求,属于处理不当。遂支持海珠税局的复议请求,撤销从化法院(2020)粤0117执异210号执行裁定,并将本案发回从化法院重新审查。

三、法理评析

本案系人民法院依据当事人的申请对生效法律文书的财产部分进行强制执行,导致税务机关无法直接行使强制执行权征收税款而引发的执行纠纷。不难发现,民事执行与税收执行均是为了促使债务人或纳税人及时履行金钱给付义务,但囿于私人债权与税收债权往往共存于同一债务人的有限财产,故不可避免地带来了执行中的竞合与冲突。就本案而言,民事执行与税收执行的问题主要体现在以下两个方面:第一,在人民法院通过查封、扣押行为实际控制了被执行人财产,导致税务机关无法直接行使税收执行权实现税收债权的情况下,税务机关应以何种身份实现财产权利;第二,税务机关主张的"历史欠税"并不是人民法院拍卖、变卖执行标的所产生的税款,被执行人的"历史欠税"能否从执行款项中优先获得清偿。对此,鉴于现有关于执行的法律法规并没有就如何有效解决民事执行与税收执行之间的法律冲突进行明确的规定,笔者将以本案作为切入点,试分析民事执行程序中税务机关的法律身份以及民事执行程序中税收优先权的范围,并从立法本意、法解释学等方法论出发,提出相应的处理意见,以期为解决类似的纠纷案件提供有益的借鉴经验。

(一)民事执行程序中税务机关的法律身份

在已决案件中,人民法院依申请执行人的申请对被执行人的财产进行拍卖、变卖而进入民事执行程序,税务机关对人民法院采取强制执行措施的财产同时也享有税收执行权,但由于人民法院已经实际控制了被执行人的财产,税务机关无法通过自力救济的手段实现税收债权。对于这种情况，本案海珠税局依据《税收征收管理法》第5条第3款[1]、《复函》第4条的规定，通过发送协助缴纳税款函的方式请求执行法院予以协助执行。那么，此时的税务机关究竟是以何种身份在民事执行程序中实施函请行为？由于《税收征收管理法》和《民事诉讼法》均未就此问题作出明确的规定，且人民法院在裁定该类纠纷时也回避了对税务机关身份的认定问题，导致民事执行程序中税务机关的主体资格身份仍不明晰。对此，笔者认为，要界定税务机关在民事执行程序中的法律身份，则需要判定税务机关发送协助缴纳税款函的效力性。若函请行为具备了行政法上的效力性，税务机关即以主管机关的身份请求人民法院履行协助义务；否则，税务机关的函请行为实际上是以债权人身份申请参与执行分配。因此，笔者将从税收协助行为入手，分析《复函》第4条所规定的"人民法院协助征收税款"行为的效力性，并明确税务机关在民事执行程序中的法律身份。

从税法的角度来看，税收协助行为强调的是各有关部门和单位对税务机关依法执行职务应予以协助。而协助属于一种辅助性行为，其主要是为了配合请求主体完成执法活动而实施的，因而从属于请求主体的执法活动。基于此，现有的税收协助规范大多数具有浓厚的税务行政主导色彩，倾向于"重协助义务""重税收保障"。[2] 因此，税收协助行为是税务机关以主管机关的身份请求职能部门和相关单位配合税收工作的一种方式。但是，在平等保护债权的民事执行程序中，税务机关能否仍以公法上的身份请求人民法院协助征收税款，则有待商榷。而税务机关在民事执行程序中函请人民法院协助征收税款的行为依据源自《复函》第4条"人民法院实际控制纳税人因强制执行活动而拍卖、变卖财产的收入"的情况下，"人民法院应当协助税务机关依法优先从该收入中征收税款"的规定，同时，该规定也是本案海珠税局认为其行为不适用参与分配程序的法律依据，遂成为判定本案海珠税局在民事执行程序中究竟是以何种身份实现税收债权的关键。

对此，笔者认为，税务机关在民事执行程序中以函请的方式请求人民法院

---

[1] 《税收征收管理法》第5条第3款规定："各有关部门和单位应当支持、协助税务机关依法执行职务。"

[2] 参见叶金育：《税收协助规范的应然定位和设计基准》，载《法学》2021年第2期。

扣缴税款的行为,缺乏税法上的执行依据以及司法协助上的认定,不具备行政法上的效力性,理由如下:第一,从体系解释的角度看,《复函》第 4 条所规定的行为依据是《税收征收管理法》第 5 条,而《税收征收管理法》第 5 条所规定的"协助执行"行为限定在税法所明确的有关单位协助税务机关进行税务检查或金融机构协助税务机关对相关账户进行查询、冻结等行为,其并不包括执行法院协助税务机关径行扣缴税款的行为。第二,从文件的适用范围来看,《复函》仅为国家税务总局对最高人民法院强制执行被执行人财产有关税收问题的单方答复,最高人民法院对此并没有作出书面回复予以回应。〔1〕 因此,税务机关在民事执行程序中请求人民法院协助划扣欠税的行为不具备行政法上的效力性。加之,考虑到税收债权债务关系说已经成为税收理论通说,当税务机关无法通过自力强制执行措施保障税收债权,且同时也向人民法院主张财产权利时,"司法赋能"也就相应地降低了税收基于国家强制力而自带的优越感,从而蜕化为民法上的税收之债。〔2〕 此时的税务机关则可以其同样享有被执行人的财产权利为由,以等同于民事债权人的身份参与民事执行程序。因而,税务机关的函请行为实际上也就构成了以债权人身份申请参与执行分配的行为。

结合本案,海珠税局在安能公司未按时缴交相应税款,且从化法院已查封安能公司财产的情况下,于 2017 年 3 月 2 日以发送商请函的方式向从化法院主张税收优先权的行为,实则是以债权人身份申请参与分配执行款项。此时,鉴于在相同的程序中遵循同样的规则是平等保护债权人利益的要求,而参与分配又是税务机关实现税收债权的补足手段,故为了防止税务机关的"特权思维"挤占司法资源导致私权利受损,税务机关在申请参与分配执行款时需要比照其他债权人参与民事执行的条件。而且,笔者认为,税务机关参与分配的条件分为一般条件和特殊条件:一般条件即是税务机关与其他民事债权人一样,需要依照《民事诉讼法解释》第 507 条第 2 款〔3〕的规定,在执行程序开始后至财产执

〔1〕 陈恒、李若柳:《税务机关在执行程序中不享有税收优先权》,载《人民司法》2020 年第 26 期。

〔2〕 林南南、刘伟光:《在民事强制执行程序中对"税收优先"排除规则之构建——以〈税收征管法〉第 45 条的"但书"为突破》,载刘贵祥主编:《审判体系和审判能力现代化与行政法律适用问题研究——全国法院第 32 届学术讨论会获奖论文集(下)》,人民法院出版社 2021 年版,第 1243 页。

〔3〕 《民事诉讼法解释》(法释〔2022〕11 号)第 507 条第 2 款规定:"参与分配申请应当在执行程序开始后,被执行人的财产执行终结前提出。"

行终结前提出分配申请;而特殊条件则是基于税务机关在公法上的特殊身份而赋予的限制要件,主要体现在证明要件和行为要件两方面的限制。第一,在证明要件上,税务机关需要出具税务处理决定书或者税务处罚决定书等生效法律文书,以证明税务机关享有税收债权且被执行人的纳税期限已经届满;同时,税务机关还应当举证被执行人已无其他财产可供执行,否则在被执行人的财产足以清偿所有债权的情况下,税务机关可以通过税收强制执行的方式实现税收债权,并没有参与分配之必要。第二,在行为要件上,鉴于参与分配是实现税收债权的补充手段,故税务机关只有在穷尽了《税收征收管理法》所规定的税收执行手段仍然不能实现财产权利时,才能获得参与分配的正当性。

(二)民事执行程序中税收优先权的范围

在民事执行程序中,被执行人的应纳税款分为两种类型:第一类是“历史欠税”,即民事执行分配前,被执行人未按照税法的相关规定缴纳相应税款而形成的欠税;第二类是“新生税款”,即在民事执行过程中因拍卖、变卖等变价行为所产生的税款,包括了卖方应缴纳的所得税、土地增值税、增值税及附加、城市维护建设税等,买方应缴纳的印花税、契税等。当上述两类税收债权与其他民事主体的债权共存于同一个被执行人,且该被执行人已无其他财产可供执行时,税务机关往往会依据《税收征收管理法》第 45 条的规定主张税收优先权,[1]要求执行法院从执行款项中优先支付税款。同时,依据《民事诉讼法解释》(法释〔2022〕11 号)第 506 条第 2 款的规定“对人民法院查封、扣押、冻结的财产有优先权、担保物权的债权人,可以直接申请参与分配,主张优先受偿权”,即对于执行法院处置被执行人财产标的后的变价款,享有优先权、担保物权的债权人同样可以主张优先受偿。此时,在有限的执行款项中便形成了公法上的法定优先权和私法自治下的担保债权的竞合。那么,在权利竞合的情况下,税务机关能

---

〔1〕《税收征收管理法》第 45 条规定:“税务机关征收税款,税收优先于无担保债权,法律另有规定的除外;纳税人欠缴的税款发生在纳税人以其财产设定抵押、质押或者纳税人的财产被留置之前的,税收应当先于抵押权、质权、留置权执行。纳税人欠缴税款,同时又被行政机关决定处以罚款、没收违法所得的,税收优先于罚款、没收违法所得。税务机关应当对纳税人欠缴税款的情况定期予以公告。”

否仍依据《税收征收管理法》第45条的规定在民事执行程序中主张税收债权优先受偿,以及如果税务机关仍享有税收优先权,该范围将如何界定便是本文需要讨论的内容之一,也是解决本案"海珠税局所主张的'历史欠税'能否从执行款项中优先受偿"的关键。

对此,笔者认为,在民事执行程序中,税务机关仍然有权主张税收债权优先受偿,理由如下:第一,从税收债权的本质来看,税收债权与民事债权人的私有债权一样,本质上都属于金钱债权。对于金钱债权的实现,其核心是从被执行人的财产中获取足额的金钱,而民事执行程序的运行就是依照申请执行人的申请实现金钱债权,故税务机关在民事执行程序中有权主张税收债权。第二,从债权优先性的角度来看,优先性的判定仅影响金钱债权的清偿顺位。即在执行款项分配过程中,只要债权人认为自身的债权符合《民事诉讼法解释》(法释〔2022〕11号)第506条第2款的规定,债权人就可以其享有优先权、担保物权为由要求优先受偿债权。同样,税务机关在满足税法所规定的税收优先权条件的情况下,也能在民事执行程序中主张税收债权优先受偿。然而,有论者认为在平等保护债权的民事执行程序中主张税收债权优先系属于与民争利的行为。但是,笔者认为,并不是在任何时候、任何情境均能直接适用"纳税人主义",还应当考虑国家的税收利益,以保障纳税人财产权益和国家税收利益之间的均衡,最终实现税收负担在全体公民间公平分配。〔1〕

在明确了税务机关在民事执行程序中能够主张税收优先权之后,囿于现有关于执行的法律规范并没有对包括欠税在内的各项债权的清偿顺序作出明确的规定,则需要进一步明晰民事执行程序中哪些应纳税款可以列入税收优先受偿的范围,在有限的执行款项中平衡好税收债权与民事债权之间的关系。对此,笔者将结合本案,分析被执行人"历史欠税"以及民事执行程序中"新生税款"在清偿过程中存在的争议,以明确民事执行程序中税收优先权的范围。

1. 被执行人"历史欠税"的清偿争议

本案中,从化法院认为海珠税局所主张的土地增值税并不是民事执行拍卖行为所产生的税款,并不能从执行款中优先受偿,遂裁定海珠税局不能直接参

---

〔1〕 参见戴芳、朱哲:《论溢缴税款之纳税人的退税请求权》,载《中国注册会计师》2022年第7期。

与安能公司车位变价款的分配。由此，不难发现，在实践中，税务机关以债权人的身份加入执行分配程序本来就存在争议，而税务机关还以税收债权优先受偿为由请求执行法院从变价款中支付"历史欠税"，使变价后的财产分配关系更加"白热化"。那么，在民事执行程序中，同样属于金钱债权的被执行人"历史欠税"，究竟需要满足哪些条件才能从执行款项中优先受偿？

(1)时间要件：设立抵押登记的时间在被执行人应纳税款期限届满之后。

本案税务机关和两级法院对于税收优先权的时间要件的判定，存在两种不同的比较方式。从化法院通过比较抵押登记时间与税务机关出具行政处理决定书的时间，认为海珠税局出具的《土地增值税清算决定书》时间在涉案车位抵押权登记时间之后，否定了海珠税局的税收优先权。但是，海珠税局和广州中院均以抵押登记时间与被执行人纳税义务发生时间的先后顺序作为时间要件的判定方式，认为涉案土地增值税的纳税义务发生在办理车位抵押登记之前，海珠税局依法享有税收优先权。因此，究竟是以税务机关确权时间还是以纳税义务发生时间作为税收优先权成立的时间要件，便产生了分歧。

根据《德国租税通则》第 38 条的规定，租税债务关系之请求权，于法律所据以课赋给付义务之构成要件实现时，即行成立。可以发现，税收债务自满足课税要件时自行成立，并不需要税务机关出具相关的证明，而税务机关作出的征税决定仅为确权行为，系对抽象的税收债务予以具体化，并没有创设税收债务。[1] 因此，在民事执行程序中，不能将税务机关确权时间作为税收优先权成立的一般时间节点。本案中，从化法院以税务机关确权时间在抵押权登记时间之后，否定海珠税局税收优先权的做法，实际上是混淆了纳税义务发生时间与税务机关行政确权时间这两个不同的概念。

那么，在明确了税务机关确权时间并不能作为税收优先权成立的时间要件之后，应是以税款产生之日还是以纳税期限届满之次日作为税收优先权成立的一般时间节点，便是接下来需要讨论的问题。一般而言，当纳税人满足税收实体法所规定的课税要件便负有了抽象的纳税义务，[2] 此时，税款产生之日仅是

---

〔1〕 李刚、郑晶晶：《有关税收优先权的司法案例实证分析——兼评〈税收征管法修订草案（征求意见稿）〉相关条文》，载《税务研究》2020 年第 7 期。

〔2〕 郭昌盛：《执行程序中税收优先权的法律适用困境及其化解》，载《税务与经济》2019 年第 6 期。

作为判断纳税人就某项业务是否需要缴纳税款的时间节点。只有当抽象的纳税义务经过了税法所规定的纳税期限后,纳税义务才真正确定,税务机关才享有真正意义上的税收债权。因此,在民事执行程序中,只要在被执行人应缴纳税款的期限届满后设立抵押权等担保债权,税务机关就享有优先受偿的权利。结合本案,安能公司"晓燕湾"项目从1997年1月23日至2013年4月22日共销售了10.9万平方米,根据《土地增值税暂行条例》第10条[1]的规定,该项目所产生的土地增值税的纳税期限在柳银银行2014年1月30日办理抵押登记之前已经届满,故海珠税局主张的"历史欠税"满足了税收优先权的时间要件。

(2)实体要件:被执行人的"历史欠税"需要满足债权公示原则。

在实践中,税务机关对纳税人的欠税追征往往会延伸到民事执行程序,从而导致税收债权与私人债权发生竞合。此时,税务机关能否再借税收优先权直入平等保护债权的民事执行程序便值得思考了;尤其,在私法之债中,担保债权因其所具有的公示公信效力而优先于普通债权,使税收债权与担保债权的优先性判定问题亟须被解决。

对此,笔者认为,税务机关以债权人身份进入民事执行程序后,应当遵循债权受偿的一般规则,对其所享有的优先权在民事领域进行适当限缩。除满足税收优先权成立的时间要件外,还需要满足实体要件,明确只有经过公示的税收债权才能获得优先受偿的地位,理由如下:第一,从保障交易安全的角度看,虽然《税收征收管理法》第46条规定了"纳税人有欠税情形而以其财产设定抵押、质押的,应当向抵押权人、质权人说明其欠税情况",但是,纳税人为了促成交易,其往往不会将自身资产的负面消息主动告知担保债权人;虽然该条还规定了"抵押权人、质权人可以请求税务机关提供相关欠税情形",但该规定仅为宣示性条款,税务机关并无向第三人披露纳税人欠税信息的义务,导致担保债权人难以查询到纳税人的欠税情况。此时,担保债权人基于信赖利益达成交易后,若仍将未经公示的税收债权优先于后设立的担保债权受偿,则会将纳税人不作为所产生的不利后果转移给担保债权人承担,这样必然会增加交易成本。

---

[1] 《土地增值税暂行条例》第10条规定:"纳税人应当自转让房地产合同签订之日起7日内向房地产所在地主管税务机关办理纳税申报,并在税务机关核定的期限内缴纳土地增值税。"

第二,从公示的效力性角度来看,担保债权之所以能优先于普通债权受偿,在于其所具有的公示性,能够让潜在的交易主体据此准确评估交易风险,故"担保财产"具有的公示性,决定了担保债权具有变价效力、优先效力、受偿效力。[1] 同样,就税收债权的优先性而言,《欠税公告办法(试行)》对欠税公告的发布机关、公告内容、公告媒体及法律责任作出了具体的规定,这说明了定期发布欠税公告是税务机关的法定义务。当税务机关发布了欠税公告,税收债权享有了类似于担保债权的对外效力,也就具备了法定优先权的应有品格。[2] 因此,在民事执行程序中,应以税收债权是否经过公示程序作为判定税收优先权的实体要件,如果税务机关没有按照规定实施税收债权公示,税收债权应劣后于担保债权,与普通债权处于同一顺位受偿。

结合本案,虽然海珠税局的"历史欠税"发生在涉案车位设立抵押登记之前,满足了税收优先权成立的时间要件。但从海珠税局提交的证据来看,并没有发现海珠税局发布过欠税公告或者通知过不动产登记部门进行欠税登记,故其并不满足债权公示原则,应劣后于柳银银行的抵押债权,在该抵押债权受偿后的余额中参与分配。

2. 民事执行程序中"新生税款"的清偿争议

执行法院依据生效的法律文书对被执行人名下的不动产进行拍卖、变卖,必然会涉及所有权转移登记。根据《民事诉讼法》第258条的规定,"在执行中,需要办理有关财产权证照转移手续的,人民法院可以向有关单位发出协助执行通知书,有关单位必须办理"。对此,税务机关和不动产登记部门就执行财产的权属转移负有协助义务。其中,就税务机关而言,其依据《国家税务总局、财政部、建设部关于加强房地产税收管理的通知》(国税发〔2005〕89号),采取契税完税凭证在先不动产权属转移登记在后的"先税后证"模式,这也就包括了需要对不动产变价所产生的"新生税款"履行相应的纳税义务后才能办理不动产权属证明。然而,有论者认为,从应税时间来看,民事执行程序中"新生税款"产生的时间滞后于担保债权人设立抵押登记的时间,对该部分税款优先扣缴会损害

---

〔1〕 参见姚明斌:《〈民法典〉担保物权优先顺位规则之新观察》,载《中国政法大学学报》2022年第3期。

〔2〕 关爱麟、崔晓磊:《税收优先权的法律适用困境及其化解》,载《税务与经济》2022年第2期。

申请执行人和其他债权人的合法权益,容易导致本应在先受偿的债权得不到完全清偿。[1] 由此,民事执行程序中“新生税款”是否享有优先受偿权便形成了争议。

对此,笔者认为,民事执行程序中拍卖、变卖所产生的税款应当优先受偿,理由如下:第一,从税款的性质来看,上述变价行为所产生的税款是为了实现抵押权而产生的必要成本,其类似于《企业破产法》所规定的“破产费用”,应当在分配变价款前即时清偿。[2] 第二,从债权人的角度看,债权人实现债权的合理预期和信赖利益都来自执行财产的执行款项,而将执行财产进行变价必然需要支付包括“新生税款”在内的必要费用。因此,优先清偿民事执行程序中的“新生税款”并没有损害债权人的合法权益。结合本案,从化法院在拍卖涉案车位时公告“标的物过户登记手续由买受人自行办理,所涉及的一切税、费均由买受人承担”,即从化法院采取“包税条款”的方式实现民事执行程序中的“新生税款”优先受偿,涉案当事人对此均未提出异议。

四、结论

民事执行程序中的税收债权清偿纠纷日益增多,税务机关应该通过何种途径实现税收债权成为行政执法与司法实践的难题。尤其在已决案件中,人民法院通过查封、扣押等手段实际控制了被执行人的财产,导致税务机关无法直接行使强制执行权征收欠税,进而加剧了税收执行权与民事执行权之间的矛盾。此时,税务机关应当以何种身份以及何种方式实现税收债权,在民事执行程序中税收优先权的范围包括哪些,遂成为本文的研究内容。

第一,税务机关通过函请的方式请求执行法院从执行款项中扣划税款的行为,实际上是以债权人的身份申请分配执行款项,应当适用民事执行程序和参与分配程序。同时,考虑到参与分配程序仅能作为实现税收债权的补充救济途径,除要求税务机关比照其他债权人满足参与民事执行的一般条件外,还需要附加限制性条件,要求税务机关出具税务处理决定书作为申请参与分配的执行

---

〔1〕 参见李帅、张弘:《不动产执行拍卖过户中“先税后证”问题研究——基于税收征管与民事执行的交叉视角》,载《中国不动产法研究》2019年第1期。

〔2〕 郭昌盛:《执行程序中税收优先权的法律适用困境及其化解》,载《税务与经济》2019年第6期。

依据,并需要证明被执行人已无其他财产可供执行。而且,税务机关只有在穷尽了《税收征收管理法》所规定的税收强制措施后,才能获得参与分配的正当性。

第二,在民事执行程序中,税收债权与私有债权一样均属于金钱债权,其核心是从被执行人的财产中获取足额的给付,故优先权的判定仅影响金钱债权的清偿顺位,并不影响主张优先受偿金钱债权的资格。因此,税务机关可以在民事执行程序中主张税收债权优先受偿。同时,民事执行程序中被执行人的应纳税款分为"历史欠税"和"新生税款"。其中,就被执行人的"历史欠税"而言,只要其在时间要件上满足了设立抵押登记的时间在被执行人应纳税款期限届满之后,在实体要件上满足了债权公示原则,即享有了优先受偿的权利。否则,被执行人的"历史欠税"应劣后于担保债权,只能在该担保债权受偿后的余额中参与分配。此外,对于民事执行程序中的"新生税款",因其系执行财产变价后产生的必要费用,对该部分税款优先清偿可以满足债权人实现财产权利的可期待利益,故应当在分配执行款项前即时清偿。

异常发票纳税争议案例评析

许海美[*]

一、前言

随着税务“金三”系统大数据稽核和发票协查工作的铺开，发票引发的涉税风险成为企业不堪承受之重，虚开发票也成为企业的梦魇，很多老板因此身陷囹圄。如果说虚开发票的违法犯罪行为是“黑”，税务规则为“白”，而在这黑白之间，亦有“灰色地带”，即为“异常发票”。所谓异常发票，也称失控发票，是非正常状态下的发票，在实务中体现为既没有完整的证据证实存在虚开发票的违法犯罪情形，又存在现实的涉税风险点和异常情形让税务局无法认定交易的真实性，从而导致了税务风险的不断产生。近年来，异常发票导致企业遭受税款损失的案例增多，其引发的税收风险愈加严重，对企业商业行为安全性的威胁也逐渐增大，由此引发的纳税争议案件也日益增多。

同时，2019 年 11 月 14 日《国家税务总局关于异常增值税扣税凭证管理等有关事项的公告》（国家税务总局公告 2019 年第 38 号，以下简称 38 号公告）对异常增值税扣税凭证管理事项进行了规定，并且扩大了《国家税务总局关于走逃（失联）企业开具增值税专用发票认定处理有关问题的公告》（国家税务总局公告 2016 年第 76 号，以下简称 76 号公告）的异常凭证的范围，并对《异常增值税扣税凭证处理操作规程（试行）》（税总发〔2017〕46 号）的处理方式进行修

* 许海美，江苏米来律师事务所合伙人律师。

改,引起广泛关注。38 号公告规定,纳税人对税务机关认定的异常凭证存有异议,可以向主管税务机关提出核实申请,根据核实情况确定是否可以抵扣。对于税务机关作出的进项转出决定不服的,在转出税款后,纳税人可以依法提起行政复议与行政诉讼寻求司法救济。那么除此之外,还有其他救济方法吗?本文通过一则异常发票纳税争议案件与读者分享异常发票的行政与民事司法救济渠道。

二、案情简介

(一)案件基本信息

案件类型:因异常发票要求增值税进项税额转出补缴税款;
涉案金额:税款 3,790,931.10 元;
法律风险:补缴增值税税款、加收滞纳金。

(二)案件概况

山东××供应链管理有限公司(以下简称 A 公司)基于向××环保科技有限公司(以下简称 B 公司)购进废钢 10,359.28 吨,取得 B 公司自 2018 年 8 月 21 日至 10 月 26 日开具的 29 张增值税专用发票(含税金额 27,484,250.40 元、不含税金额为 23,693,319.30 元、税额为 3,790,931.10 元),被当地主管税务分局日照市东港区石臼税务分局于 2019 年 9 月 4 日制作的××××税通〔2019〕437491 号《税务事项通知书》认定为失控发票。税务局要求 A 公司对认定的失控发票暂时做进项税转出,并补缴增值税 3,790,931.10 元。A 公司对于上述专票被认定为失控发票存有异议,根据 38 号公告第 3 条第 5 项的规定,分别于 2019 年 9 月 4 日、2020 年 10 月 21 日、2021 年 8 月 23 日先后三次向当地主管税务分局提交书面核实申请,主管税务分局均没有书面回复核实结果。应主管税务分局要求,A 公司已于 2020 年 5 月 19 日将取得的以上专票记载的税额 3,790,931.10 元做进项转出,并于当日申报缴纳增值税税款。

A 公司向当地主管税务机关提交核查申请,并提供证据如下:

1. 通过以下证据证明 A 公司向 B 公司购进废钢业务合同约定的内容、货物流、发票流、资金流一致:(1)A 公司提供的(2020)苏 0509 民初 5681 号民事判决书;(2)A公司向下游客户单位销售废钢的《买卖合同》;(3)A公司向B公司采购废钢的《买卖合同》;(4)下游客户单位及其指定收货人盖章签字确认的“物流单(磅单)”、物资入库单、物资出库单等物流单据;(5)增值税专用发票;(6)向B公司付款的银行流水单;(7)C公司向A公司供应废钢的证明材料。证明A公司与B公司签订的购进废钢《买卖合同》约定的内容,与向其购进废钢的真实货物流、取得其开具专票的真实发票流以及向其支付货款的真实资金流一致(“三流一致”);A公司向B公司购进废钢10,359.28吨业务真实,且与B公司合法取得并以其名义向A公司开具的专票相关内容相符。

2. B公司最早于2019年7月11日在国家企业信用信息公示系统中被列入异常经营名录,A公司取得的增值税专用发票是在其正常生产经营期间(2018年8月21日至10月26日)开具的,且其上述涉案发票均已正常申报纳税(证据为B公司的完税证明)。B公司不是因为其向A公司开具的增值税专用发票没有纳税申报而走逃失联,进而被列入异常经营名录,则A公司取得B公司开具的专票与其走逃失联、被列入异常经营名录不构成因果关系。

(三)争议焦点

本案的争议焦点在于:

1. A公司取得的异常发票是否可以作为增值税扣税凭证抵扣进项税额;

2. 主管税务机关收到A公司的核查申请后不予出具《税务事项通知书》的行为是否构成不履行法定职责。

三、法理评析

(一)A公司取得的异常发票应当允许作为增值税扣税凭证抵扣进项税额

按照38号公告的规定,增值税一般纳税人取得的增值税专用发票列入异常凭证范围尚未申报抵扣增值税进项税额的,暂不允许抵扣。已经申报抵扣增值税进项税额的,除另有规定外,一律作进项税额转出处理。对于纳税信用为A级的纳税人,取得异常凭证且已经申报抵扣增值税的,可自接到税务机关通知之日起10个工作日内,向主管税务机关提出核实申请。经税务机关核实,符合现行增值税进项税额抵扣规定的,可不做进项税额转出。即便纳税人的纳税信用级别不是A级,如果对税务机关认定的异常凭证存有异议,也可以向主管税务机关提出核实申请。经税务机关核实,符合现行增值税进项税额抵扣规定的,也可继续申报抵扣。

问题在于,企业提出核查申请后,税务机关如何判定先前认定的"异常凭证"符合增值税进项税额抵扣规定呢? 38号公告中没有明确的答案。我们以实务中常见的"由于涉嫌虚开增值税专用发票"而被认定为异常凭证为例,如果要证明取得的该异常凭证不是虚开,就需要按照《增值税暂行条例》第8条中关于"纳税人购进货物、劳务、服务、无形资产、不动产支付或者负担的增值税额,为进项税额。下列进项税额准予从销项税额中抵扣:(一)从销售方取得的增值税专用发票上注明的增值税额"的规定,与《国家税务总局关于加强增值税征收管理若干问题的通知》"购进货物或应税劳务支付货款、劳务费用的对象。纳税人购进货物或应税劳务,支付运输费用,所支付款项的单位,必须与开具抵扣凭证的销货单位、提供劳务的单位一致,才能够申报抵扣进项税额,否则不予抵扣"的规定,参照"三流一致"的标准,即货物流、发票流、资金流应当保持"三流一致",相互印证。如果签订了合同,也要求发票与业务合同约定的内容能够对应。其中资金流主要核查的方向为是否存在"资金回流"。而货物流层面,实务中需要提交送货单、物流单、运费发票或凭证等作为货物交付的重要证据,证明货物已经事实交付。在本案中,A公司能够通过合同、资金流水、物流单据等相关证据证明其交易真实性,并且没有资金回流,已满足"三流一致"的标准,应该允许上述发票继续作为增值税扣税凭证抵扣进项税额。

(二)主管税务机关收到A公司的核查申请后不予出具《税务事项通知书》的行为构成不履行法定职责

首先,国家税务总局《异常增值税扣税凭证处理操作规程(试行)》"异常凭证的核实"明确,接受异常凭证的纳税人,对税务机关认定的异常凭证存有异议,提出核查申请的,主管税务机关一般应自接收申请之日起90个工作日内完成异常凭证的核实,核实过程中应重点关注以下方面:(1)纳税人稽核比对、纳税申报情况,增值税发票抵扣联备查簿,相关纸质信息与电子数据是否相符等。

(2)增值税发票信息、业务合同、运输仓储证明以及银行账单资金流的一致性等。(3)需要委托异地税务机关协助调查的,可通过抵扣凭证审查系统,委托与纳税人发生交易的上、下游企业所在地主管税务机关协助核实。(4)需要实地调查的,主管税务机关派员赴纳税人实际生产经营场所,就其经营状况、生产能力等进行调查。异常凭证经税务机关核实后,未发现异常情形,符合现行增值税进项抵扣或出口退税有关规定的,主管税务机关出具《税务事项通知书》,允许纳税人按照现行规定,继续申报抵扣或办理出口退税。异常凭证的开具方和接受方涉嫌虚开发票、虚抵进项,骗取出口退税以及其他需要稽查立案的,移交稽查部门查处。

另外,《行政诉讼法》第12条对于行政诉讼的受案范围进行了规定,其中就包括行政机关不履行法定职责的情形:申请行政机关履行保护人身权、财产权等合法权益的法定职责,行政机关拒绝履行或者不予答复的。

根据上述规范性文件和法律规定的要求,主管税务机关对异常发票及时作出核查并出具书面结论应当是税务机关的法定职责。本案中A公司首次提出核查申请的时间为2019年9月4日,主管税务机关应当在自接收A公司异常发票核查申请之日起90个工作日内完成异常凭证的核实,而事实上虽经本案当事人三次提交核查申请,多次催促,历经将近3年之久,主管税务机关仍未按照该文件要求完成核查并出具相应的《税务事项通知书》,其时间已明显超出了合理界限,致使纳税人权益受损,应当认定为不履行法定职责。

其次,《行政诉讼法》第47条规定,公民、法人或者其他组织申请行政机关履行保护其人身权、财产权等合法权益的法定职责,行政机关在接到申请之日起2个月内不履行的,公民、法人或者其他组织可以向人民法院提起诉讼。法律、法规对行政机关履行职责的期限另有规定的,从其规定。本案中如A公司向人民法院提起行政诉讼,要求税务局依法履行异常发票核实的法定职责,应当符合起诉的条件。至于是否属于纳税争议应当先申请行政复议的问题,本案中A公司的诉求是要求税务局履行法定职责的行为,是针对税务机关在收到A公司的核查申请后不答复、不处理的不作为行为,而提起的要求行政机关依法履行法定职责之诉,并非对税务机关就纳税行为产生争议,故其起诉无须先行提起行政复议程序。如果税务局对A公司的核查申请作出相关决定并出具决定性文书,A 公司不服上述决定,则属于纳税争议,其提起行政诉讼时需要先进行行政复议程序。

四、结论与启示

(一)重视发票管理,防范异常发票的风险

“异常发票”也称增值税异常扣税凭证,是由于开票方存在异常,税务局不允许收票方抵扣的发票。根据 38 号公告的规定,符合下列六种情形之一的增值税专用发票,将被税务机关列入异常凭证范围:(1)纳税人丢失、被盗税控专用设备中未开具或已开具未上传的增值税专用发票。(2)非正常户纳税人未向税务机关申报或未按规定缴纳税款的增值税专用发票。(3)增值税发票管理系统稽核比对发现“比对不符”“缺联”“作废”的增值税专用发票。(4)经国家税务总局、省税务局大数据分析发现,纳税人开具的增值税专用发票存在涉嫌虚开、未按规定缴纳消费税等情形的。(5)属于 76 号公告第 2 条第 1 项规定情形的增值税专用发票。76 号公告第 2 条第 1 项内容为:走逃(失联)企业存续经营期间发生下列情形之一的,所对应属期开具的增值税专用发票列入异常增值税扣税凭证范围:①商贸企业购进、销售货物名称严重背离的;生产企业无实际生产加工能力且无委托加工,或生产能耗与销售情况严重不符,或购进货物并不能直接生产其销售的货物且无委托加工的。②直接走逃失踪不纳税申报,或虽然申报但通过填列增值税纳税申报表相关栏次,规避税务机关审核比对,进行虚假申报的。(6)如果一般纳税人申请抵扣异常凭证,同时符合下列情形,其对应开具的增值税专用发票列入异常凭证范围:①异常凭证进项税额累计占同期全部增值税专用发票进项税额 70%(含)以上的;②异常凭证进项税额累计超过 5 万元的。

根据上述关于异常发票的定义,我们可以看到异常发票很多时候是跟税务风险紧密相关的,引发的因素多种多样,如对方企业走逃失联变成非正常户、企业出现进销异常等涉税风险点且无法合理解释等。在这诸多原因中,有个原因是比较新且尤其值得我们重视的,也是 38 号公告在 76 号公告基础上关于异常发票认定范围的进一步拓展。这个条文实际扩大了异常发票的适用范围。在 38 号公告出台之前,开票方的进项发票如果有异常,是不大会影响其关于开票

方销项发票异常的认定的,但该文件出台后,因为开票方本身的进项发票问题而导致其开具的销售发票也沦为异常发票,再加上增值税抵扣链条的延展性和税务局处理发票问题本身的谨慎性,将很容易造成异常发票认定范围的急剧扩大。在实务中,异常发票引发的风险主要体现在经济风险、信誉风险两方面。

1. 经济风险

企业已认证抵扣的发票一旦被税务机关认定为"异常发票",就有很大可能被要求暂时予以进项税额转出,补缴增值税及相关附加税,还有每日万分之五的滞纳金,可能还会涉及企业所得税的税前扣除认定及补缴的问题,会给企业造成较大的税收损失。这种损失的发生对于企业来说往往是无妄之灾,因为是正常的交易行为,开票方公司走逃失联等异常行为也不能为受票方企业所预期和控制,而且很多被追溯的还是多年前的交易,因此关于异常发票的核查对企业和基层税务部门都会造成很大的困扰,也是税企争议的高发之地。在多次与税务局工作人员沟通的过程中,笔者发现其实很多基层税务人员也本着负责任的态度,希望能查清案件事实情况和交易真实性。而现实往往是复杂的,由于很多企业本身税务的合规性欠缺,合同、物流单据、资金流水、财务凭证等能证明交易真实性的材料不能做到一一对应,所以真正面临异常发票问题的时候,能做到证据链完整且经得起核查是件不容易的事情。

2. 信誉风险

某种意义上,企业是在代供货商受过,代付了这部分税款损失,因此会导致企业的商业信用面临考验。如果不能在限期内补缴税款和滞纳金,税务机关可能停止企业的发票供票资格,如果企业和客户之间约定"先开票后付款"的付款方式,不能开票就意味客户的款项收不回来,资金链恐怕就有断裂的风险。因供货商的原因导致发票异常,由此引发的资金周转困难容易导致企业陷入民事诉讼。

现实中,异常发票案发时往往会追溯到多年前的交易,并且很多企业在合规性和文件保管方面准备不足,所以导致证明业务真实性是个很艰难的任务,税务律师这方面的工作就显得任重而道远。为了防范此类发票风险,建议企业做好以下防范措施:

(1)交易前核查供应商信用情况,做好背景调查。在合同签订之前,建议企业充分利用国家企业信用信息公示系统,企查查、天眼查、启信宝等 App,查验上游企业、企业实际控制人的信用、失信、处罚、裁判信息，以防止供应商走逃失联，或者在供应商有问题时能做到及时发现，从而制定止损方案，防范异常发票风险。

（2）接受发票时认真审核，加强发票管理。收到发票时应仔细核查票面内容，要求开票方提供有关资料，并仔细比对相关信息，如审查合同、出库单、开具的发票、银行账户上的企业名称是否一致。如对取得的发票存在疑问，应当暂缓付款和申报抵扣有关进项税金，及时向税务机关求助查证，尤其是对大额购进货物，更应重点审查。

（3）做好内控管理，注意留存证据。针对发票风险高发行业，如大宗商品交易行业、建筑行业、商贸企业，建议企业内部建立健全增值税专用发票风险防范机制，通过制度规范、约束业务人员的行为。企业内部应当做好合同、财务、物流单据等档案管理工作，在证明“三流一致”的证据层面上提前做好防范。

（二）如遇到异常发票纳税争议，应积极尝试多种途径解决问题

1. 行政法律救济途径

（1）尚未抵扣消费税、增值税，尚未申报出口退税情况下的行政救济。根据38号公告第3条第5项的规定，如果纳税人对税务机关认定的异常凭证存有异议，可以向主管税务机关提出核实申请。经税务机关核实，符合现行增值税进项税额抵扣或出口退税相关规定的，纳税人可继续申报抵扣或者重新申报出口退税；符合消费税抵扣规定且已缴纳消费税税款的，纳税人可继续申报抵扣消费税税款。

（2）已经抵扣消费税、增值税，已经办理出口退税情况下的行政救济。根据38号公告第3条第4项的规定，纳税信用A级纳税人取得异常凭证且已经申报抵扣增值税、办理出口退税或抵扣消费税的，可以自接到税务机关通知之日起10个工作日内，向主管税务机关提出核实申请。经税务机关核实，符合现行增值税进项税额抵扣、出口退税或消费税抵扣相关规定的，可不作进项税额转出、追回已退税款、冲减当期允许抵扣的消费税税款等处理。纳税信用A级以下的纳税人取得异常凭证且已经申报抵扣增值税、办理出口退税或抵扣消费税的，不适用此规定。

因此，面临异常发票涉税风险的企业，应该尽快向当地主管税务机关提出

核实申请,或者通过各种途径找到“非正常”的走逃企业,举证证明交易的真实性,将涉及的发票移出异常发票范围。如果交易真实并且销售方已申报缴纳税款,税务机关可以通过发票协查系统发函确认异常发票的形成原因,由当地税务局核实交易真实性。如果核查没问题,就可以解除异常发票的状态,允许增值税发票用于抵扣进项税额。

2. 民事诉讼路径

如果交涉不成,企业因为供应商的过错实际承担了税款损失,还可以通过民事诉讼方式,要求供应商赔偿异常发票造成的税款损失。笔者通过 Alpha 系统搜索异常发票民事案件相关案例,查询到 2014 ~ 2022 年全国范围内异常发票民事案件共计 87 件,从增长趋势上看,2014 ~ 2019 年案件数呈增长趋势,直至 2019 年达到最高峰值 26 件,之后回落,但仍处于较高水平(见图 1)。

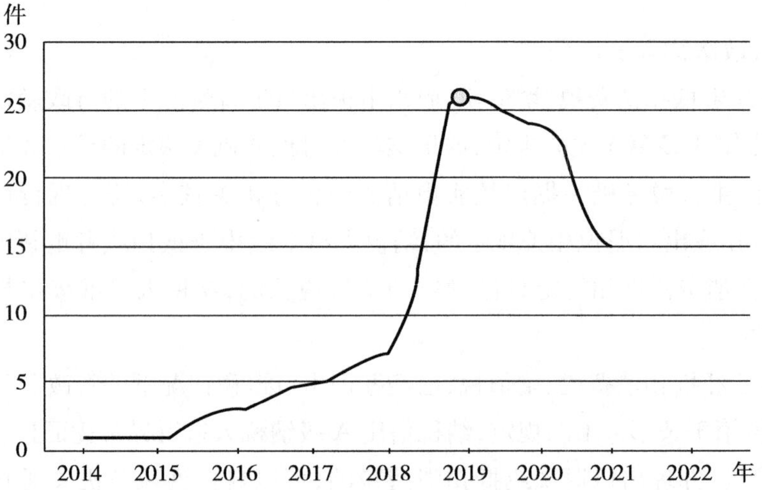

图 1　2014 ~ 2022 年异常发票民事案件数

经归纳,关于异常发票民事案件诉讼焦点如表1所示:

表1 异常发票民事案件诉讼焦点归纳

诉讼类别	诉讼焦点问题	参考案例文号
合同纠纷	开具异常发票导致合同相对方损失被索赔	(2016)晋0106民初504号 (2017)津01民终3011号 (2017)苏0115民初3057号 (2018)桂0103民初7486号 (2019)川0727民初20号 (2020)粤0104民初40044号
	因异常发票拒付货款被诉	(2016)粤03民终4757号 (2018)浙0281民初11818号
	因上游企业发票异常拒给下游企业开票被诉	(2017)粤0391民初797号
	承包合同中被挂靠方代付异常发票税金后向挂靠方索赔	(2017)苏0481民初4533号
	异常发票损失主张抵减货款	(2016)粤2071民初23307号

法院观点汇总如下:

(1)合同约定开票义务的情形(6件,原告胜诉率100%)。

例如,在广州纺织品进出口集团有限公司、东莞市启翔制衣有限公司合同纠纷案[1]中,法院认为,因被告就169份合同开具发票期间已被工商行政管理部门列入经营异常名录、发票记载内容与交易情况不符等情形,被税务部门作出全部出口业务不予退税、出口业务视同内销补缴增值税和附加税的决定,原告向税务部门退缴已退税款、补缴增值税和附加税。被告已向原告出具《承诺函》承诺承担双方合作业务中因退税而引发的一切损失和责任,赔偿因此而造成原告的所有损失。故原告要求被告赔偿,理由充分,法院予以支持。

又如,原告苏服国际贸易南京有限公司(以下简称苏服公司)与被告杭州丹顺贸易有限公司(以下简称丹顺公司)买卖合同纠纷案[2]中,法院认为,合法的买卖合同应当依法予以保护。原告苏服公司与被告丹顺公司签订的买卖合同

[1] 参见广东省广州市越秀区人民法院民事判决书,(2020)粤0104民初40044号。

[2] 参见江苏省南京市江宁区人民法院民事判决书,(2017)苏0115民初3057号。

系双方真实意思表示,且不违反法律法规的禁止性规定,合法有效。合同约定:被告丹顺公司应开具合法有效的全额增值税发票,并对所提供的增值税发票的真实性、合法性、有效性承担全部的、最终的法律责任,并承担因此给苏服公司造成的所有损失。故法院对原告诉请予以支持。

(2)合同无约定开票义务的情形(7件,原告胜诉率85.71%,胜诉案件被告均未到庭)。

例如,山西焦煤集团公路煤焦物流有限责任公司与天津开发区峰瑞祥贸易有限公司买卖合同纠纷案[1]中,法院经审理后认为:原告、被告各自依照合同约定履行了付款、交货义务,被告向原告开具了增值税发票,但未履行合同的附随义务向税务机关进行税务申报,增值税发票被税务机关认定为异常发票,致使原告被国家税务局追缴增值税、滞纳金,根据原《合同法》第92条"合同的权利义务终止后,当事人应当遵循诚实信用原则,根据交易习惯履行通知、协助、保密等义务"的规定以及原《最高人民法院关于适用〈中华人民共和国合同法〉若干问题的解释(二)》第22条"当事人一方违反合同法第九十二条规定的义务,给对方当事人造成损失,对方当事人请求赔偿实际损失的,人民法院应当支持"的规定,法院对原告要求被告赔偿损失的诉讼请求予以支持。

(3)综合分析。

在查询到的开具异常发票造成合同相对方损失被索赔的系列案件中,在合同有约定开票义务的情形下,原告胜诉率为100%,原告要求赔偿的诉讼请求可以得到法院的支持。由此观之,只要双方合同里有关于开票义务的约定,还是很有胜诉把握的。

而在合同没有约定开票义务的情形下,原告胜诉率降低,且其胜诉的主要原因也在于被告未到庭提出抗辩,法院依据诚实信用原则支持原告诉请。考虑到在实务中造成异常发票的主要原因是纳税人走逃,与被告未到庭的情形也能得到印证。但问题在于,在原告胜诉的判决书生效后,因被告走逃,会遇到执行难的问题,难以得到实际获赔。那么在此前提下,原告是否还有必要提出法律诉讼呢?

---

[1] 参见山西省太原市迎泽区人民法院民事判决书,(2016)晋0106民初504号。

根据《企业资产损失所得税税前扣除管理办法》的规定："企业实际资产损失，应当在其实际发生且会计上已作损失处理的年度申报扣除；法定资产损失，应当在企业向主管税务机关提供证据资料证明该项资产已符合法定资产损失确认条件，且会计上已作损失处理的年度申报扣除。"同时该办法第 17 条规定："具有法律效力的外部证据，是指司法机关、行政机关、专业技术鉴定部门等依法出具的与本企业资产损失相关的具有法律效力的书面文件，主要包括：(一)司法机关的判决或者裁定……"因此，对于企业这部分无法回收的债权，经司法机关书面文件确认以后，可以作为资产减值损失，在企业所得税税前抵扣。

企业因异常发票追偿不到的钱，通过民事诉讼程序，再走一个执行程序，经过税务机关申报后，至少可以追回 25% 的损失。因此，从这个角度看，因发票异常而发起民事诉讼对企业来说仍然是有利的。

3. 行政复议或行政诉讼路径

根据以往法院案例来看，通过行政复议或行政诉讼路径解决异常发票纳税争议难度极大，主要原因在于以往异常发票行政诉讼判例的法院裁判要旨认为：税务部门将公司认定为走逃(失联)企业，并将其所开具的增值税专用发票列入异常增值税扣税范围的行政行为，属于内部行政行为和过程性行政行为，不属于人民法院受案范围。[1]

税务机关对于异常发票作出的《税务事项通知书》是否属于行政诉讼的受理范围一直是理论与实务界争论较多的问题。一般而言，法院认为《税务事项通知书》仅告知纳税人相关事项，未作出处理、处罚决定，未设置强制措施，因此根据《最高人民法院关于适用〈中华人民共和国行政诉讼法〉的解释》第 1 条第 2 款第 10 项的规定，对公民、法人或者其他组织权利义务不产生实际影响的行为不属于人民法院行政诉讼的受案范围。[2]

《税收征收管理法》关于纳税争议的缴税前置、复议前置的规定已经成为纳税人寻求法律救济的最大阻碍。根据其实施细则，纳税争议指纳税人、扣缴义

---

〔1〕 参见某公司诉某国税稽查局税务行政管理纠纷案[海南省海口市龙华区人民法院行政裁定书，(2018)琼0106行初18号、(2018)琼01行终148号]。

〔2〕 参见北京奇迹科汇科技有限公司与国家税务总局北京市海淀区税务局上地税务所确认违法案[北京市海淀区人民法院行政裁定书，(2018)京0108行初970号]。

务人、纳税担保人对税务机关确定纳税主体、征税对象、征税范围、减税、免税及退税、适用税率、计税依据、纳税环节、纳税期限、纳税地点以及税款征收方式等具体行政行为有异议而发生的争议。一旦税务机关对纳税人作出补税的《税务处理决定书》或者限期缴纳税款的《税务事项通知书》,若纳税人对税务机关就异常发票缴税的相关规定产生异议,其需要先缴纳税款或提供纳税担保,再提起行政复议程序,之后才能发起行政诉讼。无力缴纳税款或者提供担保的纳税人将难以维权。因此,在此路径上的探索对于纳税人及承办案件的税务律师来说显得困难重重,任重而道远。我们将继续上下而求索。

税务登记审查案例评析
——以 D 市某姓名权纠纷案为例

史正保　黄振鹏　马玉洁*

一、前言

近年来,冒用他人身份信息进行税务登记的案件频繁发生,这与我国《税务登记管理办法》规定在纳税登记环节税务机关对纳税人提供的资料仅采取形式审查而无须实质审查有关。此类案件产生纠纷后,当事人多选择行政诉讼请求税务机关撤销登记,但本案的特殊性在于当事人另辟蹊径,试图以姓名权侵权为由撤销税务登记。本案尚某某与 G 省 J 房地产开发有限责任公司(以下简称 J 房地产公司)存在劳动关系,其在起诉该公司侵犯姓名权的同时将国家税务总局 D 市 A 区税务局一并作为被告进行诉讼,并提出该税务局在进行税务登记时侵犯了其姓名权。在这一案件中,关于税务机关在税务登记中承担何种审查义务,法院审理登记瑕疵案件应当采取何种标准,被冒用身份信息当事人如何寻求救济等问题都值得研究,尤其在《个人信息保护法》实施的当下,研究此类问题对个人信息保护、行政与司法机关公信力的维护、市场良好信用机制的建立都有重要意义。

* 史正保,兰州财经大学教授、硕士生导师;黄振鹏,中国政法大学经济法专业博士;马玉洁,甘肃政法大学法学研究生。

二、案情简介

(一)案件基本信息

1. 案件类型

尚某某诉J房地产公司、国家税务总局D市A区税务局姓名权侵权案件。

2. 涉案主体

包括以下三个主体:

(1)尚某某,系本案姓名权侵权诉讼的主体、本案原告。

(2)J房地产公司,系本案被诉姓名权侵权主体、本案第一被告。

(3)国家税务总局D市A区税务局,系本案作出纳税行政登记的主体、本案第二被告。

(二)案件概况

2021年1月18日,尚某某以姓名权侵权为由将J房地产公司和国家税务总局D市A区税务局作为第一、第二被告诉至法院。尚某某诉称:其在2017年1月初进入J房地产公司任职出纳,并非会计报税业务人和财务负责人。2017年J房地产公司在国家税务总局D市A区税务局处办理税务登记,国家税务总局D市A区税务局在国家税务总局"金三"系统上予以登记,登记显示2017年5月至2018年8月尚某某为J房地产公司报税人和财务负责人。对此,尚某某称此与事实不符。事实上其本人没有报过税,也不是该公司财务负责人,也未曾去过税务局,对其被登记为财务负责人一事完全不知情。2018年8月14日前,国家税务总局D市A区税务局与J房地产公司串通冒用其姓名进行报税事项,以此牟取非法利益。因此,尚某某认为国家税务总局D市A区税务局将其登记为J房地产公司的财务负责人属于侵犯其姓名权的行为,要求税务局删除与其相关的登记记录、报税材料以及账目票据。

国家税务总局D市A区税务局答辩时提出,根据国家税务总局D市A区税务局的记录,从J房地产公司将尚某某登记为财务负责人伊始,尚某某本人即进行过相关现场信息采集。2018年2月9日,J房地产公司在国家税务总局D市A区税务局申请变更登记将办税人尚某某变更为他人。2018年8月14

日,J房地产公司申请变更登记将财务负责人由尚某某变更为他人。2019年4月23日,J房地产公司再次申请变更登记将尚某某列为监事。此后J房地产公司再未进行与尚某某相关的变更登记。直到2021年1月18日尚某某以姓名权侵权为由起诉J房地产公司和国家税务总局D市A区税务局时才,其了解公司内部股东之间存在矛盾,进而进行了公司人员和办税人员的变更。

2021年3月31日,G省D市A区人民法院作出民事裁定书××民初××号,一审法院认为原告尚某某的诉讼请求不属于《民法典》的调整范围,驳回尚某某的起诉。尚某某对一审裁定不服提起上诉,于是尚某某在规定的上诉期内向G省D市中级人民法院提起上诉。2021年7月18日,G省D市中级人民法院认为尚某某的诉讼请求超出了《民法典》关于人格权请求权和侵权损害赔偿请求权的范围,裁定驳回上诉,维持原裁定。

(三)争议焦点

1. 国家税务总局D市A区税务局是否侵犯尚某某的姓名权

国家税务总局D市A区税务局认为,将尚某某登记为J房地产公司财务负责人的行为并没有侵犯尚某某的姓名权。

第一,国家税务总局D市A区税务局在税务登记的过程履行形式审查职责,税务机关无须为登记材料的实质性错误承担责任。本案税务登记行为发生在2017年,应适用2014年修改后的《税务登记管理办法》。修改后的《税务登记管理办法》第14条、第15条规定,纳税人在办理税务登记时,应当如实填写税务登记表,其中就包括财务负责人一项的填写,纳税人提交的证件和资料齐全且税务登记表的填写内容符合规定的,税务机关即可发放税务登记证件。另外,《国家工商行政管理总局关于登记主管机关对申请人提交的材料真实性是否承担相应责任问题的答复》(已失效)称:"申请人提交的申请材料和证明文件是否真实的责任应由申请人承担。登记主管机关的责任是对申请人提交的有关申请材料和证明文件是否齐全,以及申请材料和证明文件及其所记载的事项是否符合有关登记管理法律法规的规定进行审查。"从上述规定可以看出,税务机关在办理登记事项时,其职责是审查申请人提交的有关申请材料和证明文件是否齐全以及申请材料和证明文件记载的事项是否符合法律、行政法规的规定,即税务机关仅仅对法律所要求的形成登记所需的形式要件是否完备进行审查,而对于这些要件的合法性与真实性并没有审查义务。

第二,国家税务总局D市A区税务局在J房地产公司办理纳税申报环节不存在侵犯尚某某姓名权的事实。《税收征收管理法》第25条规定,"纳税人必须依照法律、行政法规规定或者税务机关依照法律、行政法规的规定确定的申报期限、申报内容如实办理纳税申报,报送纳税申报表、财务会计报表以及税务机关根据实际需要要求纳税人报送的其他纳税资料"。《税收征收管理法实施细则》(以下简称《实施细则》)第34条规定:"纳税人办理纳税申报时,应当如实填写纳税申报表,并根据不同的情况相应报送下列有关证件、资料:(一)财务会计报表及其说明材料……"可见,在纳税申报中,J房地产公司作为纳税人应当保证其提供材料的真实性,税务机关只需对纳税人提供的财务会计报表及其说明等材料的完整性进行形式审查,税务机关在纳税申报环节不存在侵犯尚某某姓名权的事实,至于纳税人J房地产公司是否冒用尚某某的姓名与税务机关无关,税务机关在纳税申报环节不存在侵犯尚某某姓名权的事实。至于尚某某称其从未去过税务机关报税,并不能作为其不知道身份信息被冒用的证明,通常情况下,去税务机关报税只需要由在税务机关采集过身份证信息和本人照片的人员即可办理,具体的申报办理人可以是该公司的法定代表人、财务负责人或者办税人员,并非只能由该公司的财务负责人进行申报。即使是在网上申报,也只需要上述人员的账户密码即可完成申报。因此,即使尚某某从未到税务机关进行报税,税务机关也无法发现其姓名是否被冒用。退一步看,一般情况下,尚某某发现J房地产公司冒用自己姓名进行税务登记后,应当及时向税务机关进行申诉,经核实情况属实的,税务机关会及时予以处理。但目前并没有证据证明尚某某向税务机关进行申诉反映其姓名被冒用一事。因此,尚某某主观认为税务机关侵犯其姓名权是不成立的。

第三,国家税务总局D市A区税务局认为其进行税务登记的行为不符合姓名权侵权的要件。我国《民法典》第1012条规定:"自然人享有姓名权,有权依法决定、使用、变更或者许可他人使用自己的姓名,但是不得违背公序良俗。"其第1014条规定:"任何组织或者个人不得以干涉、盗用、假冒等方式侵害他人的姓名权或者名称权。"由此可知,侵犯姓名权的行为包括干涉他人决定、使用、变更姓名和盗用、假冒他人的姓名。在本案中，税务机关进行登记的行为属于依法履行行政职责的范围，并未实施干涉、盗用、假冒的行为。我国《民法典》第1165条规定，“行为人因过错侵害他人民事权益造成损害的，应当承担侵权责任”。根据上述规定，构成姓名权侵权必须具备四个条件，即行为的违法性、损害事实的存在、因果关系、行为人主观上有过错。在本案中，国家税务总局D市A区税务局完全按照法律规定为J房地产公司办理相关事项，并不存在行为违法性，也不存在冒用尚某某姓名的损害事实，尚某某姓名权受侵害和税务机关的登记行为没有因果关系，主观上不存在过错。因此，不构成对尚某某姓名权的侵权。

综上所述，国家税务总局D市A区税务局进行税务登记时主要是形式审查方式，本案税务登记申报资料符合形式审查要件，因此不存在侵犯尚某某姓名权的行为，并且税务登记属于行政登记范畴，不应当提起姓名权侵权诉讼。

2. 尚某某要求国家税务总局D市A区税务局删除税务登记记录、报税材料以及账目票据的请求是否合理

(1)国家税务总局D市A区税务局认为只有在法律规定的情形下，才能够删除税务登记记录。根据《市场监管总局关于撤销冒用他人身份信息取得公司登记的指导意见》的规定：“登记机关调查认定冒名登记基本事实清楚，或者公司和相关人员无法取得联系或不配合调查且公示期内无利害关系人提出异议，登记机关认为冒名登记成立的，应依法作出撤销登记决定。有证据证明被冒用人对该次登记知情或事后曾予追认，或者公示期内利害关系人提出异议经调查属实，登记机关认为冒名登记不成立的，应依法作出不予撤销登记决定。”因此应当在各个条件满足的情况下，有证据证明尚某某对冒用信息不知情，且登记机关认为冒名登记基本事实清楚，无人有异议时，才可将其相关登记删除。但是本案本身不满足撤销登记的条件，且尚某某在诉讼过程中举示证据不足，无法证明其不知情，因此尚某某上述相关请求不合理。

(2)国家税务总局D市A区税务局认为尚某某以侵害民事权利中的姓名权为由提出撤销登记的诉讼请求属于行政登记事项。一般而言，在民事侵权救济中，当权利人姓名权受到损害时，可以采取恢复名誉、消除影响、停止侵害、赔礼道歉、赔偿损失等手段进行救济，从形式上看尚某某提出的请求属于停止侵

害、消除影响的范畴,但是尚某某与税务机关在税务登记过程中不属于平等民事主体之间的法律关系,所以尚某某依据《民法典》提出的诉讼请求不能撤销属于行政法律关系的行政登记行为。退一步看,国家税务总局D市A区税务局税务登记记录、报税材料以及账目票据若确有登记错误的情况出现,按照法律规定税务机关应当撤销登记,但税务登记事项属于行政法律关系范畴,不能以侵害民事权利为由提出撤销请求。

三、法理评析

(一)在冒用他人身份信息设立登记案件中行政机关的登记行为能否作为民事侵权行为起诉

在本案中,尚某某认为J房地产公司冒名登记其为财务负责人,而税务局将其登记为财务负责人的行为属于侵犯其姓名权的行为,因此将J房地产公司和D市A区税务局作为共同被告以姓名权侵权为由诉讼至法院。本案的特殊性在于原告将税务局作为侵权主体列为被告,因此,行政机关的登记行为能否作为民事侵权行为起诉这一问题值得探讨。

对于被冒名登记侵犯姓名权的案件,一般有三种救济途径,分别是行政处理、行政诉讼和民事诉讼。行政处理即被冒名人直接请求登记机关进行撤销;行政诉讼则是被冒名人向法院起诉要求法院判令登记机关撤销冒名登记行为;民事诉讼则是被冒名人对侵权主体提起姓名权纠纷的侵权诉讼,实务中侵权事实被认定后,法院判决支持侵权人协助被冒名人撤销登记。[1] 在我国的司法实践中,法院对于此类民事诉讼案件持不同的立场。在杨某、李某、张某与天津市某街道办事处姓名权民事诉讼侵权纠纷案[2]中,被告街道办为了完成注册型企业的任务,指派其工作人员冒用原告姓名注册公司,杨某、李某与张某以街道办事处冒用姓名权构成侵权提起民事诉讼后,一审法院认定姓名权侵权事实成立,判决被告停止侵权。在黄某、珠海某公司姓名权纠纷案件[3]中,一审法院

---

〔1〕 参见长沙市雨花区人民法院民事判决书,(2021)湘0111民初13727号。

〔2〕 参见天津市第一中级人民法院民事判决书,(2014)一中民四终字第168号。

〔3〕 参见广东省珠海市中级人民法院民事裁定书,(2021)粤04民终4510号。

认为黄某主张珠海某公司冒用其姓名将其登记为公司监事,并要求撤销其监事登记,属于行政范畴,黄某可以通过向市场监管部门提出撤销登记等行政途径解决,因此黄某提起的本案诉讼不属于人民法院民事案件受理范围,应予以驳回。可见,在此类案件中如何认定行政机关的登记行为是否能提起民事诉讼需要根据具体情况而定,兼顾多种因素进行考虑。本文认为,关于行政机关能否作为民事诉讼被告,不但应当考察其与公民之间是否存在平等的法律关系,还要考察其进行的行为是否为职务行为。如果双方地位不平等,且行政机关履行的是职务行为,则不属于民法调整的范围,不属于民事纠纷。就本案而言,税务机关工作的工作人员在履行工作职责时,其代表税务行政机关履行税务登记行为,其与公民之间并非平等的法律关系,不属于民事纠纷。本案尚某某可单独以税务机关为被告提起行政诉讼,或者单独以J房地产公司为被告提起姓名权侵权的民事诉讼。事实上,在本案的审理中,J房地产公司与D市A区税务局都认为本案应当提起行政诉讼而非民事诉讼。J房地产公司还提出其从未以任何形式向税务机关表示过尚某某是公司的财务负责人,尚某某被税务机关登记为J房地产公司的财务负责人属于国家税务(总)局“金三”系统行政登记行为,登记记载的信息不一致是由税务机关登记错误的行政登记行为所致,对此应当提起行政诉讼而非姓名权侵权的民事诉讼。

在我国的司法实践中,对于冒名进行税务登记的行为,法官大多认定为冒名者侵犯被冒名者的姓名权;行政机关已经尽到了形式审查义务,并没有侵犯被冒名者的姓名权,属于民事侵权纠纷范畴,如巫某达侵权责任纠纷案[1]。但本文认为,行政机关工作人员进行税务登记的性质可以认定为行政确认行为,行政机关工作人员在履行工作职责时,其代表的是行政机关,其与公民之间并非平等的法律关系,不属于民法调整的范围。另外,行政机关的登记行为可认定为行政确认,属于行政机关行使行政权的行为。综上所述,从行政主体和行政为两个方面可以认定税务登记属于行政法规范的范畴。

---

〔1〕 参见黑龙江省高级人民法院民事裁定书,(2020)黑民申151号。

(二)在税务登记环节税务机关进行形式审查的行为是否合法

自2004年7月1日起施行的《企业登记程序规定》(已失效)第3条规定:“企业登记机关依法对申请材料是否齐全、是否符合法定形式进行审查。根据法定条件和程序,需要对申请材料的实质内容进行核实的,依法进行核实。”根据该规定,登记机关收到登记申请后,应当对申请材料是否齐全、是否符合法定形式进行审查。申请材料符合法定形式是指申请材料符合法定时限、记载事项符合法定要求、文书格式符合规范。本案的登记事实发生在2017年,即《企业登记程序规定》废止之前,故该规定对本案仍适用。

如上所述,本案的登记行为发生在2017年,2014年《税务登记管理办法》经历修改,因此本案裁判时应适用2014年修改后的《税务登记管理办法》新规定。《税务登记管理办法》(2014年)第14条[1]规定:“纳税人在申报办理税务登记时,应当如实填写税务登记表。税务登记表的主要内容包括:(一)单位名称、法定代表人或者业主姓名及其居民身份证、护照或者其他合法证件的号码;(二)住所、经营地点;(三)登记类型;(四)核算方式;(五)生产经营方式;(六)生产经营范围;(七)注册资金(资本)、投资总额;(八)生产经营期限;(九)财务负责人、联系电话;(十)国家税务总局确定的其他有关事项。”第15条规定:“纳税人提交的证件和资料齐全且税务登记表的填写内容符合规定的,税务机关应当日办理并发放税务登记证件。纳税人提交的证件和资料不齐全或税务登记表的填写内容不符合规定的,税务机关应当场通知其补正或重新填报。”可见,J房地产公司作为纳税人在办理税务登记时,应当如实填写税务登记表,其中就包括财务负责人及联系电话一项的填写。纳税人需要对自己提交的登记材料真实性负责,而税务机关在纳税人提交的证件和资料齐全且税务登记表的填写内容符合规定时,即颁发税务登记证件,税务机关承担形式审查的责任。

《税务登记管理办法》(2014年)第13条第2款规定:“其他需要提供的有关证件、资料,由省、自治区、直辖市税务机关确定。”根据该规定,纳税人在税务

---

[1] 对应2019年修订后版本第12条。

登记时提交的其他资料,由部门规章授权省级政府的税务机关制定。而根据本案所在G省政府所属税务机关的相关公告文件《G省国家税务机关关于部分事项取消行政审批及进户执法相关后续管理问题的公告》中关于税务登记的部分规定:“纳税人申报办理税务登记,提供资料齐全、符合规定的,主管国税机关应当及时办理。根据注册资本登记制度改革要求,纳税人办理税务登记时,不需提供验资报告。主管国税机关应当明确税务登记信息采集的责任部门和责任人,确保税务登记信息的完整、准确。对法定代表人或业主、财务人员、办税人员的固定电话或移动电话,纳税人适用的会计制度、投资方名称、投资比例、注册资本或投资总额,纳税人行业明细等信息,要根据实际情况完整、准确录入征管信息系统,为日常管理和税收分析提供完整、准确的基础信息。对纳税人办理税务登记后需要调查核实的事项,主管国税机关应尽量合并调查,减少下户核查次数。”可见,虽然《税务登记管理办法》对于税务登记审查标准有所放宽,但结合上述省级相关规定,税务机关在进行税务登记的过程中,实行的是以形式审查为主、兼有实质审查的审慎审查方式。税务机关在办理登记事项时,其职责除了要审查申请人提交的有关申请材料和证明文件是否齐全以及申请材料和证明文件记载的事项是否符合法律、行政法规的规定外,仍需确保登记信息完整准确,对于需要核实的事项仍要配合调查。可以看出,税务机关在办理税务登记的过程中仍需严格遵循法定程序,对纳税人提交的材料审慎审查。税务机关并不能以形式审查为由完全免除登记瑕疵的责任。倘若面对该类诉讼,税务机关应当整理好登记档案和相关的登记法规,以证明形式要件和程序的合法性。

目前,在我国的司法实践中,有的法院采取“形式虚假+实质(推定)虚假”的认定标准,即在认定形式(签字)虚假的同时,如无其他证据证明原告有设立公司的意思表示或实际经营行为,即推定登记材料实质虚假。如(2016)津105行初122号判决书提到,“派出所出具的证明,证明原告身份证丢失,且根据本院查明的事实及现有证据不能证明原告侯某春申请设立天津康顺凯贸易有限公司”。有的判决明确提到了“形式+实质”的认定标准,如(2007)常行终字第62号判决书提到,“申请材料中的签名是否原告本人所签与原告是否明知其作为公司的股东和法定代表人是两个不同的概念。如果原告明知其作为公司股东和法定代表人,只是申请材料中的签名由他人代签,则只能算是登记行为中的一个瑕疵,但不影响登记行为的成立”。

(三)在纳税申报环节,国家税务总局D市A区税务局是否存在侵犯尚某某姓名权的行为

《税收征收管理法》第6条第2款规定:“纳税人、扣缴义务人和其他有关单位应当按照国家有关规定如实向税务机关提供与纳税和代扣代缴、代收代缴税款有关的信息。”第25条第1款规定:“纳税人必须依照法律、行政法规规定或者税务机关依照法律、行政法规的规定确定的申报期限、申报内容如实办理纳税申报,报送纳税申报表、财务会计报表以及税务机关根据实际需要要求纳税人报送的其他纳税资料。”第26条规定:“纳税人、扣缴义务人可以直接到税务机关办理纳税申报或者报送代扣代缴、代收代缴税款报告表,也可以按照规定采取邮寄、数据电文或者其他方式办理上述申报、报送事项。”在本案中,尚某某认为自己从未去税务机关进行纳税申报,国家税务总局D市A区税务局对J房地产公司冒用尚某某姓名进行纳税申报一事有失察之嫌。但从上述法律规定可以看出,在进行纳税申报的过程中纳税人承担如实申报的责任,而税务机关只需要对财务会计报表及其说明材料等的完整性进行审查。此外,纳税申报可采取邮寄、数据电文或者其他方式办理,而非必须由财务负责人亲自到税务机关进行报税。显然尚某某所称其从未到税务机关办理报税相关事宜的理由也毫无说服力可言。因此在纳税申报环节,国家税务总局D市A区税务局并不存在侵犯尚某某姓名权的行为。

在我国的司法实践中,认定行政机关侵犯姓名权的构成要件与认定民事主体侵犯姓名权的构成要件基本相同,都遵循传统的侵权四要件理论,即侵权行为、主观过错、损害后果和因果关系。姓名权侵权的方式主要包括干涉、盗用、冒用,目前我国《民法典》并未对这些侵权方式的具体含义作出规定。有学者认为,就侵权损害赔偿而言,侵权人只要实施了盗用或冒用的行为就存在主观过错,而就人格权权益而言,只要求行为人的行为实际上妨害了权利人的人格利

益,不要求主观过错的存在。[1] 结合上文,税务机关不存在主观过错,没有造成损害后果,税务机关并未侵犯尚某某的姓名权。

(四)法院在审理此类税务登记瑕疵案件的过程中采取的标准

本案一审、二审法院的判决理由是尚某某的诉讼请求不属于《民法典》调整的范围。该判决包含以下两层意思:一是法院认为税务机关进行行政登记的行为不应提起民事诉讼;二是尚某某提出的诉讼请求,即撤销登记、销毁报税材料及发票这一要求税务机关行使行政撤销的请求只有在行政诉讼中才能够实现,在一般姓名权侵权的民事诉讼案件中,法院只能判决支持冒名人协助被冒名人撤销登记的请求,[2]而不能直接作出撤销税务登记的判决。本文认为,一审、二审法院判决并无不妥,但除本案中当事人错误地将行政案件作为民事案件,对于此类税务登记瑕疵案件,法院采取何种审判标准才能更好地发挥司法公正职能也是值得讨论的问题。一方面,行政权和司法权在价值取向方面有截然不同的目标,前者更注重效率,而后者则更注重公平正义。司法权作为维护社会公平正义的最后一道防线,法院应当采取全面审查标准,而不存在形式审查和实质审查的区分。[3] 另一方面,当前我国的税务登记并没有规定绝对的形式审查标准,上文提到对于冒名登记查证属实的应当予以撤销。因此就法院而言,其应当对形式合法但实质错误的登记进行司法审查,而不能仅仅只关注税务登记是否符合形式要求。

(五)设立登记时瑕疵的责任分担

《税务登记管理办法》(2014 年)第 43 条规定,纳税人通过提供虚假的证明资料等手段骗取税务登记证的,处 2000 元以下的罚款;情节严重的,处 2000 元以上 10,000 元以下的罚款。纳税人涉嫌其他违法行为的,按有关法律、行政法

---

〔1〕 参见石冠彬:《民法典姓名权制度的解释论》,载《东方法学》2020 年第 6 期。

〔2〕 参见长沙市雨花区人民法院民事判决书,(2021)湘 0111 民初 13727 号。

〔3〕 张羽、金黄海:《"放管服"背景下行政冒名登记之诉的司法检视——以 283 份公司设立登记案件裁判文书为分析样本》,载刘贵祥主编:《审判体系和审判能力现代化与行政法律适用问题研究——全国法院第 32 届学术讨论会获奖论文集》(下),人民法院出版社 2021 年版。

规的规定处理。《市场监管总局关于撤销冒用他人身份信息取得公司登记的指导意见》(已失效)规定,登记机关调查认定冒名登记基本事实清楚,或者公司和相关人员无法取得联系或不配合调查且公示期内无利害关系人提出异议,登记机关认为冒名登记成立的,应依法作出撤销登记决定。有证据证明被冒用人对该次登记知情或事后曾予追认,或者公示期内利害关系人提出异议经调查属实,登记机关认为冒名登记不成立的,应依法作出不予撤销登记决定。从以上规定可以看出,冒用他人身份信息进行税务登记的主要责任由纳税人承担,而税务机关则要证明自己尽到了合理的形式审查义务,即税务机关对于冒名登记行为是善意的,并不知情,承担的证明责任较少。法律对尚某某提出的销毁报税材料和相关票据以及向经办人追责等诉请并无明确规定。在实践中,对冒用他人身份信息进行登记的案件当事人应当按照常规的流程进行处理。当事人可以先向税务机关提出更正申请,税务机关在进行核实后予以更正;倘若仍无法处理,当事人可以向法院提起诉讼。法院在审理此类登记瑕疵案件时,要充分发挥司法职能,对税务登记行为进行全面审查,以防止设立登记瑕疵企业成为“漏网之鱼”危害市场交易安全。

四、结论与启示

(一)加强纳税申报环节的管控

在本案中,尚某某认为其本人从未到税务机关处理报税事项,而国家税务总局D市A区税务局用其名义登记报税事项是侵犯其姓名权的行为。该理由显然不充分。当前纳税申报的方式多样化,选择采用网上纳税申报方式的纳税人越来越多,并非只有报税相关人员亲自到税务机关现场报税这一传统方式。在这种情况下,税务机关是很难发现其中存在报税人员身份信息被冒用的情况的。可见纳税申报存在一定风险,对在报税时冒用他人信息的风险税务机关难以完全防范,需要加强对纳税申报环节的管理。无论是传统形式的纳税申报还是网上纳税申报,税务机关都应当严格执法保证执法行为的合法合理性。为此,一要向纳税人普及纳税申报可能出现的违法性后果,加强纳税人的法治意识。二要进一步加强高素质税务工作人员的培养,强化税收工作人员按法定程序执法的意识。三要加深税务工作人员对纳税各环节的熟练程度。四要对于网上纳税申报加强系统风险管理,促进网上纳税申报业务的安全稳定运行。五要加强税务机关的事前审查责任,如建立全国范围内的诚信档案制度,做到公安、检察院、法院以及行政机关的信息共享,建立个人诚信档案,对于之前实施过类似行为或者其他不诚信行为的纳税申报人在税务登记时着重审查。六要建立全国范围内的税务登记查询系统,方便公民进行身份信息的查询,防止身份信息被他人冒用。

(二)合理分配税务机关和纳税人在税务登记全过程中的责任

1. 加强税务机关的审查责任。税务机关在税务登记环节的审查方式在《税务登记管理办法》中有所规定,但是,在 2014 年 12 月 27 日修改《税务登记管理办法》时,在核准发放税务登记证件的条款中取消了“纳税人提交的证件和资料明显有疑点的,税务机关应进行实地调查,核实后予以发放税务登记证件”的规定,稍作修改后规定“纳税人提交的证件和资料齐全且税务登记表的填写内容符合规定的,税务机关应当日办理并发放税务登记证件。纳税人提交的证件和资料不齐全或税务登记表的填写内容不符合规定的,税务机关应当场通知其补正或重新填报”。从修改后的内容可以看出,办理税务登记简化了调查核实程序,符合规定可直接发放登记证,即办理税务登记减免了复核程序,改为直接发放,税务机关的审查责任也从审慎审查责任转变为形式审查责任。但上文提到,纳税人在税务登记时提交的其他资料由部门规章授权省级政府的税务机关制定。各省税务机关制定的具体规定大多保留了审慎审查责任,对于有疑点或者有必要进行实质审查的相关登记事项,税务机关仍需要承担相应的责任,因此税务机关在处理税务登记的过程中仍不可以掉以轻心作出瑕疵登记。对此税务机关和纳税人都不能仅仅局限于《税务登记管理办法》本身,而是需要结合其他税务登记相关法律规定对税务登记中的责任予以明确,以便更好地保障自身权利。而《税务登记管理办法》的这一修改显然是为了放宽登记准入条件,推动社会经济发展,同时提高税务机关效率,减少行政权过度干预而作出的。但随着经济社会发展的变化,目前大量税务登记实质错误情况的出现可以证明单一的形式审查已经不能够满足当前的需求。随着我国个人信用体系的完善、《个人信息保护法》的施行、全国统一大市场构建的提出,可以看出当前我国的市场经济正逐步告别粗放型发展阶段,形式审查的登记制度是否仍符合当前市场需求值得反思。但作为对纳税人的生产、经营活动进行登记管理的一项法定制度,税务登记若采取实质审查形式难免使其成为类似“行政许可”的一项制度,不仅会降低登记效率,更可能造成行政权力的滥用。因此,面对这种情况需要适当调整税务机关在税务登记中的审查方式,采取折中主义加强税务机关的审查责任,但同时避免税务登记落入类似“行政许可”的限制性准入制度。

2. 加强税务机关对税务登记的责任承担。从上文的论述不难看出,在形式审查主义下,税务机关实际上并不需要承担登记瑕疵的责任,主要后果由纳税人承担。而《税务登记管理办法》规定纳税人承担的后果也是税务机关作出的处罚。在上述规定中看不到税务机关对错误登记应当承担的责任,因此不能将登记瑕疵的责任全部推给纳税人,而是需要合理分配税务机关和纳税人的责任。

3. 加重对虚假税务登记的处罚。从《税务登记管理办法》第41条的规定可以看出,处罚对象主要是使用提供虚假证明资料的手段骗取税务登记证的纳税人。在本案中,处罚对象就是J房地产公司,而这种仅处罚公司不处罚利害关系人的方式并不能起到遏制虚假登记行为的作用。在这种违法成本较低的情况下,不仅需要加大对纳税人的处罚力度,同时还需要有针对性地处罚利害相关人才能够真正达到减少虚假税务登记的目的。

4. 加强对税务登记后续环节的管控。放宽税务登记的准入门槛,是为了促进经济社会的持续性发展,但与之相对应的是需要加强后续环节的“严管”。对于在“宽放”环节出现的大量问题,在后续环节需要做对应的补救措施。如本案出现的冒用信息登记问题,在后续环节应当有相应的制度能够及时发现该类问题并予以纠正。

(三)税务登记中加强对第三人的保护

类似本案中冒用他人身份信息进行各类登记的案件数不胜数。本案虽然并不存在错误登记事实,但值得注意的是税务登记涉及第三人利益时,如何保障第三人利益。应厘清对于确因税务机关过错导致的第三人因税务登记瑕疵所遭受的损失应当如何处理,以及税务机关对第三人的损失是否需要承担赔偿责任。目前我国错误登记赔偿制度主要规定在《行政许可法》中,其第 7 条规定:“公民、法人或者其他组织对行政机关实施行政许可,享有陈述权、申辩权;有权依法申请行政复议或者提起行政诉讼;其合法权益因行政机关违法实施行政许可受到损害的,有权依法要求赔偿。”可见,行政机关未尽到审查义务导致错误登记时可以向其申请赔偿。但上文已经提到作为对纳税人的生产、经营活动进行登记管理的税务登记并不满足行政许可的特征,并非一项行政许可制度。因此,对于并非行政许可的税务登记制度,第三人的赔偿要求事实上缺乏法律依据支持,第三人的利益往往并不能得到完善的保障。同时,这种情况也不利于监督进行税务登记的工作人员依法履职。

对于税务机关来说,无论是形式审查还是实质审查,只要出现因税务机关过错导致的登记瑕疵,税务机关就应当承担责任。但是就目前而言,我国绝大多数关于登记瑕疵问题解决方式的规定都是撤销登记这一类做法,而很少涉及赔偿损失相关的内容。对于权利受损害的第三人来说,其救济方式是十分有限的。真正落实对第三人权利保护还需要在法律规定当中予以明确。同时,加强对第三人权益的保护对其他种类的登记来说也十分必要。此外,还应当注意的是现行法律规范对于设立登记瑕疵问题解决方式的规定也是十分笼统、模糊的。目前的主要解决方式还是撤销登记,但在实务中,登记瑕疵带来的后果与影响是十分多样的,该笼统规定并不能够满足利益受损害的当事人的需求,因此需要进一步探讨以便完善。

C互联网财税科技平台虚开合规不起诉案例评析

姜正和*

一、前言

互联网与实体产业结合是数字经济时代的趋势。依托互联网安全、高速、实时、透明、可追溯等特点，一大批传统行业实现自我革新，特别是在受新冠疫情影响的特殊时期。传统的财税代理行业与互联网结合，诞生了互联网财税科技平台，而火热全国的灵活用工也只是其中一个分支。互联网财税科技平台的运用场景广泛，为诸多特殊劳动密集行业解决了用工问题以及成本扣除等税务问题，因此受到市场的青睐；一些地方政府则因发现互联网财税科技平台聚拢税源、创造国内生产总值的效果，而给予平台一定的"返税"财政支持政策、组建产业园区吸引平台入驻。但是，在新兴业态发展初期，国家行业法律法规规范相对不完善、监管不到位，部分平台未能把握合法经营的尺度与边界，或为了扩大业务而出现了不规范操作，抑或为了一时利益而参与违法行为，进而引发涉税刑事风险，不仅使自身受到经济处罚、相关负责人员面临人身自由刑罚，更影响互联网财税科技整个行业的持续健康发展。因此，在互联网财税科技相关案件爆发后，需要及时总结经验教训，厘清平台责任与责任边界，明辨罪与非罪、此罪与彼罪，以为行业发展借鉴。

同时，涉案企业合规改革试点是近两年全国检察机关推行的重点工作之

* 姜正和，北京华税律师事务所律师。

一。自 2020 年 3 月,最高人民检察院部署在 6 个基层检察院开展涉案企业合规改革试点。2021 年 3 月起第二期试点工作扩大到北京、上海、江苏、浙江等 10 个省市。2022 年 4 月 2 日,最高人民检察院会同全国工商联召开会议对全面推开改革试点工作作出具体部署。时任最高人民检察院检察长张军指出:开展涉案企业合规改革试点“直接的目的是防止不当办一个案件,垮掉一个企业;更高的目标是通过办好每一个案件,积极营造法治化营商环境,促进企业规范发展”。据最高人民检察院官方数据,2021 年 3 月至 12 月底,10 个试点省市共办理涉企合规案件 608 件,不起诉企业 164 家、自然人 302 人,其中虚开发票类案件约占总数的 1/3。虚开等涉税案件的爆发往往伴随企业内部管理缺陷、财务制度混乱、法律意识淡薄等问题,经过合规建设,企业相关刑事风险点如能排除便能依法合规经营、创造更多社会价值,这是虚开等涉税案件广泛适用合规整改的重要因素之一。

本文分析的 C 互联网财税科技平台(以下简称 C 公司)虚开合规不起诉案例具备该行业的代表性、典型性,对该案例的分析旨在揭示互联网财税科技行业常见的操作误区及法律风险,并从“主客观相统一”“罪刑相当”等刑法基本原则出发评价对此类案件的法律适用,同时亦对当下虚开发票案件适用合规不起诉、第三方监督评估机制的实践问题建言献策。

二、案情简介

(一)案发经过

C 公司系一家商事代办与财税综合服务型互联网平台机构,依托“互联网 + 税筹”的经营模式提供园区企业入驻商事代办、代理记账、报税开票、税收优惠申请等综合财商服务。自 2008 年成立以来,C 公司已与全国多个地方政府签订了招商引资合作协议,成立了 20 个企业园区,服务上万家客户,是国内知名的一站式税筹落地服务提供商。

2020 年年初,某省税务局稽查局在税收大数据筛查中发现,C 公司运营的省内某县工业园区内的少部分入园企业存在资金回流现象,遂将涉嫌虚开违法线索下发至园区所在地主管税务机关调查处理。主管税务机关经对涉案发票和资金流向比对后查实,一些园区内企业开出发票后,受票方将发票对应款项支付给园区企业对公账户后资金又转付至受票方控制的私人账户,更有部分资金流入了受票方对公账户,出现资金回流现象,涉及增值税普通发票2000余万元、增值税专用发票5000余万元,遂决定将案件移送至公安机关立案侦查。

2020年年底,某县公安局对C公司涉嫌虚开发票、虚开增值税专用发票一案立案侦查。侦查机关前往下游受票单位开展调查取证,查实相关受票单位均系涉嫌虚开发票的入园企业的实际控制方,并通过虚构业务、操纵资金回流的方式在无真实业务的情况下让入园企业虚开发票获取非法税收利益。由于C公司为涉嫌虚开发票的入园企业提供了工商、税务、银行账户设立代办和受托代理记账报税、申领开具发票、保管税控盘等服务,因此侦查机关认为其操纵主导了本案的虚开犯罪行为,遂对C公司四名负责人采取刑事强制措施。2021年10月,侦查机关终结侦查并将案件移送至某县人民检察院审查起诉。

(二)辩护工作

华税律师团队介入案件后进行充分阅卷,发现本案存在下游客户舞弊、提供虚假合同、业务材料的现象以及C公司地区经理与客户串通、违背C公司管理制度向公司本部瞒报、谎报等情况,而侦查机关未予进一步调查核实,且对下游客户另案处理、对C公司地区经理给予取保候审,不利于案件事实以及相关人员对开票业务主观认知的查清。据此,辩护律师与本案检察机关进行了多轮意见交换,阐述侦查机关的指控逻辑存在重大缺陷,关键事实认定错误、证据不足,且对财税领域的法律适用和理解存在较大错误。

案件经过两次退回补充侦查之后,检察机关认可了辩护律师的部分意见,此时恰逢最高人民检察院深入推进合规第三方机制的改革时期,10个试点地区的合规第三方机制正在逐步深入推动,各地合规不起诉典型案例不断涌现。华税律师团队及时调整辩护方案,主动向检察机关争取C公司合规整改的机会。经过多次沟通磋商,最终检察机关准予C公司按照合规第三方机制启动合规整改工作,并将企业合规整改情况作为案件处理的考察要素,对C公司及负责人予以从宽处理。

(三)案件结果

2022年2月,华税律师向本案检察机关正式提交羁押必要性审查申请及C

公司合规整改申请。检察机关举行了涉案人员羁押必要性审查听证会,对企业负责人作出取保候审决定,并批准 C 公司根据企业合规第三方监督评估机制启动合规整改工作。

2022 年 4 月,合规第三方组织对涉案企业的合规整改工作组织了验收审核工作,并出具了合规评估考察报告,肯定了 C 公司合规整改成果。

2022 年 7 月,本案检察机关经审查认定 C 公司及负责人具有如实供述、认罪认罚、积极退赃、合规整改通过评估考察等情节,最终作出不起诉决定。

三、法理评析

(一)财税科技平台服务模式的合理性、合法性分析

据调研,目前国内财税科技平台财税代理商业服务范围主要包括三方面:一是帮助客户进行成本结构调整和税收筹划,二是帮助客户代办个体户、个独、有限责任公司(小规模纳税人)的工商注册、开立银行账户、税务登记、注销,三是代理记账,包括记账、报税、开票、年审。其收费模式系根据代办企业的数量固定收费以及根据代办企业开展业务收入的一定比例(0 ~ 1%)执行取费。单纯从业务模式考量,其具备商业合理性及法律合规性。

1. 财税科技平台帮助用工/服务需求方实现成本合规入账

财税科技平台代理服务之所以获得客户的认可与地方政府的支持,在于其准确把握了目标客户的税收痛点,并通过合法的方式帮助其解决,足以体现其商业价值与合理性。

试以科教文娱行业为例,“网红”、模特、专家、学者等自然人受到企业邀请进行表演、演讲、授课、录制影视作品,但对于提供上述服务的自然人来说,其取得报酬后将面临较高的个人所得税税负。财税科技平台提供的服务可以在表演、演讲、授课等活动发生之前帮助上述个人注册为个体工商户/个人独资企业再进行表演、演讲、授课,将原本“个人对企业”的业务形态调整为“企业对企业”的业务形态,一方面利用园区的个税核定征收政策帮助个人降低税负,另一方面企业也获得个体工商户/个人独资企业开具的增值税专票/普票实现所得税税前扣除与增值税进项抵扣合规。

可见,此类财税科技平台提供的财税服务一方面满足了企业获取合法增值

税发票的需求,帮助企业实现税前扣除及抵扣税款的正当权益;另一方面也使自然人通过园区核定征收、财政返还政策降低了个人税负,真正为客户解决了税收痛点,具有合理性。

2. 财税科技平台帮助客户实现自然人向个体户/个体的主体形态调整具有合法性

在财税科技平台业务模式中,将自然人主体形态调整为个体户/个独,将劳务报酬所得的所得性质调整为经营所得是否具有合法性,是实践中争议较大的问题。但实践中的案例反映,对于经济活动发生之后,自然人转变主体形态向付款方开票、取得款项才多以"违法转变所得性质"定性偷税,对经济活动发生之前的节税筹划行为并未明确禁止。

笔者认为,经济活动发生前,自然人向个体户/个独的主体形态调整具有合法性。《民法典》第54条规定:自然人从事工商业经营,经依法登记,为个体工商户。《个体工商户条例》(已失效)第2条规定:有经营能力的公民,依照本条例规定经工商行政管理部门登记,从事工商业经营的,为个体工商户。《个人独资企业法》第2条规定:该法所称个人独资企业,是指依照该法在中国境内设立,由一个自然人投资,财产为投资人个人所有,投资人以其个人财产对企业债务承担无限责任的经营实体。从上列条款可见,自然人与个体户、个人独资企业均以个人生产经营为前提,区别仅在于是否依法履行相关登记程序。自然人在自主意愿支配下依照上列规定经过合法正当的登记注册程序将其经营主体身份由个人变更为个体户/个独,此种主体形态的调整具有合法依据。

基于此,自然人劳务报酬所得向经营所得的性质转变同样具有合法性。《个人所得税法实施条例》第6条第1款第2项规定:劳务报酬所得是指个人从事劳务取得的所得,包括从事设计、装潢、安装、制图、化验、测试、医疗、法律、会计、咨询、讲学、翻译、审稿、书画、雕刻、影视、录音、录像、演出、表演、广告、展览、技术服务、介绍服务、经纪服务、代办服务以及其他劳务取得的所得。该条例第6条第1款第5项规定:经营所得,是指(1)个体工商户从事生产、经营活动取得的所得,个人独资企业投资人、合伙企业的个人合伙人源于境内注册的个人独资企业、合伙企业生产、经营的所得;(2)个人依法从事办学、医疗、咨询以及其他有偿服务活动取得的所得;(3)个人对企业、事业单位承包经营、承租经营以及转包、转租取得的所得;(4)个人从事其他生产、经营活动取得的所得。从法律规定上看,劳务报酬所得的范围与经营所得的范围存在交叉,对于个人依法从事医疗、咨询以及其他有偿活动取得的所得,既可定性为劳务报酬所得也可定性为经营所得。因此,一项所得的性质系劳务报酬所得还是经营所得的区分标准不是服务的内容,而是主体的类型和基础法律关系事实。如果提供服务的个人与其服务的对象建立的是劳务关系,则个人获取的收入应按照劳务所得缴税;如果提供服务的个人经依法登记成立个体户或个人独资企业后,与其服务的对象建立的是服务关系,则个人通过个体户或个独企业获取的收入应按照生产经营所得缴税。

3. 财税科技平台利用核定征收、财政返还政策帮助客户降低税负具有合法性

《个人所得税法实施条例》第 15 条第 3 款规定:从事生产、经营活动,未提供完整、准确的纳税资料,不能正确计算应纳税所得额的,由主管税务机关核定应纳税所得额或者应纳税额。在个体户/个独生产经营活动中,其收入的核算较为简单,但是成本费用因难以取得合法凭证而无法准确核算,因此主管税务机关具有核定征收的权力与依据。

同时,对于地方政府实施的财政奖补、返还扶持政策亦应当结合具体内容评价其合法性。地方政府相关行政部门对于税款作出的减、免、退承诺显然超越其行政职权,违反税收法定基本原则,损害国家利益,属于无效承诺。此情况下,纳税人可以信赖利益受损向政府部门主张赔偿、补偿。若地方政府从其地方财政中划定专项资金用于产业奖补扶持,则该行为并不违反法律、行政法规的强制性规定。

《国务院关于税收等优惠政策相关事项的通知》(国发〔2015〕25 号)第 2 条规定:各地区、各部门已经出台的优惠政策,有规定期限的,按规定期限执行;没有规定期限又确需调整的,由地方政府和相关部门按照把握节奏、确保稳妥的原则设立过渡期,在过渡期内继续执行。第 3 条规定:各地与企业已签订合同中的优惠政策,继续有效;对已兑现的部分,不溯及既往。据上列规定,结合各地招商引资、发展经济的实际背景,国家对地方财政返还优惠政策持包容态度,允许其继续执行。因此,财税科技平台在地方园区代办个体户/个独为地方政

府创造了更多财政收入,将地方政府给予的财政奖补全部或者部分赋予客户显然具备合法性基础。

(二)财税科技平台对代办企业业务真实性的审查责任边界

在类似案例中,司法机关倾向于认为财税代理、服务平台对所注册企业发生业务的真实性负有审查义务,注册企业无真实业务虚开发票的,平台亦应当承担刑事责任,乃至认定为主犯。但笔者认为,应当厘清平台与客户的权利与义务,不应在法律法规规定与合同约定之外对平台施加更为严苛的审查义务。

首先,法律明确规定委托方系业务真实性的责任主体,负有确保业务真实性的法定义务。《代理记账管理办法》第13条规定,“委托人应当履行下列义务:(一)对本单位发生的经济业务事项,应当填制或者取得符合国家统一的会计制度规定的原始凭证……(三)及时向代理记账机构提供真实、完整的原始凭证和其他相关资料”。据此规定可知,法律明确委托方(客户)应当向受托方(代理记账机构)提供真实、完整、合法的原始凭证和其他相关资料,委托方系确保业务真实性的责任主体。

其次,行业协会业务指引明确规定,财税代理受托单位不负有审查业务真实性的义务。中国注册税务师协会制定的《税务师行业涉税专业服务程序指引(试行)》第46条规定:涉税服务人员应当告知委托人,应当对其提供与涉税服务事项有关的涉税资料真实性、合法性和完整性负责。《发票相关代理业务指引(试行)》第12条规定:委托方应保证相关资料的真实、准确、合法和完整。第4条规定:税务师事务所及其涉税服务人员承办发票相关业务代理服务,应当关注与委托人有关的交易信息、政策依据、征管程序等事项,并对申请资料的完整性、税务事项办理的合规性、申请办理的及时性负责。《其他税务事项代理业务指引(试行)》第21条第2款规定:涉税服务人员应当告知委托人,其应当对提供材料的真实性和合法性负责。第8条规定:税务师事务所及其涉税服务人员提供其他税务事项代理服务,应当关注与委托人有关的交易信息、会计核算、政策依据、征管程序等事项,并对申请资料的完整性、税务事项办理的合规性、申请办理的及时性负责。根据上列行业协会指引规定,委托方应对提供材料的准确性、完整性、真实性、合法性负责,而受托方审核义务限于“申请资料的完整性、税务事项办理的合规性、申请办理的及时性”。

综上,财税科技平台不负有审查客户业务真实性的法定义务,且实践中财税科技平台在与客户签约时也大多会在合同中明确剥离自身业务真实性的审查义务。

(三)应从犯罪构成要件及“主客观相统一”“罪责刑相适应”原则角度评价财税科技平台是否构成犯罪

《最高人民法院研究室〈关于如何认定以“挂靠”有关公司名义实施经营活动并让有关公司为自己虚开增值税专用发票行为的性质〉征求意见的复函》明确指出:如行为人主观上并无骗取抵扣税款的故意,客观上未造成国家增值税款损失的,不宜以虚开增值税专用发票罪论处。司法实践中一些典型案例也明确指出在认定虚开犯罪时应考察行为人是否具有骗抵国家税款的故意。可见,将虚开主观故意作为虚开犯罪构成要件是当下理论与实践的主流观点。因此,在财税科技平台涉嫌虚开发票案件中应将虚开主观故意作为审查重点。若平台与客户串通弄虚作假,或者明知客户弄虚作假而不予制止,则无论其行为是否造成国家税款损失,应至少判定平台具备虚开的主观故意。但在类似本文讨论的案例中却存在一些特殊情况,即客户对平台实施了隐瞒、欺骗行为,平台因审查制度流于形式、把握不严从而导致虚开发票行为的产生。笔者认为,对此应从“主客观相统一”“罪责刑相适应”等刑法基本原则角度准确划分犯罪责任。

“主客观相统一”是我国刑法的基本原则。通说认为,根据主客观相统一原则,认定一种行为是否构成犯罪,唯一的标准就是看其是否符合犯罪构成,而犯罪构成则是构成犯罪的各种主客观要件的有机统一,它不仅体现在对犯罪的认定上必须坚持主观与客观的有机统一,而且在量刑、行刑等过程当中也必须坚持这一原则。主客观相统一原则防止了在犯罪的主观因素与客观因素相分离的状态下只根据其中一个方面追究刑事责任的错误,使刑事责任的实际追究更趋合理。在一些虚开案件中,受票方通过隐瞒、欺骗、作假等方式伪造有真实交易的假象,开票方在尽合理审查义务后仍未发现交易系虚构而开具发票,在这一活动中开票方产生了为他人虚开发票的客观行为(犯罪构成要件的客观方面),但却不具备虚开发票的主观故意(犯罪构成要件的主观方面),则根据主客观相统一原则不应认定开票方构成虚开犯罪。而对于受票方来说,其同时具备让他人为自己虚开发票的客观行为与虚开发票骗抵国家税款的主观故意,则应追究其虚开法律责任。

但同时也需要指出,实践中也存在部分司法机关认为虚开犯罪系行为犯、危险犯,即只要行为人存在为他人虚开、让他人为自己虚开、介绍他人虚开三类行为、致使国家税款存在被骗抵危险的则应成立犯罪。笔者认为,还应根据"罪责刑相适应"原则进行责任大小与量刑轻重的区分。罪责刑相适应原则见于《刑法》第5条,即"刑罚的轻重,应当与犯罪分子所犯罪行和承担的刑事责任相适应"。财税科技平台在整个虚开活动中所从事的如果仅是代办、报税等辅助行为,则可认定帮助犯追究次要责任,从轻、减轻处罚;而假使平台控制开票企业的税控盘、银行U盾、公章等重要财产,乃至主导整个开票行为,则应根据其参与的实际情况认定其同等责任(不区分主从犯)或者主要责任(认定主犯)。

(四)"善意开票"在税法上的角色缺位

从犯罪类型来看,虚开发票类罪是典型的法定犯、行政犯,即构成本罪必须以行为人违反税法的具体规定为前提,如果税法对某一行为的定性不是虚开,则不能认定为虚开犯罪。我国现行税法中,一些税务规范性文件对于受票方"善意取得"虚开发票的定性和处理已经非常明确,即不以虚开定性处罚,仅需进行增值税进项转出、补缴增值税税款并无须承担滞纳金。税法"善意取得"的规定使受票方获得了脱罪的事由,当然受票方善意取得虚开发票不以犯罪论处亦符合前述"主客观相统一"的刑法基本原则。

但是本文所讨论的"受票方恶意骗取发票、开票方善意开票"之情形却未被税法明确。易言之,在税法视野里,或许开票方天然地对交易真实性负有审查义务,其义务之重有胜于受票方。这种不成文的规定显然不符合民法、税法上的公平原则。正是"善意开票"在税法上的角色缺位导致税务机关未准确区分责任主体,径行移送司法机关导致善意开票方被追责。

因此,笔者建议国家税务部门从政策制定层面为"善意开票不构成虚开"创设税法空间，以公平、平等地保护纳税人合法权利。同时，在适用“善意开票”“善意取得”规则的同时要坚持纳税人诚实推定原则，税务部门在案件查处中若需要认定纳税人构成虚开，应查明其主观故意及客观行为并提供相应证据支持，否则应推定纳税人善意。

（五）虚开发票案件适用合规第三方机制的现实问题

涉案企业合规改革试点几年以来，一批虚开发票类刑事案件适用第三方监督评估机制从而取得了不起诉的效果，但实践反映虚开发票类案件在适用合规第三方机制过程中仍存在一些实体和程序问题，亟待解决。

1.“数额巨大”虚开案件能否启动合规第三方机制存在争议

实践中，部分地方检察机关明确表示，虚开增值税专用发票税款 250 万元以上、属于《刑法》第 205 条“数额巨大”的案件不得适用合规第三方机制。但笔者认为，《最高人民法院关于虚开增值税专用发票定罪量刑标准有关问题的通知》（法〔2018〕226 号）文件划定的“税款数额在二百五十万元以上的，认定为……‘数额巨大’”的标准在当下经济背景下极易被突破，尤其是在大宗商品贸易领域，而此类企业往往是大、中型实体企业，具备实施合规整改的能力，并且其对地方经济发展、解决就业、推动产业升级发挥一定作用，具有合规整改的价值。此类案件无法启动合规第三方机制显然不符合最高人民检察院改革初衷，也会使该机制的效果大打折扣。

在笔者看来，以“虚开税款金额 250 万元”划定虚开案件适用第三方机制的范围缺乏法律与司法政策依据，更与最高人民检察院推行合规第三方机制的精神背离。根据《最高人民检察院、司法部、财政部等关于建立涉案企业合规第三方监督评估机制的指导意见（试行）》第 5 条的规定，从罪名上看，不适用企业合规试点以及第三方机制的涉企犯罪案件仅明确为“涉嫌危害国家安全犯罪、恐怖活动犯罪”两类，危害税收征管秩序罪显然不属于此两种情形。同时，其第 5 条第 5 项“其他不宜适用的情形”也应由最高人民检察院行使解释权，基层检察机关不应作扩大解释。事实上 2021 年 6 月 3 日最高人民检察院发布的四则“企业合规改革试点典型案例”中就有一例虚开增值税专用发票罪案件，涉及税款 419 余万元，显属于“数额巨大”。

2. 企业因涉案而丧失经营能力导致不符合合规启动条件

根据《最高人民检察院、司法部、财政部等关于建立涉案企业合规第三方监督评估机制的指导意见(试行)》第4条的规定,涉案企业能够正常生产经营、承诺建立或者完善企业合规制度,是启动第三方机制的基本条件之一。但是实践中,涉案企业往往因涉案而丧失经营能力,无法全面恢复正常生产经营,从而难以启动合规整改。

通常情况下,虚开案件一旦爆发,公安机关将调取企业的账簿资料、扣押企业公章、办公电脑、查封经营场所、冻结划扣银行账户经营资金,乃至对法人、实控人、高管、财务、业务人员采取强制措施,不予取保候审,此时涉案企业已完全停摆,各项经营能力失灵、运转不能,无法达到"能够正常生产经营"这一基本条件。此种情况下,即便涉案企业、相关人员认罪认罚,自愿适用第三方机制,但第三方机制的启动已经陷入"死胡同"。

对此,笔者认为对上述第4条"能够正常生产经营"的理解不应限制于企业当下是否仍然保持正常生产经营,而应理解为:检察机关应判断在适用第三方机制后涉案企业是否具备恢复正常生产经营的能力。因此,笔者建议相关部门制定配套保障制度,对拟适用第三方机制的案件,检察机关应退还或者要求公安机关退还企业生产经营所必要的证、照、章、印,复制涉案账簿或电子设备后予以退还,对相关人员作出取保候审决定,解冻维系企业最低限度生产经营所必需的资金,帮助企业重新运转。

3. 涉案企业和相关责任人的从宽处理存在差别对待

在笔者接触的一些虚开发票案件中,涉案企业和相关责任人认罪认罚、申请启动合规整改并获得检察机关批准。而在从宽处理的问题上,检察机关对涉案企业作出不起诉决定,对相关负责人仅作出减轻处罚而未能免予起诉。类似情况不是个例,如2021年10月最高人民检察院发布的"人民检察院行刑衔接工作典型案例"之一"上海某电子科技有限公司、某信息技术有限公司涉嫌虚开增值税专用发票案",经过刑事合规整改,上海市金山区人民检察院对该二公司作出不起诉决定,单位犯罪直接负责的主管人员姜某另案处理,以犯涉嫌虚开增值税专用发票罪判处有期徒刑2年,缓刑2年。

这种区别对待的做法实际上存在适用法律的错误。《刑法》规定的涉税案件"双罚制"决定了在单位犯罪案件中,只有单位构成犯罪,直接负责的主管人员和其他直接责任人员才会面临刑事处罚,若单位被免予起诉,而相关负责人仍被追究刑事责任明显不符合法律规定。而如果认定自然人犯罪,则单位不会被列为犯罪主体,根本具备启动刑事合规整改的条件。

而一些司法机关通过"另案处理"方式规避"双罚制"限制亦不具备法律依据。《最高人民检察院、公安部关于规范刑事案件"另案处理"适用的指导意见》第3条规定,涉案的部分犯罪嫌疑人有下列情形之一的,可以适用"另案处理":(1)依法需要移送管辖处理的;(2)系未成年人需要分案办理的;(3)在同案犯罪嫌疑人被提请批准逮捕或者移送审查起诉时在逃,无法到案的;(4)涉嫌其他犯罪,需要进一步侦查,不宜与同案犯罪嫌疑人一并提请批准逮捕或者移送审查起诉,或者其他犯罪更为严重,另案处理更为适宜的;(5)涉嫌犯罪的现有证据暂不符合提请批准逮捕或者移送审查起诉标准,需要继续侦查,而同案犯罪嫌疑人符合提请批准逮捕或者移送审查起诉标准的;(6)其他适用"另案处理"更为适宜的情形。在同一案件中,若单位相关责任人不存在"其他犯罪",则不符合"另案处理"的法定条件,适用兜底条款也应由最高人民检察院、公安部作出解释说明,地方检察机关、公安机关无权扩大兜底条款的适用。

四、结论与启示

在新冠疫情下,数字经济发展,互联网财税、灵活用工、网络货运、云众包等新型业态乘着国家利好政策的东风迅速发展。但是,资本无序扩张埋下严重隐患,数字经济、平台经济合规仍有相当长的路要走,税务合规方面尤其应引起足够重视。在本文案例办理过程中,笔者发现此类案件数量呈上升趋势。2022年8月,青海省海东市公安局经侦支队公告破获"4·13"新型虚开增值税发票专案,称该平台"注册个体和独资企业一百多家,并将这些个体和独资企业营业执照(正本)、税控盘、发票专用章控制在其公司内部,在营运期间集中为他人虚开增值税专用发票、增值税普通发票"。诸多公开的案件给互联网财税行业敲响警钟,平台应当恪守法律底线,依法忠实履行审查与见证职责,妥善保存客户业务与涉税资料,建立平台法律风险的隔离机制。同时,司法机关在处理此类案件时,也应进行全面客观调查事实、收集证据,从虚开犯罪构成要件及"主客观相统一”“罪责刑相适应”原则角度对涉案各主体的法律责任作出区分。

此外,税务律师在办理互联网平台虚开刑事案件时,也应合理运用涉案企业刑事合规整改及第三方监督评估机制,在认罪认罚前提下向检察机关申请启动刑事合规整改,提交整改方案并帮助涉案企业完成整改,争取检察机关作出不起诉决定,最大限度地维护涉案企业及相关责任人的合法利益。

张某某逃税罪案例评析

——逃税罪免责条款的性质与适用的主观考量

杨银德*

一、问题的提出

自《刑法修正案（七）》对《刑法》第201条作出修正以来，逃税罪的主要争议就集中在该条第4款规定的适用上。该条第4款规定："有第一款行为，经税务机关依法下达追缴通知后，补缴应纳税款，缴纳滞纳金，已受行政处罚的，不予追究刑事责任；但是，五年内因逃避缴纳税款受过刑事处罚或者被税务机关给予二次以上行政处罚的除外。"该款规定明确逃税犯罪可以因补缴应纳税款、缴纳滞纳金、受行政处罚而不予追究刑事责任，因而被称为"免责条款"。[1] 免责条款涉及其能否溯及适用的问题，即对于《刑法修正案（七）》出台之前发生而仍未作出生效判决的逃税案件是否具有溯及力，这一问题又暗含了对税务行

* 杨银德，浙江智仁律师事务所律师。

〔1〕 有人称为"初犯免责条款"、"除罪条款"或"首罚不刑条款"，但因该条款的规定既有出罪内容，又有再犯入罪内容，内容上本身具有对立性，难免以偏概全，本文因主要分析出罪内容，且"不予追究刑事责任"即免责之意，故以"免责条款"名之。参见李翔：《论逃税犯罪中的初犯免责》，载《中国刑事法杂志》2009年第7期；姚兵：《论刑法中的除罪条款》，载《湖北社会科学》2012年第10期；江国华、丁安然：《"首罚不刑"立法的法理透析——从"范冰冰逃税案"说开去》，载《理论月刊》2021年第4期。

政处理处罚是不是刑事立案的前置程序的争议。[1] 最高人民法院对李某明逃税案的再审决定和湖南省高级人民法院的再审判决[2]一出世,就起到了一锤定音的效果,地方法院甚至主动审查并决定类似逃税案件进入再审程序。[3]

然而,实务中对于免责条款的适用对象[4]、法律性质、单位逃税罪中责任人对补缴税款的主观态度是否影响免责条款的适用[5]、税务机关未予行政处罚时能否适用、税务行政复议或诉讼是否影响刑事责任的追究等争议悬而未决。本文拟从一起二审改判的逃税案出发,分析认为免责条款的适用应考量主观因素,并厘清免责条款的法律性质,进而阐释适用时所需考量的主观因素,旨在为今后的司法实践提供具可操作性的指引。

二、案例引入

2012年5月25日至2014年9月30日,大连恺达物业管理有限公司(以下简称恺达公司)直接负责的主管人员张某某,隐瞒公司收入,并安排他人虚报大连嘉杰劳动事务服务有限公司派遣员工的工资收入,多开具劳务费发票计入管理费用,于税前扣除。张某某通过隐瞒收入、多列支出的方式向税务部门虚假申报,逃避缴纳2012年至2014年营业税、城市维护建设税、企业所得税合计756,458.34元,各年度逃税比例分别为89%、89%和84%。

税务机关于2015年11月至12月、2016年4月依法向恺达公司下达《税务处理决定书》《税务行政处罚决定书》《限期缴纳税款、滞纳金通知书》,恺达公司未补缴应纳税款、未缴纳滞纳金、未接受行政处罚。

---

[1] 实务中有两种不同见解,分别为肯定说和否定说。肯定说认为税务行政处理处罚是刑事立案的前置程序,持此见解的案例如吉林省松原市宁江区人民法院(2014)宁刑再初字第1号刑事判决书,山东省梁山县人民检察院梁检公诉刑不诉(2019)1号不起诉决定书;否定说认为税务行政处理处罚不是刑事立案的前置程序,持此见解的案例如河南省息县人民法院(2014)息刑初字第39号刑事判决书,河南省社旗县人民法院(2018)豫1327刑初320号刑事判决书。

[2] 参见最高人民法院(2019)最高法刑申231号再审决定书,湖北省高级人民法院(2019)鄂刑再5号刑事判决书。

[3] 参见湖南省湘潭市中级人民法院(2021)湘03刑监14号再审决定书,湖南省湘潭市中级人民法院(2021)湘03刑再14号刑事裁定书。

[4] 实务界有人士就主张,免责条款适用于扣缴义务人。参见陈新玲、周时雨:《逃税罪刑事责任免除条款司法适用研究》,载《中国检察官》2014年第5期。

[5] 单位犯罪中承担刑事责任的个人为直接责任人或直接负责的主管人员,本文均简称为"责任人"。

一审法院判决恺达公司犯逃税罪,判处罚金人民币20万元;张某某犯逃税罪,判处有期徒刑6个月,并处罚金人民币5万元。张某某不服,以其在税务机关下达追缴通知前已离开公司,公司未缴纳税款、罚款的责任不在自己为由提起上诉。

二审法院认为,纳税义务人于税务机关下达追缴通知后是否补缴税款、缴纳滞纳金、接受行政处罚,是决定是否追究纳税义务人刑事责任的事实基础之一。税务机关自2015年11月起向恺达公司陆续下达追缴通知,恺达公司是纳税义务人,为补缴税款的主体。张某某于2015年1月离任法定代表人,不再负有或行使对恺达公司的经营、主管职权,对税务机关向公司追缴税款行为并非全部知晓,且其已失去了对公司业务、财务的管理权限,在知晓的情况下亦无法决定公司意志、支配公司财产。恺达公司不补税款并非基于张某某的决策,张某某对此不应承担单位负责人的责任。故二审判决撤销了一审判决对张某某逃税罪的定罪和量刑部分。[1]

三、二审改判的逻辑及主观考量

本案二审判决认同缴纳税款、滞纳金和罚款是不予追究刑事责任的前提条件,但将缴纳税款、滞纳金和罚款的主体限定为纳税人。纳税义务是法律法规规定的,纳税人也是法定的,而且逃税罪的犯罪主体是纳税人和扣缴义务人,这一观点并没有错。在单位犯罪的情形中,单位负有纳税义务,是法定的纳税人,税务机关也是向单位作出税务处理处罚决定的。因此,从法律规定和追缴通知看,本案中应由恺达公司缴纳税款、滞纳金和罚款。但单位是没有自由意志的,需要单位的权力机构共同作出缴纳税款、滞纳金和罚款的决定。而张某某在税务机关下达追缴通知前就从恺达公司离任,已无权决定恺达公司缴纳税款、滞纳金和罚款,也无法支配公司财产,因而张某某对恺达公司未缴纳税款、滞纳金和罚款没有责任,也就不应承担单位负责人的刑事责任。以上就是二审判决的论证逻辑,但至少存在两个问题。

---

〔1〕 该案另涉及的职务侵占罪不在本文评析范围内。参见辽宁省大连市中级人民法院(2021)辽02刑终368号刑事判决书。

第一个问题是,对于恺达公司构成逃税罪,二审判决是维持的,那么,只要有证据证明张某某对逃税负有直接责任,属于直接负责的主管人员或其他直接责任人员,就可以根据《刑法》第211条的规定,对张某某按照《刑法》第201条定罪处罚。这是单位犯罪"双罚制"的处罚逻辑,二审判决没有指出这个逻辑为何可以不成立。

第二个问题是,对恺达公司未缴纳税款、滞纳金和罚款没有责任与不承担单位负责人的刑事责任是两个完全不同的概念。逃税案件中责任人丧失控制权,或者本来就是没有控制权的财务人员,或者逃税单位注销等情形比比皆是,这些情形下税款、滞纳金和罚款无法缴纳不是责任人的原因,如果都不予追究刑事责任,有违罪刑法定原则。从张某某丧失对恺达公司的决策控制权无法直接推出其不承担单位负责人的刑事责任的结论。二审判决其实犯了偷换概念的逻辑错误。

这两个问题源于二审法院对缴纳税款的狭隘认知。单位逃税案件中即便法定的纳税人是单位,税务机关也是要求单位缴纳税款、滞纳金和罚款,但完全可以由他人代为缴纳。就像其他刑事案件一样,犯罪嫌疑人已经身陷囹圄,赃款都是由家属代为退还的。从免责条款的文字表述来看,其也没有要求税款、滞纳金和罚款只能由纳税人或扣缴义务人缴纳;单位犯罪的责任人当然可以代为缴纳。

而且,责任人虽然是因为单位构成犯罪而被刑事处罚,但责任人的身份不是其被处罚的唯一要件,其必然实施了相应的逃税行为。张某某就是在担任恺达公司直接负责的主管人员期间,决策并指派相关人员代表恺达公司实施了虚假纳税申报行为。这也是其承担刑事责任的基础事实。张某某为了不被追究刑事责任,当然有动机也有必要去缴纳税款、滞纳金和罚款,前提是其必须知道恺达公司因为逃税被税务机关处理处罚了。这个主观方面的考量正是二审判决未予明示的地方,而只说其"对税务机关向公司追缴税款行为并非全部知晓"。

判断单位犯罪的责任人是否应当知晓税务机关的追缴通知,需考量其对缴纳税款、滞纳金和罚款的主观态度和悔罪表现。逃税人本人是否已经积极缴纳了罚款,是判断逃税人对自己已经构成犯罪的行为有无悔改之意的重要判断标准。[1] 如果单位犯罪的责任人自始至终都不知道税务机关向单位下达了追缴通知,则缴纳税款、滞纳金和罚款就无从说起,这就相当于对逃税犯罪未经税务行政程序而直接予以刑事立案,让行为人丧失了通过缴纳税款、滞纳金和罚款而免予被追究刑事责任的机会和权利。本案二审判决认为张某某对追缴通知"并非全部知晓","无法决定公司意志"补缴税款,未补缴税款"并非基于张某某的决策",均是基于行为人主观方面的考量。

因此,本文认为,对于税务机关下达追缴通知的主观认知会影响逃税罪的刑事责任追究。

四、免责条款的法律性质

(一)客观处罚条件说

免责条款主观面向的研究一直为学界所忽视,被忽视的一个重要原因在于免责条款的性质。自张明楷教授提出客观处罚条件说后,学界唯该学说马首是瞻。客观处罚条件,又称刑事可罚性的客观条件,一般系指犯罪虽已成立,但必待其他事由(非行为本身要素而存在的事实或事由)赋予条件才能发生处以刑罚之情形。[2] 顾名思义,处罚条件系客观事实,客观处罚条件跟不法是无关的,故意和罪责都不需要包含它,所以它跟罪责原则是相符合的。[3] 张明楷教授认为,处罚条件是基于一定的政策理由而设的,与犯罪的成立要件没有关系,换言之,不具备处罚条件时,犯罪仍然成立,只是不能处罚而已。[4] 因此,逃税行为符合《刑法》第 201 条第 1 款的规定,逃税犯罪即告成立,但只有不符合第 4 款规定,才能追究刑事责任。对《刑法》第 201 条第 4 款规定进行分析,该款存在三个客观处罚条件即"初犯经税务机关依法下达追缴通知后,不予补缴应纳税款,缴纳滞纳金,接受行政处罚""五年内因逃税被税务机关行政处罚二次以上"

---

〔1〕 黄太云:《偷税罪重大修改的背景及解读》,载《中国税务》2009 年第 4 期。

〔2〕 陈朴生、洪福增:《刑法总则》,台北,五南图书出版公司 1982 年版,第 114 页。

〔3〕 Welzel, Das Deutsche Strafrecht, 11. Aufl., S. 58ff. 转引自王钰:《德国刑法教义学上的客观处罚条件》,法律出版社 2016 年版,第 73 页。

〔4〕 张明楷:《逃税罪的处罚阻却事由》,载《法律适用》2011 年第 8 期。

“五年内曾因偷税受到过刑罚处罚”,至少具备其中一个条件才能予以追诉。[1]

问题在于,如果补缴税款、缴纳滞纳金和已受行政处罚三个条件缺其一,是否就可以直接追究刑事责任。从条款意思看,上述三个条件是并列关系,必须同时满足,缺一不可,如果缺少任何一个条件,就应当依法追究刑事责任。[2] 税务机关对偷逃税行为一般都会作出税务处理决定,其中包含了补缴税款和缴纳滞纳金的内容,但税务行政处罚不是必然的。一是税务机关可能会不予行政处罚,二是对于超过5年的逃税行为,依据《行政处罚法》客观上不能作出行政处罚。张明楷教授认为,如果税务机关的处理并不全面,只是下达通知要求行为人接受其中一项或者两项处理,只要行为人接受了税务机关的处理,就不应追究刑事责任。[3] 这一观点指出了税务机关的原因导致处罚条件缺失的处理方法,但未考虑行为人的主观态度,而是直接舍弃了某一个客观条件,明显与条款意思相悖。

客观处罚条件是犯罪成立之要件,不具有客观处罚条件则排除犯罪。一般而言,行为该当构成要件、违法且有责,则具有可罚性。但对于特定犯罪来说,除具备上述三要件外,尚需具有客观处罚条件,才具有可罚性。可罚性是犯罪成立的意思,行为具有可罚性就是犯罪。客观处罚条件也被称为构成要件该当性、违法性和有责性之外的“第四个犯罪范畴”。[4] 所以客观处罚条件并不是犯罪成立之后对处罚起到作用的客观事实,而是决定犯罪是否成立的实质要素。[5] 这与成立逃税罪后阻却处罚的观点南辕北辙;犯罪成立与处罚并非分开判断的。

因此,客观处罚条件说明显与我国犯罪构成四要件理论和《刑法》第201条的规定不相容。

---

〔1〕 杨高峰:《逃税罪立法实施中的疑难问题研究》,载《学术探索》2009年第4期。

〔2〕 逄锦温:《逃税罪的立法修正与司法适用》,载《中国审判》2009年第12期。

〔3〕 张明楷:《逃税罪的处罚阻却事由》,载《法律适用》2011年第8期。

〔4〕 [德]克劳斯·罗克辛:《德国刑法学总论——犯罪原理的基础构造》(第1卷),王世洲译,法律出版社2005年版,第690页。

〔5〕 王钰:《德国刑法教义学上的客观处罚条件》,法律出版社2016年版,第185页。

(二)排除责任说

在批评客观处罚条件说的基础上,王钰博士提出了排除责任说。该说认为,“第二百零一条第四款中不予追究刑事责任,也是不予处罚的意思。不处罚是因为排除责任(Verantwortlichkeit),而不是因为补交税款和受到行政处罚是刑罚排除事由(客观处罚条件的反面)”〔1〕。王钰博士并未厘清排除责任说的实质内涵。

按罗克辛教授的观点,责任排除存在于以下两个方面,一是存在于行为人无罪责地行为时,如处于精神错乱之中;二是在由于行为人的特别情况而缺乏一种特殊预防或者一般预防的刑罚需要性,如紧急避险。〔2〕可见,排除责任仍然属于三阶层犯罪体系内的判断。而排除责任说认为逃税行为人是有罪责的,只是因为补缴了税款,缴纳了滞纳金和罚款才失去了特殊预防和一般预防的必要性。不予追究刑事责任的原因不是阻却不法,也不是排除罪责,而是排除责任,是超越不法和罪责之外的事由,这就又成了第四个犯罪范畴问题,与客观处罚条件同属于其他可罚性条件。

从王钰博士所举例的中止犯来看,这种事由似乎是个人解除刑罚事由。个人解除刑罚事由,是指基于行为之后始发生的个人情况,而在行为后回溯地解除本来已存在的可罚性者。〔3〕我国刑法上犯罪较轻的自首者、没有造成损害的中止犯、犯罪情节轻微不需要判处刑罚者等均属于此类。但解除刑罚事由只对具有这种条件的个别行为人发生作用,〔4〕如共同犯罪中自首的犯罪嫌疑人被免除刑罚的,不影响对同案犯的定罪处罚。在免责条款适用上,如果逃税共犯的主犯补缴税款、缴纳滞纳金和罚款,则对从犯也不应追究刑事责任。因此,排除责任说也难以对免责条款的性质作出合理解释。

---

〔1〕 王钰:《罪责原则和客观处罚条件》,载《浙江社会科学》2016年第11期。

〔2〕 [德]克劳斯·罗克辛:《德国刑法学总论——犯罪原理的基础构造》(第1卷),王世洲译,法律出版社2005年版,“中文版序言”。

〔3〕 林钰雄:《新刑法总则》,台北,元照出版有限公司2011年版,第329页。

〔4〕 林山田:《刑法通论》(上册),北京大学出版社2012年版,第268页。

(三)程序性要素说

2016年,卢勤忠教授提出了程序性要素说。程序性要素,是指刑法中规定的有关程序性的作为构成要件的要素。免责条款中"税务机关依法下达追缴通知"是构成该罪的必经程序,属于程序性要素。[1] 行为人实施了《刑法》第201条第1款的行为,逃税犯罪就已经完成,"税务机关依法下达追缴通知"本身就是对逃税行为的行政处理和处罚,犯罪成立的判断应以行为完成前的事实为基础,犯罪完成后的行政行为不是犯罪的构成要件要素。

赵运锋教授则提出了改良版的程序性要素说。他认为,"程序性要素"是一种诉讼证明要素,是与构成要件相并立的诉讼程序要素,其凸显的是诉讼证明价值。"程序性要素"并不是犯罪成立要件,而是对主观要件的证明。税务机关依法下达追缴通知后,补缴应纳税款、缴纳滞纳金的,可以表明纳税人没有逃税故意。[2] 但是纳税人逃税的故意可以从其实施的《刑法》第201条第1款规定的行为中得到征表,而且事后是否补缴税款也可能是客观上没有履行能力,心有余而力不足,不涉及构成要件故意或过失。如果程序性要素确实能证明主观构成要件要素,那么它本身就是构成要件事实,而且属于构成要件要素,行为人在实施犯罪时主观上也会有认知,与赵教授自称的程序性要素不是构成要件要素自相矛盾。

(四)本文主张:追诉条件说

通过对上述三种学说的分析,本文认为,免责条款在性质上属于追诉条件。追诉条件,又称诉讼条件,是指立法者基于刑事政策的考量所附加之"刑事诉追要件",如果犯罪欠缺此等诉讼条件,则刑事诉追机关就不得对该犯罪发起追诉之行动。[3] 其中最典型的立法例就是亲告罪,如《刑法》第246条的侮辱罪和

---

[1] 卢勤忠:《程序性构成要件要素概念的提倡》,载《法律科学(西北政法大学学报)》2016年第6期。其后来又改称为程序性附加条件。参见卢勤忠:《程序性附加条件与客观处罚条件之比较》,载《法学评论》2021年第1期。

[2] 赵运锋:《论刑法条文中的"程序性要素"》,载《法学》2021年第7期。

[3] 林书楷:《刑法总则》,台北,五南图书出版股份有限公司2010年版,第227页。

诽谤罪、第260条第1款的虐待罪、第270条的侵占罪,均规定了"告诉的才处理","告诉的才处理"就是追诉条件,未经告诉的,司法机关不得刑事追诉。

免责条款规定的是"不予追究刑事责任",这是追诉条件的反向表达。我们从"刑事责任"这个关键词着手,在现行《刑法》条文找到以下词语,其中含"不负刑事责任"的条款4条,涉及精神病人犯罪、正当防卫、无限防卫权、紧急避险,"不予追究刑事责任"只有第201条第4款。另外找到"不予追究刑事责任"的近义词:第17条第5款规定的"不予刑事处罚",第37条规定的"免予刑事处罚",而规定"免除处罚"的条款有17条。

以上五个词词义相近,除了"免予刑事处罚"会定罪免刑外,其他都是既不定罪也不刑事处罚。那么,其他四个词是否能够同义替换呢?本文认为,除第17条第5款规定的"不予刑事处罚"可以替换为"不予追究刑事责任"外,其他词语之间均无法替换。"不负刑事责任"涉及没有责任能力和排除违法性的条款,不具有刑事可罚性。"免除处罚"通常与"从轻处罚"、"减轻处罚"一起出现,免除处罚的事由都是量刑情节,也就是说并非不构成犯罪。实务中虽然出现过未经税务行政前置程序而对行为人判处逃税罪又免予刑事处罚的案例〔1〕,但"不予追究刑事责任"既不能等同于"免予刑事处罚",也不能替换为"免除处罚"。

王钰博士曾指出,如果缺少客观处罚条件,要作出无罪判决;但是如果缺少诉讼条件,就要中止程序。〔2〕这一观点立足于大陆法系国家,在我国诉讼法上却并非如此。我国《刑事诉讼法》第177条规定,犯罪嫌疑人没有犯罪事实,或者有该法第16条规定的情形之一的,人民检察院应当作出不起诉决定。对于犯罪情节轻微,依照《刑法》规定不需要判处刑罚或者免除刑罚的,人民检察院可以作出不起诉决定。《刑事诉讼法》第16条规定,有下列情形之一的,不追究刑事责任,已经追究的,应当撤销案件,或者不起诉,或者终止审理,或者宣告无罪:(1)情节显著轻微、危害不大,不认为是犯罪的;(2)犯罪已过追诉时效期限的;(3)经特赦令免除刑罚的;(4)依照《刑法》告诉才处理的犯罪,没有告诉或

〔1〕 参见甘肃省天水市麦积区人民法院(2016)甘0503刑初168号刑事判决书。

〔2〕 王钰:《德国刑法教义学上的客观处罚条件》,法律出版社2016年版,第120页。

者撤回告诉的;(5)犯罪嫌疑人、被告人死亡的;(6)其他法律规定免予追究刑事责任的。对于"不予追究刑事责任"的情形,检察院应当作出不起诉决定,这属于法定不起诉;"犯罪情节轻微,依照《刑法》规定不需要判处刑罚"就是《刑法》第37条规定的"免予刑事处罚",因而对于"免予刑事处罚"或"免除刑罚"的情形,检察院可以作出不起诉决定,这是相对不起诉。因此,《刑法》中规定的"不予追究刑事责任"与"免予刑事处罚"或"免除刑罚"在《刑事诉讼法》上具有截然不同的法律后果。

而且,《刑事诉讼法》第16条第6项规定的"免予追究刑事责任"就是"不予追究刑事责任"的意思,《刑法》第201条第4款规定属于"其他法律规定免予追究刑事责任的"情形,[1]与亲告罪没有告诉或撤回告诉的法律效果一样,都是刑事诉讼程序启动的条件,性质上属于追诉条件。因此,对于符合免责条款情形的,依法不应启动刑事诉讼程序;已经启动的,应当终结,根据案件在刑事诉讼中的不同阶段作出不同处理:公安阶段应当撤销案件,审查起诉阶段应当作出不起诉决定,审判阶段应当宣告无罪。

行为人不存在因逃税经税务机关依法下达追缴通知后既不补缴税款,又不缴纳滞纳金和罚款的行为,亦没有在5年内因逃避缴纳税款受过刑事处罚或者被税务机关给予2次以上行政处罚的情节,其行为不具备刑事追诉的条件。[2]免责条款明确的追诉条件是对于5年内未曾因逃税被刑事处罚或两次行政处罚的行为人,经税务机关依法下达追缴通知仍未补缴税款、未缴纳滞纳金或未受行政处罚。

---

〔1〕 不同观点有:刘荣认为,《刑法》第201条第4款属于"情节显著轻微、危害不大,不认为是犯罪"的情形。参见刘荣:《刍议"逃税罪"案件行政程序与刑事程序的关系》,载《涉外税务》2010年第5期。朱纪玲认为,《刑法》第201条第4款属于第一种情形更为合适,即虽然纳税人具有逃避缴纳税款的行为且已达起刑点,但是经税务机关依法下达追缴通知后,补缴应纳税款,缴纳滞纳金,已受行政处罚,所以情节显著轻微、危害不大,不认为是犯罪。参见朱纪玲:《司法实务中逃税罪争议问题研究——以2018年全国逃税罪案件为样本》,载《湖北工业职业技术学院学报》2019年第6期。

〔2〕 参见山东省潍坊市中级人民法院(2014)潍刑二终字第30号刑事裁定书。

五、免责条款适用的主观认知考察

(一)追诉条件的主观面向

前文既已明确免责条款的性质系追诉条件,尚需考察追诉条件的主客观问题,追诉条件究竟是否如客观处罚条件或个人解除刑罚事由一般只是客观条件,而不问行为人是否明知或意欲,还是应当考虑行为人的主观态度。

在亲告罪场合,被害人是否提起告诉不是行为人主观上能控制的条件,这完全取决于被害人的个人想法,无须考量行为人的主观因素,因而对行为人来说这个追诉条件是客观的。免责条款中,客观上必然存在未按照税务机关依法下达的追缴通知足额补缴税款、缴纳滞纳金或罚款的情形,此时应当审视行为人是否主观上不补缴税款,不缴纳滞纳金或不受行政处罚。而补缴税款、缴纳滞纳金和罚款的前提是税务机关依法下达追缴通知,因此行为人还需对税务机关下达追缴通知有主观认知。

对此,实务中主要有两种不同意见。第一种意见认为,行为人应当在单位收到追缴通知后对缴纳税款、滞纳金和罚款还有决定权,否则不予追究刑事责任。本案中,二审法院正是因为张某某丧失了公司的控制权才改判其不承担刑事责任。另外,在王某某逃税案中,检察院认为,税务机关立案稽查及送达相关法律文书均发生在该公司法定代表人变更之后,王某某当时在公司已不具有决定权,对公司在收到税务机关的追缴通知后未能按时缴纳税款的行为不承担刑事责任。[1]

第二种意见认为,行为人知道或应当知道税务机关下达了追缴通知,就可以追究刑事责任,如不知情则不予追究。在王某生、薛某顺、彭某辉逃税案中,因公司股权发生变更后,三人均离开公司,税务机关对公司的立案稽查并下达追缴通知,原公司管理人员王某生、薛某顺、彭某辉并不知情,故法院最终宣告王某生、薛某顺、彭某辉无罪。[2] 而在王某旗逃税案中,虽然王某旗在税务机关下达追缴通知前已经离任法定代表人,但税务稽查期间,税务机关曾就全新公

〔1〕 参见福建省厦门市同安区人民检察院同检公诉刑不诉(2018)78 号不起诉决定书。

〔2〕 参见深圳市中级人民法院(2015)深中法刑二终字第 500 号刑事裁定书。

司的经营、账目问题询问王某旗;全新公司在收到税务机关处罚告知书后,拟就税务稽查问题召开临时股东会议,并通知仍为全新公司最大股东的王某旗参加,王某旗接通知后未参加股东会议,因而法院认定其明知税务机关对全新公司进行税务稽查并拟进行处罚,却懈怠回避,主观上无自愿接受处罚的意愿,追究其逃税罪的刑事责任。[1]

本文赞同第二种意见,但仍需关注以下两点。一是税务机关公告送达会导致行为人对是否下达追缴通知不知情。依据《税收征收管理法实施细则》相关规定,在直接送达、委托送达和邮寄送达均无法送达的情况下,税务机关依法可以公告送达。如系公告送达或者追缴通知自始至终未送达到行为人手中,则可能因未依法下达而出罪或因行为人主观上不知有追缴通知而不予追究刑事责任。[2] 当然,在单位逃税中,法律并不要求向责任人送达追缴通知。

二是行为人对税务机关下达追缴通知的主观认知是概括性的,不要求对处理处罚决定中补缴税款、滞纳金和罚金的具体金额有明确认知。在个人逃税中,这一点是没有问题的,但在单位逃税中,由于法定代表人变更等原因导致追缴通知不再送达给单位逃税犯罪的责任人,税务机关也没有向其送达的法律义务,为防止其以未收到追缴通知、不知补缴金额为辩解,只需公诉机关证明其知道或者应当知道税务机关下达了追缴通知即可。

(二)"已受行政处罚"认定的主客观问题

"已受行政处罚"的认定相对"补缴应纳税款,缴纳滞纳金"要复杂得多,因为未作出税务处理通常是因为未履行行政前置程序,而未作出处罚却有税务机关或法律规定因素。目前,学术界对此主要有客观出罪说、主观出罪说、客观入罪说、主客观出罪说,其中客观出罪说根据主张强弱程度不同又分两种。

强客观出罪说认为不应将是否接受行政处罚作为初犯免责的条件,只要税务机关对初犯的纳税人作出行政处罚,无论纳税人是否接受或者服从处罚,均

---

〔1〕 参见福建省厦门市中级人民法院(2020)闽02刑终294号刑事裁定书。

〔2〕 参见耒阳市人民检察院耒检公诉刑不诉(2018)12号不起诉决定书。

可以免责。[1] 行为人只要客观上受到行政处罚，而无须缴纳罚金，即可出罪。

弱客观出罪说主张，行为人只要被动接受处罚决定即可认定其"已受行政处罚"。[2] 行为人除了客观上受到行政处罚，还需按时足额缴纳罚款，但无论其是否真诚接受行政处罚，即使申请行政复议或提起行政诉讼，也应认为"已受行政处罚"。

主观出罪说认为，"已受行政处罚"应当是行为人接受行政机关的处罚决定，但并不等同于实际履行行政处罚的决定。[3] 行为人客观上受到行政处罚，主观上也接受行政处罚，虽然没有缴纳罚款，也能出罪。

客观入罪说认为，税务机关作出行政处罚，则出罪；税务机关没有作出行政处罚，则入罪，除非行为人能证明是税务机关在知晓其行为后主动不予行政处罚的。[4] 该说完全不考虑行为人的主观态度和客观行为，只以税务机关有无作出行政处罚作为出入罪标准。

主客观出罪说认为行为人必须主观上认可并愿意履行行政处罚的内容，客观上在规定的期限内积极主动履行完毕相关行政行为规定的义务。[5] 行为人如在缴纳罚款后申请复议或提起诉讼，则说明其不接受行政处罚，不能认定为"已受行政处罚"。

本文认为，对于"已受行政处罚"的认定，首先看有无行政处罚。如果已经作出行政处罚，则只需确认罚款是否足额缴纳即可，至于是否复议或诉讼系行为人依法享有的救济权利，不影响"已受行政处罚"之认定。如果只是缴纳部分罚款或未缴纳罚款，即便主观上接受行政处罚，也不认定"已受行政处罚"。如果没有行政处罚，行为人在追诉前未足额缴纳税款、滞纳金的，推定其也不会缴纳罚金；已经足额缴纳税款、滞纳金的，则应当推定其主观上能接受行政处罚，只因处罚不存在而客观不能，可以从主观层面认定其"已受行政处罚"。因此，

---

〔1〕 林雄：《逃避缴纳税款罪的相关问题——兼谈税务机关应如何适应〈刑法修正案（七）〉对偷税罪的修改》，载《税务研究》2009 年第 12 期。

〔2〕 景语涵：《"逃税行为"的出入罪分析——以范冰冰逃税案为例》，载《上海法学研究》2020 年第 2 卷。

〔3〕 姚悦：《禁止重复评价视野下逃税罪除罪条款分析》，载《柳州师专学报》2015 年第 3 期。

〔4〕 陈新玲、周时雨：《逃税罪刑事责任免除条款司法适用研究》，载《中国检察官》2014 年第 5 期。

〔5〕 李翔：《论逃税犯罪中的初犯免责》，载《中国刑事法杂志》2009 年第 7 期。

我们应该先从客观上判断行为人是否已受行政处罚,包括税务机关已经作出行政处罚且行为人已经缴纳罚款;如税务机关未作出行政处罚,则考虑行为人主观上是否不愿受行政处罚。

六、结语

免责条款在性质上属于追诉条件,追诉条件虽然与犯罪成立无关,但也应考虑行为人的主观态度。如认为免责只是客观条件,忽视其主观面向,则如同“客观归罪”。尤其是在未予行政处罚的情形中,不应只考虑行为人客观上是否已受行政处罚,而应该结合其主观态度判断。

张某某对于税务机关下达追缴通知应当是有认知的,因为其在2015年6月向大连市西岗区地方税务局缴纳恺达公司营业税等税费及罚款、滞纳金共计44,416.3元,彼时该案尚处于税务稽查阶段。税务机关下达追缴通知后,行为人是否对犯罪单位具有实际控制权不是追诉条件的主观面向,本案二审判决明显过度考量了行为人的主观因素。若如此考量,则所有单位犯罪的责任人都可以通过股权转让或离职等方式逃避刑事责任。

马某变名销售涉嫌虚开增值税专用发票罪案例评析

杨胜明[*]

一、前言

2022年7月27日,由华税律师代理的马某变名销售涉嫌犯虚开增值税专用发票罪一案经X市D区人民法院审理作出一审判决。本案中,侦查机关指控马某利用石化贸易企业变名虚开,价税合计55亿余元,增值税税额8亿元,以马某涉嫌犯虚开增值税专用发票罪移送审查起诉,马某面临10年以上有期徒刑乃至无期徒刑的刑事风险。华税律师介入后,针对指控罪名向检察机关发表意见,获得检察机关全面认可,检察机关认定马某通过变名销售帮助炼化企业偷逃消费税21亿元,改以逃税罪提起公诉。

因马某在本案立案侦查前,已经因利用Y石油贸易公司变名销售偷逃消费税10亿元,被Y市中级人民法院判决构成逃税罪,判处有期徒刑6年,如本案适用数罪并罚之一般规定,马某面临最高13年有期徒刑的刑罚。华税律师在法院审理阶段,就本案与前案是否构成连续犯以及如何量刑等问题充分发表意见,最终被法院全部采纳。法院一审判决本案马某构成逃税罪,判处有期徒刑3年6个月,考虑到本案犯罪行为与前案同属一个犯意,数罪并罚后决定执行有期徒刑6年10个月,实际增加刑期仅为10个月,被告人当庭表示服判。

近年来,全国各地屡屡爆发石化行业变名销售案件,受制于各地司法机关

* 杨胜明,北京华税律师事务所律师。

对此类案件的性质、本质、法益侵害实质、社会危害性等问题理解不同,此类案件罪名认定和量刑结果均存在较大争议,出现严重的同案不同判现象。本文将华税办理本案的具体情况以及核心法律问题进行归纳和分析,以期为当前各地司法机关办理石化企业变名销售案件提供有益参考。

二、案情介绍

(一)案件详情

1. 马某从事变票业务的过程

2017年年初,马某与张某得知很多炼化企业需要燃料油进项发票,便商议从事变票业务。马某负责寻找变票公司,张某负责对接炼化企业,传递开票信息。其后,马某在A市成立了A(石油化工)公司,张某在X市成立了X(石油化工)公司,作为过票公司。

2017年8月,马某经中间人介绍,认识了李某。经马某安排,李某在Y市成立了Y(石油贸易)公司,从事变票业务。其业务模式为:张某联系的原油供应商将原油卖与A公司,开具原油发票;A公司将原油卖与Y公司,开具原油发票;Y公司将原油卖与X公司,开具燃料油发票;X公司将原油卖与张某联系的多家炼化企业,开具燃料油发票。炼化企业取得燃料油发票后,将该原油加工调和后生产出燃料油,再销售给当地用油企业,开具燃料油发票(见图1)。

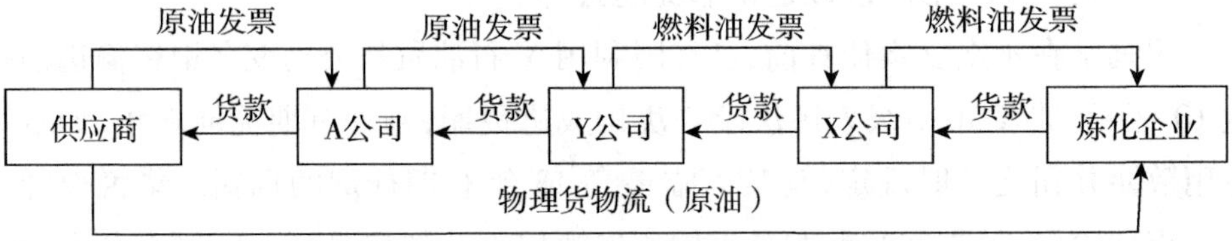

图1 变票业务模式1

2017年10月,Y石油贸易公司被Y市国税机关立案稽查,遂停止了变票业务。马某又经中间人介绍认识了赵某,并安排赵某在Z市成立B(石油贸易)公司和C(石油贸易)公司两家公司,于2017年10月至12月继续开展变票活动。业务模式为:张某联系的原油供应商将原油卖与A公司,开具原油发票;A公司将原油卖与B公司或C公司,开具原油发票;B公司或C公司将原油卖与X公司,开具燃料油发票;X 公司将原油卖与张某联系的多家炼化企业,开具燃料油发票(见图2)。

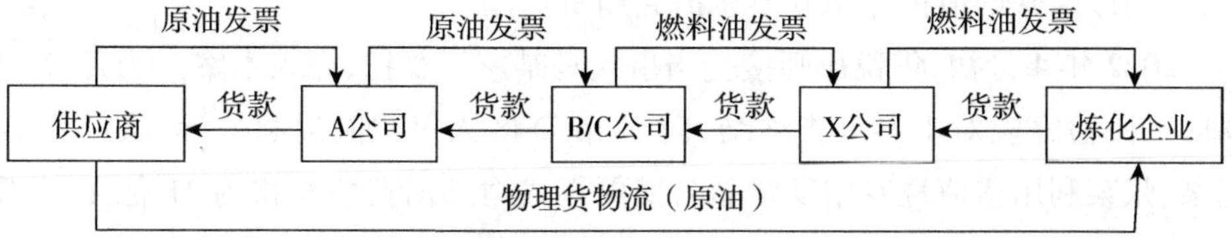

图2 变票业务模式2

2. 马某等人被税务机关、司法机关调查及法院审判的过程

2018 年 6 月,Y 市国税机关经稽查出具调查报告,认定 Y 公司在无成品油销售资质的情况下对外虚开燃料油增值税专用发票,价税合计 26 亿元,决定移交 Y 市公安机关立案侦查。2019 年 4 月,Y 市公安机关逮捕马某、李某。2019 年 12 月,Y 市人民检察院以虚开增值税专用发票罪,对马某、李某提起公诉。

2020 年 12 月,Y 市中级人民法院作出一审判决,认定马某通过 Y 公司变更发票品名,帮助炼化企业取得燃料油发票,偷逃消费税 10 亿元,构成逃税罪,判处有期徒刑 6 年,羁押于 Y 市看守所。

2020 年 12 月,Z 市税务机关发现 B 公司、C 公司取得原油进项发票开具燃料油销项发票未依法申报消费税,对两公司立案稽查。2021 年 3 月,Z 市税务机关作出税务处理决定书,确认 B 公司、C 公司通过变更发票品名虚开增值税专用发票价税合计 55 亿余元,增值税税额合计 8 亿元,偷逃消费税合计 21 亿元,决定将该案件移交 Z 市公安机关。

2021 年 12 月,Z 市公安机关作出移送案件通知书,将该案件移送 X 市 D 区公安机关,X 市 D 区公安机关以虚开增值税专用发票罪立案侦查,决定对赵某采取刑事强制措施,同时将马某从 Y 市看守所解押至 X 市受审。

2022 年 3 月,X 市 D 区公安机关以马某、赵某、张某涉嫌犯虚开增值税专用发票罪向 X 市 D 区人民检察院提交起诉意见书并移送案卷材料。公安机关侦查认定:在没有真实货物交易的情况下,为非法牟取暴利,马某、赵某、张某形成了一个分工明确的变票虚开犯罪团伙,以马某、张某为中心,设定上下游开票环节并控制资金流向,赵某负责变票公司的日常管理。通过 B 公司、C 公司开具品名变更的发票,价税合计55亿余元,增值税税额8亿元,所开具的发票均用于增值税税款的抵扣,造成了国家增值税税款巨额损失,同时偷逃消费税21亿元,应当以虚开增值税专用发票罪追究刑事责任。

2022年4月初,华税律师接受当事人马某家属委托,介入本案。当月,X市D区人民检察院对本案审查终结,向X市D区人民法院提起公诉,认定马某、赵某、张某利用增值税专用发票品名变更方式偷逃消费税税款约21亿元,公安机关调查的犯罪事实清楚,但定罪错误予以纠正,应当以逃税罪追究马某、赵某、张某的刑事责任。

2022年7月,X市D区人民法院作出一审判决,认定本案马某构成逃税罪,判处有期徒刑3年6个月,因马某在前案中犯逃税罪,被Y市中级人民法院判处有期徒刑6年,应当数罪并罚,决定执行有期徒刑6年10个月。

(二)争议问题

本案主要争议焦点为:

1. 马某变名销售开具燃料油增值税专用发票的行为是否构成虚开增值税专用发票罪;

2. 本案是否构成Y市中级人民法院前案判决的漏罪以及本案应当如何量刑。

(三)各方观点

1. Z市税务机关认为:B公司、C公司通过变更发票品名虚开增值税专用发票价税合计55亿余元,增值税税额合计8亿元,偷逃消费税合计21亿元,以涉嫌虚开增值税专用发票罪移送公安机关。

2. X市D区公安机关认为:马某在没有真实货物交易的情况下,利用B公司、C公司开具品名变更的发票,价税合计55亿余元,增值税税额8亿元,所开具的发票均用于增值税税款的抵扣,造成了国家增值税税款巨额损失,同时偷逃消费税21亿元,应当以虚开增值税专用发票罪移送审查起诉。

3. X市D区人民检察院认为:马某利用增值税专用发票品名变更方式偷逃消费税税款约21亿元,公安机关调查的犯罪事实清楚,但定罪错误予以纠正,应当以逃税罪提起公诉。本案不构成前案漏罪,应当与前案数罪并罚确定宣告刑。

三、主要辩护策略和观点

(一)审查起诉阶段:争取将指控罪名变更为逃税罪

2022年4月,X市D区人民检察院对本案进行审查起诉的过程中,马某的家属向华税律师团队寻求法律帮助,华税接受委托指派律师为马某提供辩护服务。华税律师经过与检察院的初步沟通发现,当地司法机关并没有认识到这类交易背后炼化企业的主导地位和偷逃消费税的交易目的,仍然错误地认为涉案企业采取这种变票交易属于没有真实货物交易的虚开发票,最终用于抵扣增值税税款且造成了巨额增值税税款损失。且华税律师在阅卷后发现,司法机关初步拟定链条中贸易企业的实际控制人马某、赵某、张某等为本案的主犯,对炼化企业的负责人均没有采取有效措施予以追捕,甚至并不打算对他们提起公诉。可以说在审查起诉阶段,本案的辩护难度是极大的。此外,由于涉案发票税额达到8亿元,远超250万元,马某等贸易企业负责人将会面临10年以上有期徒刑甚至无期徒刑的刑罚。华税律师认为由于本案尚在审查起诉阶段,检察机关还没有最终形成起诉意见,应当尽最大努力向检察机关阐明律师的辩护意见,争取改变罪名以逃税罪起诉。在审查起诉过程中,华税律师基于以下四个要点向检察机关陈述和发表辩护意见。

1. 石化变票行为的社会危害性在本质上系逃避消费税纳税义务,而非骗取国家增值税税款

根据《消费税暂行条例》第1条的规定,“在中华人民共和国境内生产、委托加工和进口本条例规定的消费品的单位和个人……为消费税的纳税人,应当依照本条例缴纳消费税”。因此,炼化企业购入原油等非应税消费品,生产加工成燃料油等应税消费品,需要依法缴纳消费税。正常的交易模式是:炼化企业从进口商或者国内原油销售企业采购原油,取得原油的增值税专用发票,购进原油后对油品进行生产加工,产出符合国家标准的燃料油等成品油对外销售给用油企业,对外开具品名为燃料油等成品油的增值税专用发票。

由于在税收征管中,税务机关难以实时监管炼化企业的生产加工情况,遂将对生产行为的监管转化为对进销项发票品名的监管。炼化企业取得原油发票,对外开具燃料油等成品油发票的,税务机关即视为炼化企业发生了加工生

产行为,应当申报缴纳消费税。而炼化企业取得原油发票,对外仍然开具原油发票的,或者取得燃料油发票,对外仍然开具燃料油发票的,在账面上则体现为贸易行为,即便其实际上发生了加工生产行为,税务机关也难以有效监测到,不会要求其缴纳消费税。炼化企业为了偷逃消费税,在实际使用原油加工生产成燃料油等成品油的同时,将发票品名变更的环节转嫁给购销链条上的上游企业或下游企业,从而利用税收征管漏洞,规避自身本应承担的消费税纳税义务。因此,石化变票行为的社会危害性在于隐瞒生产环节,逃避消费税纳税义务。

然而,石化变票交易不会造成国家增值税损失。首先,石化变票交易中,在变票环节仅仅发票品名发生了变更,而货物数量、金额等没有改变,与实际油品情况完全相符,能够反映实际油品交易应当缴纳的增值税。其次,我国增值税采用进销项抵扣方式纳税,在石化变票交易中,各参与企业均依法申报增值税,下一环节抵扣的进项税即上一环节缴纳的销项税,油品流通环节产生的全部增值额均分散到各企业予以确认并申报纳税。因整个交易环节存在真实的货物来源,每一个环节的公司都是按照合同约定的价格和数量取得和开具发票,不存在错开、多开等情形,各交易主体分别按照交易的真实数量、金额申报缴纳了增值税,各主体将获取的增值税进项发票进行抵扣的行为均不会造成增值税税款的流失。因此,变票交易的目的并不在于虚抵增值税款。

2. 变票交易的绝大多数非法利益归属和交易主导权不在贸易企业而在炼化企业

从利益分配来看,变票攫取的消费税利益大部分由炼厂取得。这是因为,石化行业变票本身就是炼化企业主导的为了降低自身消费税成本、实现成品油销售市场价格优势而实施的交易模式。换言之,石化变票的需求来自炼化企业,没有炼化企业主导,变票将有供无求,无法实现偷逃消费税的目的。因此变票交易能够成行的前提是炼化企业提出需求,变票必然是以炼化企业为主导的。根据税法相关规定,燃料油消费税单位税额 1.2 元/升,燃料油吨升换算公式约为 1 吨 =1015 升,因此使用原油生产 1 吨燃料油,需要缴纳消费税约 1218 元。根据商业惯例,变票企业仅在交易过程中赚取 30 ~ 100 元/吨的贸易差价,过票企业更是仅赚取 5 ~ 10 元/吨的贸易差价。由此可见,炼化企业在整个交易过程中是利益的主要占有者,能够取得最终偷逃的消费税利益的 90% ~

95%。贸易企业从中获取的非法利益极其有限。

3. 变票交易的税收征管逻辑是“应税—欠税—偷税”，税法未将其定性为虚开，刑法也不能定性为虚开

（1）税法将石化变名销售行为定性为消费税应税行为。

针对石化行业内通过贸易企业变票偷逃消费税的行为，国家税务总局在2012年就已发布《国家税务总局关于消费税有关政策问题的公告》（国家税务总局公告2012年第47号）予以规范，该文第3条规定，“工业企业以外的单位和个人的下列行为视为应税消费品的生产行为，按规定征收消费税：（一）将外购的消费税非应税产品以消费税应税产品对外销售的……”这一文件明确变票企业负有消费税纳税义务，将品名变更行为视为消费税应税行为，从而将变票链条中的消费税纳税义务由炼化企业转变为变票企业，堵塞了变票偷逃消费税的漏洞。根据这一文件，变票方即便不具备生产资质，只要其实施了变票行为，进销项发票品名发生改变，也需要依法申报缴纳消费税。

考虑到变票企业在交易链条中获益小，无力承担高额消费税纳税义务，国家税务总局瞄准变票链条中攫取绝大多数非法利益的用票单位，在2015年又发布了《国家税务总局关于取消两项消费税审批事项后有关管理问题的公告》（国家税务总局公告2015年第39号），该文第1条规定，“纳税人以外购、进口、委托加工收回的应税消费品（以下简称外购应税消费品）为原料连续生产应税消费品，准予按现行政策规定抵扣外购应税消费品已纳消费税税款。经主管税务机关核实上述外购应税消费品未缴纳消费税的，纳税人应将已抵扣的消费税税款，从核实当月允许抵扣的消费税中冲减”。根据这一文件，如果变票方没有缴纳消费税，取得成品油发票的用票单位将承担补缴消费税的义务。

根据前述规定，石化变票企业取得品名为原油的进项发票，对外开具品名为燃料油的销项发票的，视为发生了成品油生产行为，应当缴纳消费税。据此，税法将石化变票行为定性为消费税应税行为，石化变票企业负有消费税纳税义务。

（2）如变票企业、炼化企业未依法缴纳或补缴消费税，则按照“欠税—偷税”的流程处理，依法不定性为虚开。

根据《税收征收管理法》第64条第2款的规定，“纳税人不进行纳税申报，不缴或者少缴应纳税款的，由税务机关追缴其不缴或者少缴的税款、滞纳金，并

处不缴或者少缴的税款百分之五十以上五倍以下的罚款”。由此可见,如变票企业没有按照国家税务总局公告2012年第47号之规定进行消费税纳税申报,则构成不进行纳税申报、不缴或少缴税款的欠税行为,税务机关依职权可通知变票企业限期申报纳税,并可以追究其补缴税款、滞纳金和罚款的行政责任,也可以要求用票企业冲减已抵扣消费税,补缴税款。

根据《税收征收管理法》第63条第1款的规定,“纳税人……经税务机关通知申报而拒不申报……不缴或者少缴应纳税款的,是偷税。对纳税人偷税的,由税务机关追缴其不缴或者少缴的税款、滞纳金,并处不缴或者少缴的税款百分之五十以上五倍以下的罚款;构成犯罪的,依法追究刑事责任”。由此可见,变票企业、用票企业经税务机关通知申报消费税仍不申报的,则构成偷税行为,税务机关可以追究其补缴税款、缴纳滞纳金和罚款的行政责任。

需要注意的是,根据《国家税务总局关于异常增值税扣税凭证管理等有关事项的公告》(国家税务总局公告2019年第38号)第1条的规定,“符合下列情形之一的增值税专用发票,列入异常凭证范围:……(四)经税务总局、省税务局大数据分析发现,纳税人开具的增值税专用发票存在涉嫌虚开、未按规定缴纳消费税等情形的……”由此可见,税法明确将虚开发票与未按规定缴纳消费税的发票相并列,没有将变票作为虚开定性处理。结合国家税务总局公告2015年第39号之规定,如炼化企业取得未按规定缴纳消费税的发票,应当承担补缴消费税的责任,而不作为取得虚开发票处理,不需要作进项转出补缴增值税。

综上所述,石化变票行为在税法层面已经被全面规制,在变票企业和炼化企业两个环节完全堵塞了石化变票逃避缴纳消费税的漏洞。因此,通过税法即可有效处理石化变票行为,保障国家消费税利益。具体而言,石化变票企业取得品名为原油的进项发票,对外开具品名为燃料油的销项发票的,视为发生了成品油生产行为,应当缴纳消费税(应税);如变票企业没有按照国家税务总局公告2012年第47号之规定进行消费税纳税申报,则构成不进行纳税申报、不缴或少缴税款的欠税行为,税务机关依职权可通知变票企业限期申报纳税,并可以追究其补缴税款、缴纳滞纳金和罚款的行政责任(欠税);如变票企业经税务机关通知申报消费税仍不申报,则构成偷税行为,税务机关可以追究其补缴税款、缴纳滞纳金和罚款的行政责任(偷税)。因此,税法从未将石化变票评价为虚开,根据法律解释的基本原则,入罪举轻以明重,出罪举重以明轻,如某类行为在税法上都不作为虚开予以评价,在刑法上更不能定性为虚开。

4. 逃税罪的核心是“逃”,虚开犯罪的核心是“骗”,两者社会危害性相差巨大,不能以虚开犯罪评价石化变票行为

根据增值税制的设计,增值税通过进销项抵扣的方式,实现层层转嫁,增值税纳税人的纳税义务是基于国家对其信任代收代缴下游承担的税款。虚开骗抵增值税的本质是纳税人代收税款后通过虚增进项方式非法将应代缴的税款据为己有,导致国家虽已确认税款但无法据实征收。其原理与“偷盗”“诈骗”类似,重在一个“骗”字,即将所有权系他人的财物据为己有,非法取得经济利益的正向增长,原归属于国家的税款直接减少。这种行为将在根本上推翻国家征收增值税的机制,对增值税的征管秩序产生毁灭性的危害。根据《刑法》的规定,诈骗类犯罪最高法定刑多为无期徒刑,故虚开犯罪法定刑区间系比照诈骗罪,设立了最高无期徒刑的法定刑。

根据消费税不转嫁的征税原理,国家并不会预先对消费税税款进行确认,而是需要纳税人自主如实申报缴纳。换言之,这部分消费税税款国家尚未确认并取得,而是需要纳税人通过纳税申报方式确认债务,再依法向国家履行。其本质上属于国家的“预期税收利益”,而非“既得税收利益”。通过变票虚抵消费税的方式非法减少应申报缴纳的税款金额,本质上系逃避税收债务、造成国家预期税收利益的流失。其原理与恶意逃废债类似,系对应将所有权归属于自己的财物用于清偿法定之债的给付义务的逃避,对国家财物的所有权没有任何破坏和影响,而仅仅侵害了国家的债权,重在一个“逃”字。这种行为虽将造成国家税收的流失,但不会危及国家税收征管秩序的根本。根据《刑法》的规定,逃废债类犯罪,如妨害清算罪、虚假破产罪等,最高法定刑多为 5 年有期徒刑以下,故逃税罪法定刑区间系比照逃废债类犯罪,设立了最高 7 年有期徒刑的法定刑。

虚开抵扣增值税和变票偷逃消费税的危害实质区别就是虚开犯罪与逃税罪在刑法体系和法定刑设置上的区别。虚开罪所打击的犯罪行为是利用增值税专用发票骗取国家税款的行为,逃税罪所打击的犯罪行为是通过各种手段恶意逃避纳税义务的行为。显然,前者的社会危害性大于后者,延伸到刑法层面

的评价就是:前者构成虚开犯罪,后者构成逃税罪,并各自承担不同的刑罚处罚。如果以虚开犯罪评价变票偷逃消费税的行为,将导致社会危害性较小的"逃避税收债务侵害国家预期税收利益"的逃税行为,与社会危害性严重的"非法占有已征税款侵害国家既得税收利益"的虚开行为等量齐观,严重违背刑法罪、责、刑相适应的基本原则,严重有违刑法的公平正义原则。

最终,X市D区人民检察院全面接受了律师意见,纠正了公安机关指控的罪名,以逃税罪向X市D区人民法院提起公诉,本案第一阶段辩护工作取得成功。

(二)法院审理阶段:争取在数罪并罚基础上适用连续犯量刑原则

2022年5~6月,在X市D区人民法院对本案进行审理的过程中,法院查明因马某在本案立案侦查前,已经因利用Y公司变票偷逃消费税10亿元,被Y市中级人民法院判决构成逃税罪,判处有期徒刑6年。因此,如本案适用数罪并罚之规定,马某面临最高13年有期徒刑的刑罚。华税律师团队就本案是否应当适用数罪并罚以及并罚后的量刑区间向法院多次发表了意见。根据《最高人民法院关于判决宣告后又发现被判刑的犯罪分子的同种漏罪是否实行数罪并罚问题的批复》(法复〔1993〕3号)的规定,"人民法院的判决宣告并已发生法律效力以后,刑罚还没有执行完毕以前,发现被判刑的犯罪分子在判决宣告以前还有其他罪没有判决的,不论新发现的罪与原判决的罪是否属于同种罪,都应当依照刑法第六十五条的规定实行数罪并罚",因此,对于同种漏罪,也需按照数罪并罚规定量刑。但华税律师认为,同种漏罪构成连续犯的,考虑连续犯属于处断一罪的刑法基本原理,兼顾刑罚公平原则,即便数罪并罚,最终判决的宣告刑也不应超过该罪的最高法定刑。主要辩护观点如下所述。

本案中,检察机关指控马某涉嫌犯逃税罪,指控马某实施的具体行为系参与B公司、C公司"变票",所指控罪行的实施时间为2017年10~12月。根据前案已生效判决,马某参与Y公司变票偷逃消费税,构成逃税罪,判决认定罪行的实施时间为2017年8~9月。由此可见,马某参与的两项罪行在性质上完全一致,均为逃税行为;在行为模式上完全一致,均为"变票"偷逃消费税,且实施间隔时间极短,系连续实施的两项罪行。在案证据显示,马某犯罪动机始终是协助下游炼化企业取得成品油发票,从而偷逃消费税,而具体使用哪家公司实施“变票”行为,则在所不问。故在案证据足以证明马某基于同一协助炼化企业逃税的犯罪动机,产生了连续的同一“变票”偷逃消费税的故意,连续实施了两项“变票”偷逃消费税的行为,构成连续犯。

连续犯属于处断的一罪,从罪数理论角度来看即属于一罪而非数罪,按照一罪的处罚原则,就足以对其进行公正的处理。此外,本案系因前案司法机关遗漏查处形成的漏罪,如前案能够全面查实被告人实施的罪行,合并予以审理,根据《刑法》第 201 条,被告人最高面临 7 年有期徒刑。现前案司法机关遗漏查处,如本案对被告人数罪并罚,在 7 年有期徒刑以上的区间予以量刑,本质上系让被告人承担司法机关遗漏查处的不利后果,也有违刑罚的公平正义原则。故即便适用数罪并罚的规定,也需考虑连续犯处断一罪的基本原则,本案宣告刑最高不应超过 7 年有期徒刑。

最终,X 市 D 区人民法院采纳了律师全部意见,判决马某构成逃税罪,判处有期徒刑 3 年 6 个月,适用数罪并罚规定,同时考虑马某两项犯罪行为系基于同一犯意实施,数罪并罚也不宜超过逃税罪的最高法定刑,最终决定执行有期徒刑 6 年 10 个月,马某在前案中已经实际执行的刑罚计算在 6 年 10 个月内。本案第二阶段辩护工作取得成功。

四、结论与启示

近年来,随着“金税”三期、成品油模块相继上线,各地纷纷铺开针对石化行业的专项税务稽查,大量石化变名销售案件浮出水面。与其他主要为骗抵增值税实施的虚开行为不同,石化变名销售具有行业特殊性,行为人通常不仅不会少缴、漏缴增值税,反而会为当地创造增值税税源;行为人从事变名销售的目的在于偷逃消费税。然而,目前仍有大量税务机关和司法机关并未准确认识石化变名销售侵害法益的本质,将此类案件想当然地按照虚开犯罪处理,导致石化变名销售案件量刑畸重。笔者对近 3 年 56 件石化变名销售案例进行了统计。其中,有 13 起案件以行政处理结案;有 43 起案件进入刑事审判程序。进入刑事审判程序的案件中,有 4 起以逃税罪结案;有 1 起一审判决逃税罪,公诉机关抗诉后发回重审、尚未判决;有 1 起以虚开(普通)发票罪结案;有 1 起以无罪结案;剩余36起以虚开增值税专用发票罪结案。由此可见,石化变名销售案件被定性虚开犯罪的风险依然严峻,此类案件在实务中仍有较大的辩护空间。

通过本案,笔者认为,石化变名销售案件的辩护策略应重点围绕以下四点展开:

(一)货物交易的真实性

货物交易的真实性是任何涉票犯罪都无法脱离的事实认定问题。如果没有真实的货物交易,则不存在法定的增值税纳税义务,亦不存在增值税抵扣权利。在此种情况下开具发票的,则有造成国家增值税损失之危险,从而可能符合虚开犯罪的构成要件。而如果当事人真实购进了货物,则取得了抵扣权利,此种情况下据实作进项抵扣,就不会造成国家增值税损失。

由此可见,货物交易的真实性问题在石化变票案中具有先决性,当事人需要首先就货物交易真实存在进行说理。实践中,关注真实货物交易不局限于货物由开票方直接交付给受票方的情况。对于占有改定、指示交付等大宗商品贸易中常见的交付方式,民法和税法都应当予以尊重。不能以货物流形式上与发票流的分离,认定不存在真实交易。

(二)增值税链条的状态

在满足货物交易真实性的条件后,还需考察开票方有无就开具发票全额纳税,如果开票方没有据实缴纳增值税,则下游受票方也不能作进项抵扣。因为增值税是通过发票链条环环传导的,开票方不足额纳税,会导致增值税发票链条断裂。此种情况下,下游受票方取得的进项抵扣权利存在瑕疵。而如果开票方据实缴纳了增值税,则发票链条完整延伸,进项税可以层层转嫁,下游受票方作进项抵扣符合法律规定。

(三)消费税损失原理

上述货物交易真实性和增值税链条状态的说理都是为说明法益侵害性作铺垫。最终要实现的目的是证明整个交易链条中,国家增值税利益并未受损,石化变票行为人的主观目的和其行为造成的客观结果均为偷逃消费税。而且，实施变票行为的企业仅仅获取了变票费的利益，在整个链条当中，炼化企业才是最大的受益者，全链条的收益也均来自炼化企业偷逃的消费税税款。结合石化行业变名销售链条，炼化企业或是在采购非应税消费品原料时，要求供应商开具（或第三方企业代开）应税消费品品名的发票，从而非法作消费税抵扣；或是生产出应税消费品后，在销售时开具非应税消费品品名的发票，从而不申报消费税，以此混淆税务机关的视线，掩盖应税生产行为。这些行为均契合偷逃消费税的目的，其客观表现也在于侵害国家消费税利益。

（四）虚开犯罪与逃税罪的法律适用

阐明消费税损失原理后，应进一步结合虚开增值税专用发票罪实际要求具备骗抵增值税的故意和造成国家增值税损失的结果两个构成要件，论证石化变票不构成虚开犯罪，而属于逃税行为。实践中，当事人实施变名销售行为并非为了骗取抵扣增值税，而是为了逃避缴纳消费税。开票链条上的各企业通常均按实际交易的油品数量、金额开具发票，并按票面金额计算并缴纳了增值税。虽然表面上似乎出现了票货分离的现象，但实际上各企业只是采用了观念交付的交易方式。原油供应商具有占有改定的意思表示，过票企业、变票企业均具有指示交付的意思表示，各企业均按实际情况签发了仓单、磅单。在法律上，油品所有权转移路径与开票链条是相互契合的，货物流与发票流是完全一致的，各企业的行为不可能造成增值税损失，变名销售行为不具备骗抵增值税的主观目的和客观危险，没有侵害国家增值税利益。

H公司重组特殊性税务处理案例评析*

崔志坤　何广欢　朱　枫**

一、前言

企业重组内容复杂，形式多变，目前商业实践中的企业重组主要是通过股权收购和资产收购两种方式进行重组；其中股权收购占比更大，两者之间既有区别又有相同之处。区别主要在于重组标的股权和资产的不同以及后期法律责任上的不同。但基于企业重组涉税分析，特别是特殊性税务处理，实际分析过程中更趋向于分析两者的相同点，即适用特殊性税务处理时，计税基础的确定均为涉税股权或资产的原始购买成本，而非重组交易时的一般市场价格，此点是后期税收递延的基本前提。故本文在研究特殊性税务处理重组案例的分析上，以主要适用股权收购重组类型为代表，多角度深入分析股权收购重组交易过程中涉税政策的运用以及特殊性税务处理政策的实施，为其他类型的企业重组特殊性税务处理提供有价值的参考。

二、重组企业背景介绍

（一）收购方——H公司简介

H公司注册资本为4128.80万元，业务范围主要包括：自有房产的租赁、高

---

* 本案例由崔志坤、何广欢根据真实案例改编、撰写，本文作者拥有著作权、修改权，改编权。由于企业保密的要求，在本案例中对有关名称、数据等做了必要的掩饰性处理。本案例只供讨论之用，不对企业的经营管理做任何评判，也不构成对企业相关业务任何指导性方法，并无意暗示某种管理行为是否有效。

** 崔志坤，就职于上海海关学院；何广欢，就职于普华永道中天会计师事务所；朱枫，就职于安徽省注册税务师协会。

新技术产业投资、旅游资源开发和管理、酒店管理、企业投资管理与咨询。H 公司持股比例如表 1 所示。

表 1　H 公司持股比例

序号	股东名称	持股数/万股	持股比例/%
1	ZQ 公司	1280.00	31
2	HJ 公司	2848.80	69
总计		4128.80	100

（二）交易标的资产——M 公司 50% 的股权简介

M 公司于 2011 年 8 月 16 日成立，主要经营范围为：科技投资、投资管理、投资咨询、物业管理、酒店管理。目前实际主要业务情况为：M 公司尚未开展经营活动，暂无实际业务。M 公司持股比例如表 2 所示。

表 2　M 公司持股比例

序号	股东名称	认缴出资额/万元	实缴出资额/万元	实缴出资额占注册资本总额比例/%
1	X 公司	5925.00	5925.00	50
2	WS 公司	2962.50	2962.50	25
3	HK 公司	2014.50	2014.50	17
4	ZC 公司	355.50	355.50	3
5	ZJ 公司	592.50	592.50	5
合计		11,850.00	11,850.00	100

标的资产的评估情况为：2015 年 12 月 18 日银信评估出具了银信评报字[2015]沪第 1498 号评估报告，截至 2015 年 11 月 30 日，M 公司的评估值为 20,083.29万元。参考上述评估结果及公司实际情况，确定的标的资产最终交易价格为人民币 1 亿元。M 公司的评估情况如下：

评估认定资产账面金额 11,386.69 万元，评估值 21,257.34 万元，评估增值 9870.65 万元，增值率 86.69%；

负债账面值1174.04万元,评估值1174.04万元,评估无增减值;

净资产账面值10,212.64万元,净资产评估值20,083.29万元,评估增值9870.65万元,增值率96.65%。

评估结果与账面值比较变动情况如表3所示:

表3 M公司资产负债情况

项目	账面净资产值(计税基础)/万元	评估值(公允价值)/万元	评估增值额/万元
流动资产	522.03	522.03	—
非流动资产	10,864.66	20,735.31	9870.65
(长期股权投资净额)	(50.00)	(50.13)	(0.13)
固定资产净额	104.27	137.14	32.87
在建工程净额	898.29	898.29	—
无形资产净额	9812.10	19,649.75	9837.65
资产总计	11,386.69	21,257.34	9870.65
流动负债	1174.04	1174.04	—
负债总计	1174.04	1174.04	—
净资产	10,212.64	20,083.29	9870.65
净资产(50%)	5106.32	10,041.65	4935.33

双方在补充协议中确定本次交易定价参考基准日为2015年11月30日的评估报告。本次交易作价为人民币10,041.65万元。

(三)售卖方——X公司简介

X公司定位于"提升企业竞争力的云智力平台",作为国家商学院标准制定单位,积极与欧美顶尖商学院开展合作,致力于为国家建立一套企业商学院标准,专注于帮助中小民营企业家提升竞争力的云智力平台,帮助企业建立企业家大学。X公司结合国家"万众创业,大众创新"的双创战略,在图书、音像、微视频、训练手册、能力测试等方面,开展线上线下全面教育,进行企业家知识学习生态圈建设。报告期内,X公司继续聚焦研发创新、线上线下同步拓展优化课程,并根据新增客户的需求,结合中小民营企业家库存过量,企业同质化情况严重的现状,一方面开发新课程,包括"成本领先战略""以负开始""快乐绩效""招财选将""互联网营销兵法"等;另一方面,为满足客户培训的需求,公司继续升级现有培训课程产品,公司的每一项管理培训产品都在进行持续的更新和升级。

本次交易股权收购如图1所示:

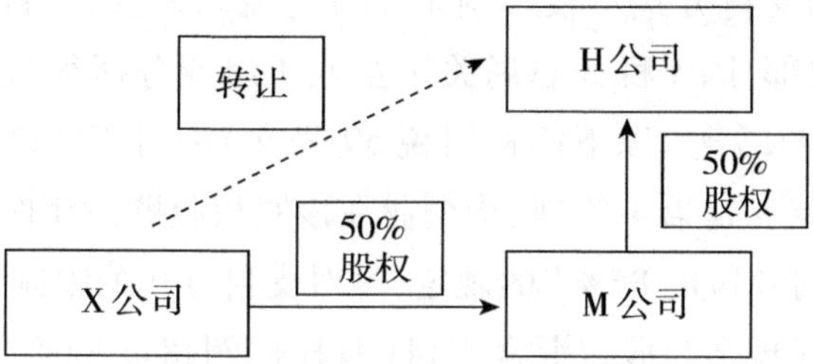

图1　交易股权收购

三、不同情况下特殊性税务处理比较分析

企业重组作为特殊商业活动,本身就具有涉及范围广、内容复杂多变、专业相关知识要求较高等特点,从而导致企业重组在实际操作过程中面临各种不同的情况。然而针对不同的具体情形,特殊性税务处理政策的适用影响也会不同,所以需要分情况进行进一步研究,分析比较。本部分主要通过三个方面的不同情形来进行实务案例分析,分别是支付方式、适用政策和交易股权(资产)后期处置。由于企业重组涉税种类较多,企业所得税是最主要的税种以及本文研究的主体税种,故下文案例涉及税种、税负等均仅代表企业所得税;且企业所得税率假设为一般企业所得税25%,其中税收现时负担率指企业重组交易中即时需要缴纳的税款负担率,税收递延负担率代表企业所享受的递延纳税税收负担率;为便于不同情形下的税收比较,将企业重组的整体税收负担率近似等于税收现时负担率与税收递延负担率的总和。

(一)支付方式不同特殊性税务处理分析

企业重组中,支付方式的选择与企业自身实际情况密切相关,其不仅影响重组各方的实际经营,还会对企业实际受益股东的利益产生影响,因此支付方式也是双方协商的一个重要方面。一般来说,重组中的支付方式主要包括现金支付、股权支付以及两者的混合支付等。企业的经营状况以及资金结果、融资能力不同,所选择的支付方式要求各不相同,在实际重组方案设计中,企业要结合自身的财务状况以及对方对支付方式的要求等诸多因素,选择有利于自身且能得到对方认可的支付方式。

然而,不同的支付方式不仅影响企业资金流动,也影响特殊性税务处理政策的实施。《财政部、国家税务总局关于企业重组业务所得税处理若干问题的通知》(财税〔2009〕59号,以下简称财税59号文)中对于特殊性税务处理政策适用条件有所规定。其第4条"收购企业在该股权收购发生时的股权支付金额不低于其交易支付总额的85%"的规定,是对支付方式的限制,要求重组必须选择完全股权支付或现金与股权混合支付(股权比例超过85%)。这一适用条件的限制也使重组企业选择不同的支付方式,其重组所得税成本适用政策可有所不同,进而导致企业重组税收负担的不同。

1. 全部现金支付

本案中若以现金支付,股权收购关系如图2所示。

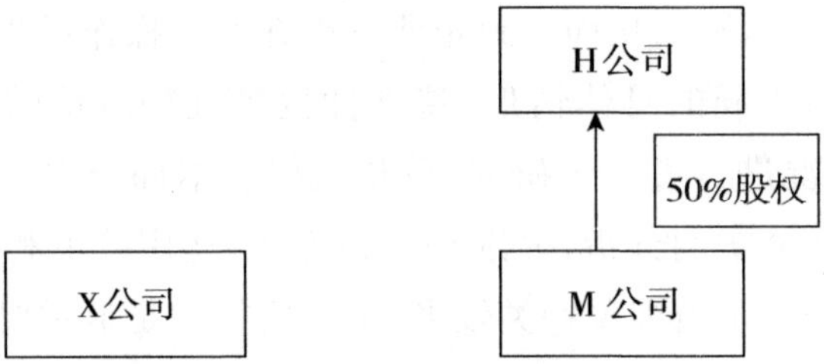

图2　现金支付交易股权收购

所得税分析:M公司50%股权账面价值为5106.32万元,公允价值为10,041.65万元,增值4935.33万元,按照相关所得税法律法规确定,适用一般性税务处理,应税所得额为其增值额,企业所得税税率为25%,故重组应缴纳:企业所得税 =4935.33×25% =1233.83(万元)

税收现时负担率 =1233.83 ÷4935.33 =25%

税收递延负担率 =0

税收总负担率 =25% +0 =25%

从以上税收负担数据中可以分析出，企业重组选择全额用现金支付，将会导致企业的税收现时负担率较大，相当于一次性缴纳重组交易的企业所得税，没有享受税收递延的优惠，对企业的现金流要求较高。

2. 全部股权支付

假设目前H公司的股价为每股10元，则10,041.65万元对应股数约为1005万股，H公司总股数相应增加至5133.8(4128.80 + 1005)万股，占比约为19.58%。股权收购关系如图3所示。

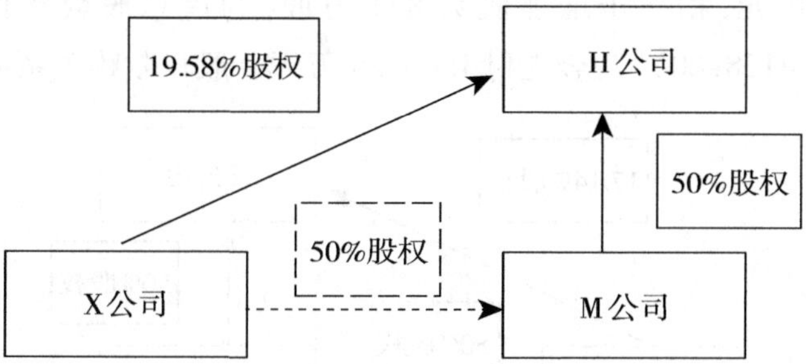

图3 股权支付交易股权收购

所得税分析：M公司50%股权账面价值为5106.32万元，公允价值为10,041.65万元，增值4935.33万元，按照相关所得税法律法规确定，在适用其他条件的情况下，100%股权支付即大于85%，可以选择适用特殊性税务处理政策，即一般性税务处理和特殊性税务处理均可选择适用。

当适用一般性税务处理，应税所得额为其增值额，企业所得税税率为25%，故重组应缴纳：企业所得税 = 4935.33 × 25% = 1233.83(万元)

税收现时负担率 = 1233.83 ÷ 4935.33 = 25%

税收递延负担率 = 0

税收总负担率 = 25% + 0 = 25%

全部股权支付时，若选择一般性税务处理，则税收负担结果与前种情况一致。

当适用特殊性税务处理，按照相关规定，被收购企业与收购企业的股东取得企业股权的计税基础按照原有计税基础确定。故其应税所得额为0元。

重组应缴纳企业所得税 = 0元

税收现时负担率 = 0

税收递延负担率 = 1233.83 ÷ 4935.33 = 25%

税收总负担率 = 0 + 25% = 25%

全部股权支付时,若选择特殊性税务处理,则企业税收现时负担率为0,即企业重组交易所需缴纳税款全部递延,享受递延纳税的优惠,但税收总负担率并没有改变,仍为25%。

3. 股权和现金混合支付

即临界比例为股权支付8535.40(10,041.65 × 85% = 8535.40)万元,假设每股价格为10元,相当于增加股数854万股,约占总股数比例为17.14%[854 ÷ (854 + 4128.80)]现金支付1506.25万元。股权收购关系如图4所示。

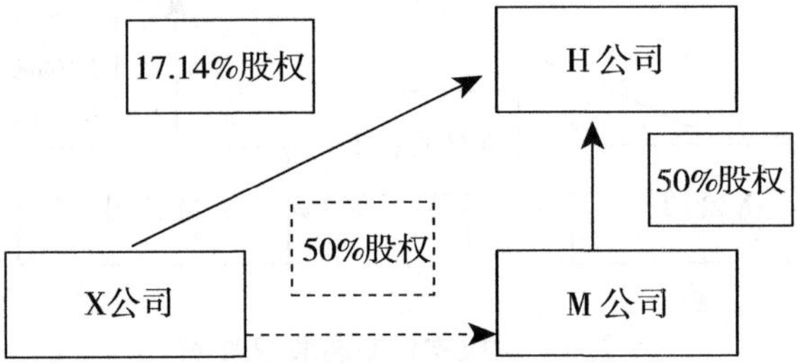

图4 混合支付交易股权收购

根据财税59号文中的规定:重组交易各方对交易中股权支付暂不确认有关资产的转让所得或损失的,其非股权支付仍应在交易当期确认相应的资产转让所得或损失,并调整相应资产的计税基础。

非股权支付对应的资产转让所得或损失 = (被转让资产的公允价值 - 被转让资产的计税基础) × (非股权支付金额 ÷ 被转让资产的公允价值)

所得税分析:M公司50%股权账面价值为5106.32万元,公允价值为10,041.65万元,增值4935.33万元,按照相关所得税法律法规确定,在适用其他条件的情况下,股权支付大于85%即可以选择适用特殊性税务处理政策,即一般性税务处理和特殊性税务处理均可选择适用。

当适用一般性税务处理,应税所得额为其增值额,企业所得税税率为25%,故重组应缴纳:企业所得税 = 4935.33 × 25% = 1233.83(万元)

税收现时负担率 = 1233.83 ÷ 4935.33 = 25%

税收递延负担率 =0

税收总负担率 =25% +0 =25%

混合支付情况下,若选择适用一般性税务处理,相关税收负担结果同前。

当适用特殊性税务处理,按照相关规定,股权支付暂不确认有关资产的转让所得或损失的,其非股权支付仍应在交易当期确认相应的资产转让所得或损失。故其应税所得额为:非股权支付对应的资产转让所得或损失 =(20,083.29 - 10,212.64)×(1506.25 ÷ 10,041.65)×50% =1480.60 ×50% =740.30(万元)

重组应缴纳企业所得税额 =740.30 ×25% =185.08(万元)

税收现时负担率 =185.08 ÷4935.33 =3.75%

税收递延负担率 =(1233.83 -185.03)÷4935.33 =21.25%

税收总负担率 =3.75% +21.25% =25%

从以上数据中可知,混合支付情况下,若选择适用特殊性税务处理,税收现时负担率为3.75%,而税收递延负担率为21.25%,即企业享受部分税收递延的优惠,在一定程度上降低了企业现金流的压力,但税收总负担率仍不变。

综合以上三种不同支付方式下的税收负担分析,可以得出以下基本结论:一是企业重组支付方式不同,影响企业的税收现时负担与税收递延负担。二是特殊性税务处理政策的适用仅仅带来的是税收的递延,而没有实质上降低税负;若不考虑时间因素,不同情况下企业总税收负担率相同。三是企业在选择适用政策之前,应当对企业自身的资金状况进行较为全面的掌握,以便选择最适合的企业重组支付形式。

(二)适用政策不同特殊性税务处理分析

企业重组属于特殊的商业行为,除一般性税务处理政策,税务机关还专门制定了一种特殊性税务处理政策,但需要满足一定的前提条件才可以适用。特殊性税务处理政策的推出,一方面给予了适合条件的企业重组一种额外选择的权利,另一方面也增加了企业重组涉税方案制定的选择。

一般性税务处理主要依照公允价值进行纳税,而特殊性税务处理承认资产的计税基础,持续以其原有的账面价值作为计税基础,从某种角度上来说,形成一种递延税收,但绝不是免税。要想适用特殊性税务处理政策,企业在重组交易条件满足自身合理需求的同时,还要兼顾对适用条件的满足,其对重组所造成的影响不言而喻,不仅会影响重组方案的制订,还会直接影响企业现时税收负担以及后期涉税风险的高低。

另外,在实务操作中,选择不同的税务处理也会需要不同的实务操作。简单来说,特殊性税务处理,需要向当地税务机关提供更多的书面材料。根据财税59号文中的相关规定,企业发生符合其规定的特殊性重组条件并选择特殊性税务处理的,当事各方应在该重组业务完成当年企业所得税年度申报时,向主管税务机关提交书面备案资料,证明其符合各类特殊性重组规定的条件。企业未按规定书面备案的,一律不得按特殊重组业务进行税务处理。

根据本案例交易实质,H公司购买X公司所持有的M公司的50%的股权,符合财税59号文中的股权收购的定义。

1. 一般性税务处理过程

根据财税59号文有关一般性税务处理的规定:企业股权收购、资产收购重组交易,相关交易应按以下规定处理:(1)被收购方应确认股权、资产转让所得或损失。(2)收购方取得股权或资产的计税基础应以公允价值为基础确定。(3)被收购企业的相关所得税事项原则上保持不变。

结合案例中被收购资产的实际情况可知,M公司的资产账面价值即计税基础为11,386.69万元,经评估专业机构评估其公允价值为21,257.34万元,总计增值9870.65万元,其中50%股权所对应的资产增值为4935.33万元。

负债总计账面价值为1174.04万元,即计税基础为1174.04万元,其中50%股权所对应的负债账面价值为587.02万元,计税基础也为587.02万元,无增值额,所以不涉及所得税的征缴。

本次交易各企业所得税适用税率为25%:

应交企业所得税 =4935.325×25% =1233.83(万元)

2. 特殊性税务处理过程

若本次重组满足特殊性税务处理的5个条件,可以选择按特殊性税务处理股权收购相关规定处理。则重组资产均按照原来的计税基础规定,即M公司的资产账面价值,即计税基础为11,386.69万元。

关于其是否适用特殊性税务处理条件判断,如表 4 所示:

表 4　特殊性税务处理条件判断分析

序号	判断标准	判断理由
1	具有合理的商业目的,且不以减少、免除或者推迟缴纳税款为主要目的	企业按照政策要求提供相关材料,具体是否符合"具有合理的商业目的"规定,仍需根据主管税务机关审核材料后的判断
2	被收购、合并或分立部分的资产或股权比例符合财税 59 号文规定的比例	股权收购中,收购企业购买的股权不低于被收购企业全部股权的 75%(后改为 50%);股权标准:H 公司购买 X 公司持有的 M 公司 50% 的股权,符合条件要求
3	企业重组后的连续 12 个月内不改变重组资产原来的实质性经营活动	重组资产 M 公司目前未开展经营活动,尚无实际业务,所以从某种程度上来说,未来连续 12 个月内 M 公司经营其他实质性业务,都可视为不改变重组资产原来的实质性经营活动,因为本身资产无实质性经营
4	重组交易对价中涉及股权支付金额符合财税 59 号文规定的比例	收购企业在该股权收购发生时的股权支付金额不低于其交易支付总额的 85%;股权支付标准:设股权收购金额为 Q,则要想满足特殊性税务处理,需要满足 Q≥10,041. 645 × 85% = 8535. 40(万元),即按临界比例计算为股权支付 8535. 40 万元,现金支付 1506. 25 万元
5	企业重组中取得股权支付的原主要股东,在重组后连续 12 个月内,不得转让所取得的股权	重组后 12 个月内,不得转让其所取得的股权,若为满足特殊性税务处理,可签订相关协议作为备案资料,以备税务局查验

符合特殊性税务处理适用条件情况下,选择特殊性税务处理,按照混合支付临界点计算,其应税所得额为:非股权支付对应的资产转让所得或损失

=(20,083. 29 - 10,212. 64) ×(1506. 25 ÷ 10,041. 65) × 50% = 1480. 60 × 50% = 740. 30(万元)

重组应缴纳企业所得税额 = 740. 30 × 25% = 185. 08(万元)

税收现时负担率 = 185. 08 ÷ 4935. 33 = 3. 75%

税收递延负担率 =(1233. 83 - 185. 03) ÷ 4935. 33 = 21. 25%

税收总负担率 = 3. 75% + 21. 25% = 25%

企业选择适用特殊性税务处理,税收现时负担率为3.75%,而税收递延负担率为21.25%,即企业享受部分税收递延的优惠,但税收总负担率仍不变。

(三)股权后期处置不同特殊性税务处理分析

企业重组交易所产生的资产或者股权,在后期的处理上仍然会涉及所得税的处理,从广义角度看,只有重组交易标的最后销售或者转让给其他方,才是真正的结束。

企业重组适用不同税务处理政策,为后期的再处置涉税问题也会带来不一样的影响。适用一般性税务处理,相应的目标资产或者股权以其交易时的公允价值作为计税价值;在后期的再次转让过程中,承担后期的增值所得额对应的所得税为基础税收。若重组交易适用的是特殊性税务处理政策,首先,目标股权的后期处置的时间受到限制,按照财税59号文的规定,适用特殊性税务处理政策的重组交易,原主要股东在重组后连续12个月内,不得转让所取得的股权,这将对企业后期的整体架构规划造成影响。其次,适用特殊性税务处理政策时,将重组交易时的目标股权按照原账面价值作为计税基础,当时并未直接征收所得税,而到后期处置时,若直接现金销售给对方,自身将一次性承担较大的增值所得部分对应的所得税,这会影响交易双方的谈判以及自身利益的保全。最后,原目标股权后期价值难以确定,增值或者减值将对交易行为产生不同的影响,加大了企业后期计划的不稳定性以及税收潜在的风险性。

综上所述,重组交易标的在后期的处理上,也会影响企业整体税收负担,企业应当慎重交易,提前计划安排,以维护企业集团整体税收利益为目标。以下将分别按照原重组交易标的资产增值和减值两种情形,同时分析适用一般性税务处理与特殊性税务处理政策的实务操作,最后进行比较分析。

1.情形一:投资后期交易股权增值

X公司投资5929万元(占比50%)成立一家控股子公司M公司,M公司经营良好,评估价为10,041.65万元(50%的比例)。H公司增发自身股份(假定公允价及计税基础皆为10,041.65万元)收购X公司持有的M公司的50%股权,收购后M公司成为H公司的控股子公司。几年后,M公司评估价为20,041.65万元,X公司取得的H公司增发股份公允价20,041.65万元。H公司按

20,041.65 万元价格出售 M 公司的 50% 股权，X 公司以 20,041.65 万元出售所持有的 H 公司增发股份。所得税分析如表 5 所示：

表 5　不同税务处理数据对比

一般性税务处理		特殊性税务处理	
环节 1:X 公司向 H 公司转让 M 公司股权			
X 公司确认所得	10,041.65 - 5929 = 4112.65 万元	X 公司不确认投资所得	0 元
X 公司取得增发股份计税基础	10,041.65 万元	X 公司取得增发股份计税基础	5929 万元
H 公司取得 M 公司股权计税基础	10,041.65 万元	H 公司取得 M 公司股权计税基础	5929 万元
环节 2:X 公司转让增发股份/H 公司转让 M 公司股权			
X 公司形成应税所得	20,041.65 - 20,041.65 =0 元	X 公司形成应税所得	20,041.65 - 5929 = 14,112.65 万元
H 公司形成应税所得	20,041.65 - 20,041.65 =0 元	H 公司形成应税所得	20,041.65 - 5929 = 14,112.65 万元
环节 1 + 环节 2X 公司 + H 公司应税所得(亏损)合计	4112. 65 + 0 + 0 = 4112. 65 万元	环节 1 + 环节 2X 公司 + H 公司应税所得(亏损)合计	0 + 14,112. 65 + 14,112. 65 =28,225. 30 万元

对以上案例数据进行分析，我们发现，同一个交易，特殊性税务处理比一般性税务处理多了应税所得 24,112.65(28,225.30 - 4112.65)万元，与大众思想“特殊性税务处理政策是优惠政策”的想法背道而驰，往回追溯差异源头，发现这个差异源头在于环节 1 中，增发的股份在 H 公司手中时计税基础为 20,041.65万元，换到 X 公司手中时计税基础变成了 5929 万元(因为根据特殊性税务处理的要求，须和甲公司原有的比例股权计税基础保持一致)，相对计税基础减少了 14,112.65 万元。计税基础相当于原有成本，所得税的基数来自增值所得额，即公允价值 - 计税基础，而现在计税基础的降低，势必会导致后期处置对应股权应缴纳的所得税的成本上升。而目前税收政策并未明确规定此种情况下，后期处置能否实行减税或计算提高计税基础以保证企业税收的公平

公正。

2. 情形二:投资后期交易股权减值

X公司投资5929万元(占比50%)成立一家控股子公司M公司,M公司经营不善,评估价仅为1929万元。H公司增发自身股份(假定公允价值及计税基础皆为1929万元)收购X公司持有的M公司的50%股权,收购后M公司成为H公司控股子公司。2年后,M公司评估价上升为5929万元,X公司取得的H公司增发股份公允价5929万元。H公司按5929万元价格出售M公司,X公司以5929万元出售所持有的H公司增发股份。假设不考虑除所得税以外的其他因素;X公司、H公司、M公司皆为居民企业;上述交易有合理的商业目的,无避税意图,所得税分析如表6所示:

表6　不同税务处理数据对比

一般性税务处理		特殊性税务处理	
环节1:X公司向H公司转让M公司股权			
X公司形成投资亏损	1929-5929=-4000万元	X公司不确认投资亏损	0元
X公司取得增发股份计税基础	1929万元	X公司取得增发股份计税基础	5929万元
H公司取得M公司股权计税基础	1929万元	H公司取得M公司股权计税基础	5929万元
环节2:X公司转让增发股份/H公司转让M公司股权			
X公司形成应税所得	5929-1929=4000万元	X公司形成应税所得	5929-5929=0元
H公司形成应税所得	5929-1929=4000万元	H公司形成应税所得	5929-5929=0元
环节1+环节2X公司与H公司应税所得(亏损)合计	-4000+4000+4000=4000万元	环节1+环节2X公司与H公司应税所得(亏损)合计	0+0+0=0元

对以上案例数据进行分析,我们发现,同一笔交易,适用特殊性税务处理政策的后期股权处置比适用一般性税务处理政策的减少了应税所得4000万元。

这个差异源头同样在于环节 1 中，增发的股份在 H 公司手中时计税基础为 1 万元，换到 A 公司手中时计税基础变成了 2 万元（根据特殊性税务处理的要求，须和 M 公司股权计税基础保持一致），多出了 1 万元的计税基础；同样地，计税基础的增加，会导致后期所得税收的减少。

综合分析上述两种情形，两种交易情形是同一个事物的两面，其本质是一样的。仅从数据上来看，情形二中，特殊性税务处理政策可以降低计税基础，进行有效避税。而情形一中，特殊性税务处理政策的实施又导致增税。目前，对于特殊性税务处理政策的认识大多认为其是一种递延纳税，然而递延纳税应该本质上不会造成整体税负的差异，相应的增税和减税也不应根据情况的不同而不同。所以，关于特殊性税务处理政策的实施是否有利于税收稳定性以及支持企业重组，仍需进一步的研究。

3. 假设用 51% 股权不断在企业间进行重组交易

假设 51% 股权不断在企业间进行重组交易，下文对其重组交易均满足特殊性税务处理政策并适用特殊性税务处理政策，进行简要分析。

原 1 号企业持有 Q 公司 51% 的股权，最初成本为 100 万元；后将其转让给 2 号企业，当时公允价值为 200 万元。应用特殊性税务处理政策，2 号企业持有目标股权计税基础为 100 万元。1 年后，2 号企业又将其转让给 3 号企业，公允价值为 300 万元。同样适用特殊性税务处理政策，3 号企业持有目标股权计税基础为 100 万元。长此以往，不断循环，均适用特殊性税务处理政策，不考虑其他影响因素。

从案例分析中我们可以看出，只要企业不断地使用特殊性税务处理政策将目标股权进行企业重组，将会导致公允价值的不断增加而计税基础仍保持低值不变的情况。当第 N 家企业依据自身情况或者交易对方要求等选择了一般性税务处理政策，其所得税相关纳税情况如下：

计税基础 = 100 万元

公允价值 = $(N+1)\times 100$ 万元

应纳税所得额 = 公允价值 − 计税基础 = $(N+1)\times 100-100=N\times 100$ 万元

应缴纳企业所得税 = 应纳税所得额 × 25% = $N\times 100\times 25\%=N\times 25$ 万元

随着转让次数的增多，应缴纳的企业所得税也会随之增加，潜在的税收风险以及企业资金流动风险也会累积增加。后期的转让中，相关主体可能因为无法一次性支付较大数额的所得税,被迫适用特殊性税务处理政策,进而被迫满足特殊性税务处理政策适用条件,影响企业的正常发展、税务机关的税款征收以及税企利益。

四、特殊性税务处理案例小结

同一次重组交易中,采取的支付方式的不同影响企业自身的资金流动与所得税政策的选择。对于企业来说,现金支付方式简单易行,但影响企业的实际流动资金,可能会带来潜在的财务风险;股权支付相对比较复杂,特别是新增股份支付,而且可能存在股权稀释的风险,但不会影响企业的营运资金;混合支付两者兼顾,在一定程度上,能同时降低财务风险和股权稀释等潜在风险。但确定选择哪种支付方式,要切实与企业自身经营状况和未来战略规划相结合,确保自身收益最大化。企业重组过程中,选择适用特殊性税务处理政策不一定优于一般性税务处理政策。

一般情况下,特殊性税务处理政策会带来"税收递延"的效应;但某些情况下,适用特殊性税务处理政策不仅不能降低企业的现时整体税收负担,还可能导致重复征税,加大企业税收成本。另外,针对享受"递延纳税"优惠的对象可能并非重组双方而仅仅只是出售方,从而导致双方利益上的分歧,影响企业重组谈判的进程。企业重组受支付方式与适用政策选择权等因素影响,税收筹划空间过大。从上文案例的多种情况分析可知,不同的情况下重组企业所承担的现时税收成本(仅指所得税)是不同的,适用政策选择权的出现,直接使重组税收筹划空间增加,从而导致目前企业重组基本都需要聘请专门机构进行税收筹划,无形中增加了企业的成本,而且税收筹划空间过大,会为后期的涉税实务操作带来不稳定性:同一种交易中存在不同的操作方式以及不同的税收负担,不利于税收公平。

企业适用特殊性税务处理政策时,应该积极与主管税务机关沟通,按时按质提交备案资料,确保符合相关判断标准。目前对于适用特殊性税务处理适用条件的判断,由于需要考虑反避税原则,所以仍然存在较大的主观性(如合理商业目的的判断),定性判断影响因素较大,这就要求企业需要与税务机关保持沟通,实时汇报重组交易实况,保证政策的适用性。

企业重组涉及范围大，各项成本较多，同时也存在多重风险，包括财务资金风险、税务风险、政治风险等，重组双方的实际情况不同，均会针对自身选择较佳方案，但又必须互相协商，各让一步，从而促进重组的顺利进行；每多一个争议焦点，就会对重组多造成一种障碍。所以，从源头上避免分歧的出现才能切实保障重组高效进行。

微笑明天慈善基金会向“浙金·大爱无疆1号”慈善信托委托人开具捐赠票据案例评析

黄　蕊*

一、前言

关于慈善信托的委托人如何享受税收优惠，我国现行税收法律并未明确规定。为解决慈善信托委托人的税收优惠待遇问题，各地实践可谓“八仙过海，各显神通”，但鲜有政策支持或官方背书。本文讨论的案例中，依据浙江省杭州市民政部门、财政部门、税务部门和浙江银保监部门联合印发的《关于通过慈善信托方式开展公益性捐赠有关问题的通知》（以下简称《通知》），在委托人将财产委托给浙商金汇信托股份有限公司（受托人）设立慈善信托时，并不直接获得捐赠票据并享受税前扣除，而是通过将慈善信托财产捐赠给浙江省微笑明天慈善基金会，进而由基金会直接向委托人开具捐赠票据的方式，确保委托人的税收优惠待遇。该创新之举，使慈善组织作为慈善信托的项目执行人在“后端”开票的做法由“幕后”走向“台前”。然而，慈善组织后端接收慈善信托的捐赠（资助）时，捐赠人是该慈善信托、作为受托人的信托公司还是最初的委托人？慈善组织能否绕过受托人而直接向委托人开具捐赠票据？信托公司作为慈善信托的受托人时，能否直接向委托人开具捐赠票据并保障委托人享受所得税税前扣除等优惠待遇？以上问题的探讨将直击慈善信托税收待遇的核心问题，以至于影响此种操作方式能否自浙江省推广至全国其他省份并被国家税收立法所

* 黄蕊，中国政法大学民商经济法学院博士研究生。

采纳。

二、案情简介

2020年10月23日,"浙金·大爱无疆1号"慈善信托由杭州市民政局备案。该单慈善信托成立时的规模为139,610元,2021年8月2日信托本金追加39,388元,信托财产总规模为约17.9万元;信托目的为用于经过"浙金·大爱无疆1号"慈善信托决策委员会审批通过的公益性项目(包括但不限于浙江省委号召的省属国企结对扶助项目等)。该单慈善信托的初始委托人是浙商金汇信托股份有限公司工会委员会、邓某国,2021年8月2日增加了一位委托人边某,受托人是浙商金汇信托股份有限公司,监察人是上海市锦天城律师事务所,托管人是兴业银行杭州分行,慈善信托的备案期限为5年。

根据受托人2021年2月24日提交的"浙金·大爱无疆1号"慈善信托2020年度事务处理情况和信托财产状况报告,在报告期内,暂未将信托财产用于慈善项目或者受益人,也暂未对慈善信托资金进行投资;报告期内的信托收入为91.51元,全部为银行存款利息收入;信托支出为4000元,其中受托人信托报酬2000元、监察人监察费用2000元。

根据受托人2022年3月18日提交的"浙金·大爱无疆1号"慈善信托2021年度事务处理情况和信托财产状况报告,2021年8月2日,信托本金追加39,388元(增加委托人边某),信托规模增加至178,998元。在报告期内,暂未对慈善信托资金进行投资;慈善信托支出175,329.73元,其中135,941.73元用于在浙江省微笑明天慈善基金会成立浙金信托专项基金,39,388元用于向河南洪灾捐赠,信托专户期末余额46.30元。

2022年3月30日,在杭州市民政部门、财政部门、税务部门和浙江银保监部门等单位代表的共同见证下,浙江省微笑明天慈善基金会向"浙金·大爱无疆1号"慈善信托的委托人开具了公益性事业捐赠票据。有媒体报道,这是自3月15日上述四部门联合印发《通知》后,全国首张有政策文件支持的、由慈善信托执行人直接向委托人开具的捐赠票据。

本案一出,不仅引发多家媒体竞相报道,更是引起业内人士的广泛关注。有媒体报道称,由于慈善信托不属于慈善捐赠,在以往的慈善信托架构中,慈善组织作为慈善信托的执行方,只能给作为受托人的信托机构开具捐赠票据,无法直接给委托人开具捐赠票据。这就意味着,实际出资人(委托人),无法凭借有效的捐赠票据享受相关税收优惠,这一现实痛点一定程度上成为慈善信托发展的掣肘。

在此背景下,杭州市民政局于2021年12月成立了“杭州市慈善信托专项改革试点工作”课题组,杭州市出台了《通知》,保障了慈善信托委托人获取捐赠票据的权利。《通知》规定,慈善信托受托人在将信托财产用于慈善捐赠活动时,经委托人和受托人协商一致后,由依法接受并用于公益性事业捐赠的公益性单位(含慈善组织),向提供捐赠的自然人、法人和其他组织开具公益性事业捐赠票据。受托人可以凭委托人签字或盖章的票据复印件及银行回单作为入账凭证。也就是说,《通知》出台后,慈善信托的委托人可凭公益慈善组织开具的捐赠票据享受税收优惠,有助于激励更多的社会公众通过慈善信托的形式参与公益慈善事业。慈善信托捐赠票据在杭州试点落地,具有里程碑意义。通过这种方式,能够一定程度上解决委托人出资设立慈善信托所面临的开票问题,有利于信托公司通过慈善信托工具开展公益慈善活动,将吸引更多的社会爱心人士参与慈善事业。

此后,业界关于本案例有较多讨论。

(一)观点一:本案例是追求形式主义的“假创新”

1. 并非慈善信托直接开具捐赠票据,执行人开具捐赠票据存在合规风险

本案例并非慈善信托自身开具捐赠票据,而是由“浙江省微笑明天慈善基金会”开具;同时根据新闻报道提及的“微笑明天慈善基金会担任慈善信托执行人”的角色,执行人与慈善信托是一种委托执行关系而非捐赠关系,因此将慈善信托转给基金会的资金都计入基金会的捐赠收入,实际上是混淆了委托执行表外业务和捐赠收入之间的关系,基金会不应该开具捐赠票据。根据《慈善法》第38条的规定,慈善组织开具捐赠票据的前提是接受“捐赠”,而不是委托执行。

2. 涉案票据并非首张慈善信托捐赠票据,基金会后置向委托人开具捐赠票据本身并不违法

自2016年《慈善法》颁行以来,通过在慈善信托架构中后置基金会的方式,

即委托人先设立慈善信托,之后将部分或全部信托财产捐赠给基金会,许多基金会已经就接受捐赠的金额向委托人开具捐赠票据,因此本案例并非首例。同时,根据《信托法》第16条的规定,"信托财产与属于受托人所有的财产(以下简称固有财产)相区别,不得归入受托人的固有财产或者成为固有财产的一部分"。因此,作为慈善信托中的信托财产,不同于受托人的固有财产。在将慈善信托的信托财产捐赠给某个基金会时,由于该笔捐赠资金并非受托人的财产,应当予以穿透,开票对象是委托人(实际捐赠人)而并非受托人。所以,以往基金会后置情形中向委托人开具捐赠票据并不违法。

3. 存在道德风险,理应争取慈善信托自身的税前扣除

基金会担任慈善信托执行人开具捐赠票据的方式尤其容易产生道德风险。本案例中的慈善信托在2020年10月23日成立时的备案金额是139,610万元,在计入银行利息收入、信托报酬支出、监察人费用后,基金会(应)开票的实际金额为135,941万元。委托人获得的捐赠票据金额小于其实际的捐赠金额,对委托人而言较不公平。此外,如果信托存续期间信托财产增加,最终的捐赠票据金额大于委托人实际"捐赠"金额,这对委托人来说也是一种道德风险。因此,应当积极争取慈善信托自身可以进行税前扣除,而非绕道通过基金会做执行人开具捐赠票据的方式,才是解决慈善信托税收优惠问题的正途。

此外,相关观点还提及该单慈善信托涉及"宣言慈善信托"(委托人同时为受托人),慈善活动支出过于巧合、慈善信托仅是通道业务等内容(如追加的慈善信托财产39,388元当年全部支出用于河南洪灾捐赠。存续期间,该慈善信托并未开展财产保值增值活动,而是一次性捐给基金会)。

(二)观点二:慈善组织开票满足委托人需求具有事实正当性,不应受到非议

1. 因慈善信托配套税收制度缺位,实践中采取多种变通措施具有事实的正当性

《慈善法》第45条明确确立了备案的慈善信托应享有税收优惠,但因配套制度缺位,实践中的慈善信托委托人取得税收优惠待遇仍然需要采取多种变通措施。总体而言,主要有以下模式:单一受托人模式(后端引入慈善组织作为执行人);信托公司作为受托人、慈善组织作为委托人和执行人模式;双受托人模

式(慈善组织和信托公司作为共同受托人);慈善组织作为单一受托人模式等。

以上模式主要是将慈善组织引入慈善信托架构中,使委托人以慈善捐赠的方式取得票据,经常被信托公司宣传为一种"创新"。但这实则是在制度不健全条件下的无奈之举,并非实质意义上的创新。如果严格区分慈善捐赠行为和慈善信托设立行为,因慈善信托税收配套制度的缺位,目前无论采取何种措施,所有慈善信托都无法合法取得票据。

本案之所以被宣传为创新,主要是有相关部门为实务中长期存在的做法"站台"。在基础设施不具备的时候,通过引入慈善组织的方式满足委托人的捐赠票据需求,具有事实上的正当性,不应受到非议。之后完善慈善信托税制时也应参照慈善捐赠的相关税制,将慈善信托本身作为一个慈善组织看待,如此是对现有制度框架变动最小又具有实质正当性的策略。

2. 慈善组织后端开票存在合法性瑕疵,但属于无奈之举

针对后端引入基金会开票的模式可能会产生与最初财产数额不符,造成对委托人不公平以及入账合法性等问题。支持者认为对于委托人来说,最大的问题是如何取得捐赠票据,而非取得多大金额的捐赠票据。相较于无法通过正常途径获得捐赠票据,票据数额多少并非一个特别值得关注的问题。

我国目前慈善信托实践中的诸多问题都是源于制度基础设施的欠缺,当事人很多"创新之举"都是"被逼无奈",没有一个模式可以完全经受住形式合法性考问。如果基础制度得以完善,信托公司和慈善组织可以基于"财产管理"和"慈善事业的实施"的专业化需求而进行积极的合作,被迫作为通道的各种创新模式便无存在的必要了。

慈善信托的"通道化"问题,多是针对信托公司作为慈善信托受托人但不得不引入慈善组织的做法导致的。支持者认为,监管部门的态度应当是在坚持实质合法性的前提下对目前变通做法予以支持,确保所得善款全部用于慈善事业即可。

此外,支持者对于宣言信托的问题进行了回应,认为我国《信托法》未禁止设立委托人和受托人是同一人的宣言信托,并且我国已经在实践中承认了宣言信托。本案所涉模式并不是严格意义上的宣言信托,因为除信托公司做委托人之外,还有两位自然人。

三、法理评析

（一）关于慈善信托委托人能否享受所得税税前扣除问题

1. 我国慈善捐赠的税收优惠规定

根据《慈善法》第 34 条的规定：“本法所称慈善捐赠，是指自然人、法人和其他组织基于慈善目的，自愿、无偿赠与财产的活动。”同时，根据《民法典》第 657 条规定：“赠与合同是赠与人将自己的财产无偿给予受赠人，受赠人表示接受赠与的合同。”因此，《慈善法》意义上的慈善捐赠，强调捐赠人基于慈善目的，自愿、无偿给予受赠人财产。至于慈善捐赠能否享受所得税的税前扣除待遇，还需符合税法的要求，即《慈善法》第 80 条规定的依法享受税收优惠。[1]

我国《企业所得税法》及其实施条例、《个人所得税法》及其实施条例分别对企业、个人实施公益性捐赠的所得税税前扣除待遇进行了规定。《企业所得税法》第 9 条规定：“企业发生的公益性捐赠支出，在年度利润总额 12% 以内的部分，准予在计算应纳税所得额时扣除；超过年度利润总额 12% 的部分，准予结转以后三年内在计算应纳税所得额时扣除。”《个人所得税法》第 6 条规定：“……个人将其所得对教育、扶贫、济困等公益慈善事业进行捐赠，捐赠额未超过纳税人申报的应纳税所得额百分之三十的部分，可以从其应纳税所得额中扣除；国务院规定对公益慈善事业捐赠实行全额税前扣除的，从其规定……”

而关于何为“公益性捐赠”，则需要依据实施条例的规定进行判断。《企业所得税法实施条例》第 51 条规定：“企业所得税法第九条所称公益性捐赠，是指企业通过公益性社会组织或者县级以上人民政府及其部门，用于符合法律规定的慈善活动、公益事业的捐赠。”第 52 条规定：“本条例第五十一条所称公益性社会组织，是指同时符合下列条件的慈善组织以及其他社会组织：（一）依法登记，具有法人资格；（二）以发展公益事业为宗旨，且不以营利为目的；（三）全部资产及其增值为该法人所有；（四）收益和营运结余主要用于符合该法人设立目

---

〔1〕《慈善法》第 80 条规定：“自然人、法人和其他组织捐赠财产用于慈善活动的，依法享受税收优惠。企业慈善捐赠支出超过法律规定的准予在计算企业所得税应纳税所得额时当年扣除的部分，允许结转以后三年内在计算应纳税所得额时扣除……”

的的事业;(五)终止后的剩余财产不归属任何个人或者营利组织;(六)不经营与其设立目的无关的业务;(七)有健全的财务会计制度;(八)捐赠者不以任何形式参与该法人财产的分配;(九)国务院财政、税务主管部门会同国务院民政部门等登记管理部门规定的其他条件。”

《个人所得税法实施条例》第19条规定:“个人所得税法第六条第三款所称个人将其所得对教育、扶贫、济困等公益慈善事业进行捐赠,是指个人将其所得通过中国境内的公益性社会组织、国家机关向教育、扶贫、济困等公益慈善事业的捐赠;所称应纳税所得额,是指计算扣除捐赠额之前的应纳税所得额。”同时,结合《财政部、税务总局、民政部关于公益性捐赠税前扣除有关事项的公告》(财政部、税务总局、民政部公告2020年第27号,以下简称27号公告)的要求,准予按税法规定在计算应纳税所得额时扣除需要符合如下条件:

(1)向特定主体捐赠。企业或个人通过公益性社会组织、县级以上人民政府及其部门等国家机关实施捐赠。其中,公益性社会组织需要依法取得公益性捐赠税前扣除资格,包括慈善组织、其他社会组织和群众团体。

(2)用于慈善活动。用于符合法律规定的公益慈善事业捐赠支出,即应当符合《公益事业捐赠法》第3条对公益事业范围的规定或者《慈善法》第3条对慈善活动范围的规定。

(3)依法获得捐赠票据。27号公告第11条规定:“公益性社会组织、县级以上人民政府及其部门等国家机关在接受捐赠时,应当按照行政管理级次分别使用由财政部或省、自治区、直辖市财政部门监(印)制的公益事业捐赠票据,并加盖本单位的印章。企业或个人将符合条件的公益性捐赠支出进行税前扣除,应当留存相关票据备查。”

因此,税法规定的是符合条件的公益性捐赠能够享受税前扣除。

2. 我国慈善捐赠的税收优惠规定能否适用于慈善信托

我国《慈善法》《信托法》分别界定了慈善信托和公益信托,慈善信托属于公益信托。就慈善信托而言,《慈善法》第44条规定:“本法所称慈善信托属于公益信托,是指委托人基于慈善目的,依法将其财产委托给受托人,由受托人按照委托人意愿以受托人名义进行管理和处分,开展慈善活动的行为。”第45条规定:“……未按照前款规定将相关文件报民政部门备案的,不享受税收优惠。”

慈善信托作为设立慈善组织以外从事慈善活动的一种新的方式，通过民政部门备案的方式即可设立。

《信托法》特别规定了信托财产的独立性，如第16条第1款规定："信托财产与属于受托人所有的财产（以下简称固有财产）相区别，不得归入受托人的固有财产或者成为固有财产的一部分。"第29条规定："受托人必须将信托财产与其固有财产分别管理、分别记帐，并将不同委托人的信托财产分别管理、分别记帐。"因而，慈善信托有别于公益性捐赠（慈善捐赠），因为在慈善捐赠的场合，捐赠财产可计入捐赠收入并纳入受赠组织的法人财产范畴，而受托人受托的信托财产不属于其收入，因而无法开具捐赠票据。

因此，受托人接受信托财产不属于税法意义上的公益性捐赠，受托人（无论是慈善组织还是信托公司）都无法依据现行税收法律规定直接向委托人开具捐赠票据，使委托人享受所得税的税前扣除。

（二）慈善组织后端向慈善信托委托人开票是否符合法律规定

1. 慈善信托的委托人可否视为慈善组织的捐赠人

根据《慈善法》第38条的规定："慈善组织接受捐赠，应当向捐赠人开具由财政部门统一监（印）制的捐赠票据。捐赠票据应当载明捐赠人、捐赠财产的种类及数量、慈善组织名称和经办人姓名、票据日期等。捐赠人匿名或者放弃接受捐赠票据的，慈善组织应当做好相关记录。"因此，关于慈善组织向哪个主体开具捐赠票据，以谁是捐赠人为准，首先需要确定谁是法律关系中的捐赠人。而捐赠人的确定则涉及捐赠财产的来源和权属问题，即根据《慈善法》的规定，捐赠人应当是有权处分该捐赠财产的自然人、法人或者其他组织。在涉及慈善信托的场合，则要确认慈善信托账户的资金权利归属问题。然而，信托财产权属争议由来已久，法律规定不甚明晰，法条中委托人将财产"委托给"受托人的表述使理论界有不同观点，主要包括委托人财产权说、受托人财产权说、受益人财产权说和信托财产自身财产权说。考虑到本案主要涉及慈善组织后端直接向慈善信托委托人开具捐赠票据问题，因此本文重点讨论委托人财产权说和受托人财产权说。

就委托人财产权说而言，根据《慈善信托管理办法》第12条的规定："设立慈善信托,必须有确定的信托财产,并且该信托财产必须是委托人合法所有的财产。前款所称财产包括合法的财产权利。”第23条规定:“慈善信托财产及其收益,应当全部用于慈善目的。”第43条规定:“慈善信托终止,没有信托财产权利归属人或者信托财产权利归属人是不特定的社会公众,经备案的民政部门批准,受托人应当将信托财产用于与原慈善目的相近似的目的,或者将信托财产转移给具有近似目的的其他慈善信托或者慈善组织。”由此可以得出,委托人一旦将其合法财产用于设立慈善信托,该财产必须全部用于慈善目的,不再属于委托人,即便是在慈善信托终止的情形下也应当用于近似目的,无法返还委托人。因而,慈善信托财产是委托人财产的观点无法成立,在将慈善信托账户资金捐赠给慈善组织时,并不能当然认定为属于“委托人”的捐赠,无法直接向“委托人”开具捐赠票据。

就受托人财产权说而言,《慈善信托管理办法》第26条规定:“慈善信托财产与受托人固有财产相区别,受托人不得将慈善信托财产转为其固有财产。任何组织和个人不得私分、挪用、截留或者侵占慈善信托财产。”第27条规定:“受托人必须将慈善信托财产与其固有财产分别管理、分别记账,并将不同慈善信托的财产分别管理、分别记账。”因此,慈善信托财产并不属于受托人的固有财产,受赠的慈善组织直接向受托人开具捐赠票据也存在商榷的空间。

本案便是在如此两难的背景下,尝试走出一条可行的慈善信托税收优惠之路,由浙江省微笑明天慈善基金会向“浙金·大爱无疆1号”慈善信托的委托人开具公益性事业捐赠票据。

由于《通知》的具体文件号及全文并未及时依法公开,通过公开渠道只能查询到《关于通过慈善信托方式开展公益性捐赠有关票据处理试点政策的通知(征求意见稿)》[以下简称《通知》(征求意见稿)],本文重点以该征求意见稿为主要切入点。《通知》(征求意见稿)第3条规定:“信托公司不属于公益性社会组织,尚不具备公益事业捐赠票据开立资格。为鼓励慈善事业及慈善信托的发展,解决慈善信托委托人(即捐赠人,下同)在计算应纳税所得额时扣除问题,允许慈善信托受托人在将信托财产用于慈善捐赠活动时,经委托人和受托人协商一致后,由接受捐赠的公益性社会组织、县级以上人民政府及其部门等国家机关直接向委托人开具公益事业捐赠票据,受托人可以经委托人签字或盖章的票据复印件作为记账凭证。"针对开具捐赠票据的金额,《通知》(征求意见稿)第6条规定:"慈善信托委托人取得公益事业捐赠票据用于所得税税前抵扣的总额,以委托人向慈善信托初始设立及追加交付的财产总额为限。交付的财产为货币性资产的,以实际交付的金额为限;交付的财产为非货币性资产的,以交付时公允价值为限。"

一方面,杭州四部门率先印发《通知》回应社会需求,积极作为的态度值得肯定和赞许;另一方面,且不论其法律位阶问题,我们也应注意到《通知》在一定程度上混淆了委托人和捐赠人、受托人和受赠人等基础法律关系,可能使社会对于捐赠法律关系和信托法律关系等相关业务的理解发生扭曲,从长远看反而不利于慈善信托的健康发展。因此,针对慈善信托的税收优惠问题,在理论上和法律上均需要更为深入的论证。

2. 慈善组织是慈善信托执行人还是受赠人

《慈善信托管理办法》第29条规定:"受托人应当自己处理慈善信托事务,但信托文件另有规定或者有不得已事由的,可以委托他人代为处理。受托人依法将慈善信托事务委托他人代理的,应当对他人处理慈善信托事务的行为承担责任。受托人因依法将慈善信托事务委托他人代理而向他人支付的报酬,在其信托报酬中列支。"因此,一般而言,受托人有亲自执行信托事务的义务,也可经由信托文件规定或者在特殊情形下,委托他人代为处理信托事务。就本案而言,新闻报道中使用了"浙江省微笑明天慈善基金会担任慈善信托执行人"的表述;而在"浙金·大爱无疆1号"慈善信托的年报中则表述为"135,941.73元用于在浙江省微笑明天慈善基金会成立浙金信托专项基金"。该笔资金对于慈善组织来说属于受托代理业务、捐赠业务抑或其他存在争议,法律关系的不同直接影响财务会计核算和后续票据的开具问题。如果是设立了专项基金,通常可以视为捐赠收入,浙江省微笑明天慈善基金会可以依法开具捐赠票据。

四、结论与启示

慈善信托是2016年颁行的《慈善法》确立的新型慈善参与制度,为高净值人士参与慈善提供了重要的途径,是引领财富向善的重要工具,有利于推进社会财富的第三次分配,促进实现共同富裕。然而,受限于慈善信托设立阶段的税收优惠制度缺失、非货币资产类慈善信托登记难等问题,近年来慈善信托发展未及预期。尽管《慈善法》规定了未备案的慈善信托不享受税收优惠,但是对于已经备案的慈善信托能否享受税收优惠、如何享受税收优惠问题,现行税法并无回应。

对于慈善信托的委托人来说,一旦将信托财产委托给受托人,委托人便不再享有慈善信托的财产权。然而,由于我国税法只规定了慈善捐赠的税收优惠,慈善信托和慈善捐赠是何种关系,以及能否将委托人设立慈善信托的行为在税法上视同为慈善捐赠,并享受税收优惠政策值得思考。实践中,已经有多家信托公司、慈善组织通过各种变通方式实现了开具捐赠票据并享受捐赠税前扣除的目的。杭州四部门印发的《通知》以及本案中由慈善组织直接向委托人开具的捐赠票据无疑是将一直以来的"幕后"操作推向"前台",彰显共同富裕示范区建设中的杭州智慧,但是其背后的法理问题仍有待深思和研究;只有这样才能促进慈善信托健康有序发展。

在英美法系国家和地区,慈善信托本身就可以作为慈善组织的一种组织形式,可以被视为不具有法人资格的慈善组织。如美国非营利组织在各州的组织形式主要包括非营利法人、信托和非法人社团,目前某些州也允许采用有限责任公司等形式。英国慈善组织主要有担保有限公司、慈善信托、非法人社团、慈善法人机构等形式。在具体的税收优惠方面,我国是否可以考虑将慈善信托作为独立的纳税主体?设立慈善信托的行为、慈善信托自身的税收待遇可以比照慈善捐赠、慈善组织的税收待遇,赋予符合条件的慈善信托以免税资格或公益性捐赠税前扣除资格。当然,为了确保权利义务的统一,慈善信托在慈善活动支出和管理费用、慈善信息公开等方面也要遵循与一般的慈善组织相同或相似的规定。

涉外重组主体多元，综合研判防控风险*

——从一例跨境股权收购案看特殊性税务处理的应用

尹　磊　孙丽梅　秦国宝**

近年来，随着经济全球化深入推进和企业经营布局的战略调整，企业重组主体呈现多元化、跨区域的趋势特征，涉及境外企业重组的行为日益增多。为引导各类重组有序开展、支持企业做大做强，我国出台了一系列有关企业重组的税收政策。与此同时，税务机关积极响应"放管服"改革要求，将此前需要进行事前审批的特殊性税务处理重组事项，改为在重组业务完成当年办理企业所得税年度申报时向主管税务机关报送相关资料，既简化了企业重组特殊性税务处理的适用程序、优化了税收营商环境，也对企业准确理解重组税收政策规定提出了更高的要求。为降低重组税务风险，提高税务处理的确定性，某企业就即将进行的一项涉及境外股东的股权置换事项以及拟进行的税务处理向主管税务机关进行了政策咨询。在税务人员专业细致的政策辅导下，企业修改完善了股权置换方案，明确了重组的主导方，不仅顺利适用了重组业务的特殊性税务处理，对重组所得纳税进行了合法递延，而且纠正了错误的计税基础，进一步降低了后续交易的税收负担，从而最大限度地享受了重组税收政策红利。

一、基本案情

泠尔集团是 A 省的高新技术企业，分别持有当地泠斯公司和泠睿公司

---

*　本文已发表于《国际税收》2022 年第 2 期，收录于本书时，文字略有改动。

**　尹磊，就职于国家税务总局税务干部学院；孙丽梅，就职于国家税务总局；秦国宝，就职于国家税务总局扬州市江都区税务局。

100% 的股权；华菁集团是总部位于 B 省的跨国公司，持有境外非居民企业华美公司 100% 的股权。据了解，泠尔集团拥有华菁集团的专利授权，双方股东存在直系亲属关系，且泠尔集团的生产经营活动需要借助华菁集团的专利授权才能正常进行。2021 年 8 月，为调整资产布局，优化股权结构，经协商一致，泠尔集团拟与华菁集团签订《股权置换框架协议》，主要内容是泠尔集团将其持有的泠斯公司和泠睿公司 100% 的股权与华菁集团持有的华美公司 30% 的股权进行置换，重组前后的股权架构如图 1 所示。

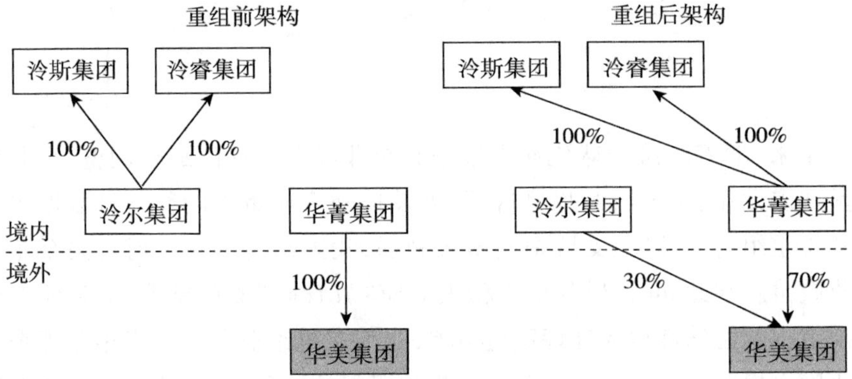

图 1　重组前后的股权架构

根据企业提供的信息，泠斯公司 100% 股权的公允价值为 7000 万元，计税基础为 5000 万元；泠睿公司 100% 股权的公允价值为 3000 万元，计税基础为 2000 万元；华美集团 30% 股权的公允价值为 10，000 万元，计税基础为 4000 万元。泠尔集团和华菁集团认为，此次股权置换符合税法关于股权收购的相关规定，并进行了特殊性企业所得税处理。按照企业自己的理解，一方面，泠尔集团暂未确认转让泠斯公司和泠睿公司 100% 股权的应税所得，并拟按照其持有的泠斯公司和泠睿公司股权的计税基础之和 7000 万元确认取得华美集团 30% 股权的计税基础；另一方面，华菁集团对于取得的泠斯公司和泠睿公司的股权，按照其持有的华美公司 30% 股权的计税基础 4000 万元进行了分摊，即确认取得泠斯公司 100% 股权、泠睿公司 100% 股权的计税基础分别为 2800 万元、1200 万元。

针对企业的诉求，税务人员表示，股权置换属于企业重组范畴，泠尔集团和华菁集团必须按照税法规定明确股权置换的主导方,然后才能进行特殊性税务处理的条件判定并进行相应的税务处理。经过税务人员专业细致的剖析,企业接受了税务人员的合理化建议,重新签订了股权置换合同并明确将泠尔集团作为重组主导方,详细说明了股权置换的商业目的和定价原则,并准备了相关涉税材料。同时,企业重新计算确认了相应股权的计税基础,特别是将华菁集团取得的泠斯公司和泠睿公司100%股权的计税基础由2800万元和1200万元调整为5000万元和2000万元,增加了累计3000万元的计税基础,合法合理地降低了此次股权置换和后续交易的税收负担,确保了重组业务的顺利实施。

二、争议焦点

本案中,企业和税务人员的争议焦点主要有三个:

1. 关于谁是重组业务的主导方。企业认为,泠尔集团转让股权的比例较高,自然是重组业务的主导方。税务机关认为,从股权置换过程看,既可以看作泠尔集团以持有的泠斯公司和泠睿公司100%的股权作为对价,来收购华菁集团持有的华美公司30%的股权,也可以看作华菁集团以持有的华美公司30%的股权作为对价,收购泠尔集团所持有的泠斯公司和泠睿公司100%的股权。根据企业的重组诉求,从更好地适用企业重组税收政策的角度,应按照税法规定明确将泠尔集团作为重组主导方即股权转让方。

2. 关于特殊性税务处理的政策如何适用。企业认为,只要满足特殊性税务处理关于股权收购与股份支付的比例要求即可,而不用考虑其他因素以及关联关系的影响。税务机关认为,根据企业诉求,如果想进行特殊性税务处理,应通过重组合同并在《企业重组所得税特殊性税务处理报告表及附表》中明确将泠尔集团作为重组主导方。考虑到泠尔集团的生产经营活动需要借助华菁集团的专利授权才能正常进行,而且泠尔集团的股东与华菁集团的股东存在直系亲属关系,该重组事项属于关联交易。税务人员根据企业提供的相关资料综合分析判定,此次股权置换具有合理的商业目的,股权作价符合独立交易原则,不具有避税动机,总体上符合特殊性税务处理的条件。

3. 关于计税基础如何确认。企业认为,在特殊性税务处理框架下,股权置换双方都应按照换出股权的原计税基础来确认换入股权的计税基础。税务机关认为，按照特殊性税务处理的规定，华菁集团作为股权收购方，应将泠斯公司和泠睿公司100%股权的原计税基础5000万元和2000万元作为取得相应股权的计税基础。

三、税理分析

涉及境外股东股权置换事项的特殊性税务处理较为复杂，需要重点把握“三个定”。一要科学判定是否符合特殊性税务处理的形式要件，包括重组主导方的确认、股权收购和对价支付是否符合税法规定的比例要求、是否涉及非居民企业重组的补充性条款；二要综合认定是否具有合理的商业目的，不能借助关联交易实现避税动机；三要准确确定重组各方取得股权的计税基础，确保税款计算准确无误。

（一）主导方与重组条件判定

按照《财政部、国家税务总局关于企业重组业务企业所得税处理若干问题的通知》（财税〔2009〕59号，以下简称59号文）、《财政部、国家税务总局关于促进企业重组有关企业所得税处理问题的通知》（财税〔2014〕109号）的相关规定，对于居民企业来说，除要对交易实质进行判定外，适用特殊性税务处理的形式要件主要有两个，一是收购企业购买的股权不低于被收购企业全部股权的50%，二是收购企业在该股权收购发生时的股权支付金额不低于其交易支付总额的85%。对于非居民企业来说，发生涉及境内与境外（包括我国港、澳、台地区）之间的股权收购，要视具体情况来判定是否需要满足更为严格的补充规定。此外，按照《国家税务总局关于企业重组业务企业所得税征收管理若干问题的公告》（国家税务总局公告2015年第48号）的规定，重组当事各方企业适用特殊性税务处理的，应确定重组的主导方。

按照税法规定，股权转让方为重组业务的主导方。对此，如果双方确定由华菁集团作为主导方，即认定华菁集团发生了股权转让行为，则其股权转让的比例为30%，低于50%的最低比例要求，显然不符合特殊性税务处理的硬性条件。如果确定由泠尔集团作为主导方，即认定泠尔公司发生了股权转让行为，其转让泠斯公司和泠睿公司100%股权行为均超过了50%的比例要求；同时，华菁集团采取的是100%的股权支付方式,也高于85%股份支付的比例要求,具备了适用特殊性税务处理的基本条件。

本案中,虽然涉及非居民企业(华美公司),但是股权置换的主体泠尔集团和华菁集团均为境内居民企业,其中华美公司30%的股权只是此次股权交易的标的物,既不属于59号文所列举的非居民企业向其100%直接控股的另一非居民企业转让其拥有的居民企业股权,也不属于非居民企业向与其具有100%直接控股关系的居民企业转让其拥有的另一居民企业股权,更不是居民企业以其拥有的资产或股权向其100%直接控股的非居民企业进行投资。因此,如果泠尔集团和华菁集团决定适用特殊性税务处理,需要将泠尔集团明确为该项重组业务的主导方,并且要在次年办理企业所得税年度申报时,由泠尔集团和华菁集团分别向各自主管税务机关报送《企业重组所得税特殊性税务处理报告表及附表》。

(二)关联交易与重组性质认定

根据国家税务总局《一般反避税(特别纳税调整实施办法)(试行)》(国税发〔2009〕2号)关于关联关系的认定,由于泠尔集团的生产经营活动须由华菁集团提供专有技术才能正常进行,且泠尔集团与华菁集团的主要股东存在亲属关系,泠尔集团与华菁集团构成关联方。按照《税收征收管理法》的规定,关联企业之间发生股权转让等业务往来,应按照独立企业之间往来作价,否则税务机关可以调整其股权转让行为所对应的应纳税额。显然,该股权置换属于关联交易,要按照税法规定对此次重组交易的主要目的和经济实质进行综合判定。税务人员注意到,华菁集团作为高新技术企业目前享受15%的企业所得税低税率优惠,其实际税负低于泠尔集团,双方在主观上有可能存在人为压低股权交易价格以达到减轻泠尔集团以及关联方整体税收负担的考虑。根据泠尔集团提供的资产负债表,以及会计师事务所就此次重组事项所出具的评估报告,双方对股权置换的作价符合独立交易原则,没有明显的避税行为。

按照企业重组特殊性税务处理的具体规定,泠尔集团和华菁集团应就此次重组交易的方式和实质结果、重组各方涉及的税务状况和财务状况变化以及非居民企业参与重组活动等情况来说明此次股权置换的合理商业目的和主要动机。根据前面的分析,双方采取的是股权置换的重组方式,其结果是华菁集团实现了对泠斯公司和泠睿公司100%的直接控制;作为补偿,泠尔集团获得了华美公司30%的股权。重组完成后,除泠斯公司、泠睿公司和华美公司的股东发生变更外,泠尔集团和华美集团的企业性质、税收待遇和财务状况并未发生明显变化。华美公司作为境外非居民企业,由原本华菁集团持有100%股权,变为华菁集团持有70%股权、泠尔集团持有30%股权,其股东由一家居民企业变为两家居民企业。泠尔集团负责人表示,近年来该集团的境外业务逐渐增多,通过持有华美公司30%的股权,既有利于拓展集团在境外的经营业务,也可以享受我国香港特区有关税收优惠待遇。同时,华菁集团通过持有泠斯公司和泠睿公司100%的股权,进一步拓展和优化了企业控制和股权布局。综上所述,此次股权置换总体符合特殊性税务处理的具体要求。

(三)特殊处理与计税基础确定

按照59号文的规定,被收购企业的股东取得收购企业股权的计税基础以被收购股权的原有计税基础确定;收购企业取得被收购企业股权的计税基础以被收购股权的原有计税基础确定。据此,税务机关认为,如果双方约定以泠尔集团作为重组的主导方也就是股权转让方,且符合特殊性税务处理的其他相关条件,则泠尔集团和华菁集团此前对各自取得股权的计税基础的确认并不完全正确。泠尔集团作为股权转让方也就是被收购企业股东,应以被收购的泠斯公司和泠睿公司100%股权的原计税基础之和也就是7000万元确认其取得的华美公司30%股权的计税基础,这是符合税法规定的。对于收购企业也就是华菁集团来说,59号文规定得非常清楚,其通过股权收购取得的泠斯公司100%的股权,仍要按该股权原计税基础也就是5000万元予以确认;同理,对取得的泠睿公司100%的股权,应按照该股权原计税基础2000万元确认。

此前,华菁集团对取得的泠斯公司和泠睿公司100%的股权,是按照其支付的华美公司30%股权的原计税基础4000万元分摊确认的。经过税务干部细致专业的分析解释,企业认识到,之前的理解既不符合税法具体规定,也违背了企业所得税关于计税基础连续性的基本原理,其后果是将华菁集团通过重组取得的泠斯公司和泠睿公司100%股权的计税基础一共少记了3000万元,损害了自身合法的税收权益,导致其今后发生后续股权转让时出现多计算股权转让所得的后果,从而使华菁集团承担了不必要的税收负担。

四、启示建议

(一)企业应重视重组交易的事前分析研判

理论和实践表明,重组交易属于企业的重大特殊事项,有利于扩大经营规模、优化资产布局、降低生产成本、提升企业竞争力,这和一般的生产经营行为存在显著区别。为确保企业重组的顺利开展,重组各方应在实施重组之前从税收政策条文、税务处理要求,到税款计算方法和税务办理程序等方面,全方位了解并准确把握税法关于企业重组的相关规定和要求,必要时可寻求主管税务机关的指导和帮助。相较而言,适用特殊性税务处理的重组交易中,股权和资产转让方不需要在重组发生时立即确认重组应税所得,而是可以合法合规地将相应的重组所得递延到后续交易时实现,对重组企业通常更为有利。基于此,要对不同的税务处理方式进行分析比较,选择既符合税法规定,又为重组各方接受的最有利的税务处理方式,维护企业的合法税收权益。

(二)税务机关应加强重组税收政策辅导与税务监管

企业重组通常涉及多个交易主体,涉税金额大,交易类型多,很多重组事项存在跨境、跨年度、跨所有制等情况,税务处理复杂,属于高风险涉税事项。税务机关应贯彻落实《中共中央办公厅、国务院办公厅关于进一步深化税收征管改革的意见》的要求,一方面要实施精细服务,对重组企业提供个性化、差异化的政策辅导,确保政策理解执行到位。特别是对交易主体多元、存在关联交易、涉及境外企业的复杂重组事项,应及时关注并积极协调解决企业重组的涉税诉求,做好大企业重组涉税事项事先裁定,[1] 支持企业通过重组交易做大做强。另一方面,企业重组持续周期长,从重组邀约、磋商谈判、资产评估、签订协议到变更登记每个环节都和税务事项密切相关。按照税法规定,税务机关至少要掌

---

〔1〕《国家税务总局关于开展2021年"我为纳税人缴费人办实事暨便民办税春风行动"的意见》(税总发〔2021〕14号)提出,继续做好大企业涉税事项事先裁定,为大企业经营决策提供政策确定性。

握企业重组交易前后12个月的相关资产、股权的处置情况,才能准确判断重组交易的税法适用。此外,重组交易会导致重组资产、股权的会计属性和计税基础发生改变,并产生相应的税会差异,进而影响重组后12个月乃至更长时间后续交易的纳税义务判定和税款计算。只有对企业重组实施动态跟踪管理,才能确保重组事项政策适用正确,后续交易税款计算准确。

(三)进一步完善企业重组特殊性税务处理规定

在本案中,泠尔集团作为股权转让方,按照税法相关规定,暂不需要确认转让泠斯公司和泠睿公司股权的应税所得。但对于股权收购方华菁集团来说,其支付的华美公司30%股权的计税基础为4000万元,而取得的泠斯公司100%股权和泠睿公司100%股权的计税基础为7000万元,其获得股权的计税基础比支付股权的原计税基础高出了3000万元。那么,如果要求华菁集团确认3000万元的应税所得,则因华菁集团所取得的重组收益是股权,属于"纸面收益",其和泠尔集团一样并不具备立即完税的能力;如果不要求华菁集团确认3000万元的应税所得,则客观上使华菁集团通过股权置换,凭空将持有股权的计税基础从4000万元增加到7000万元,显然不符合税法原理。对此,建议税法进一步明确,对适用特殊处理的重组交易中的股份支付方,暂不确认股份支付可能导致的应税所得,也就是和转让方一样,允许其就重组所得纳税进行递延。这样一来,如果将来华菁集团将持有的泠斯公司和泠睿公司100%的股权对外转让,假定转让价格为9000万元,则华菁集团应确认5000万元的股权转让所得,即为此前重组交易应确认的3000万元应税所得和本次股权转让应确认的2000万元应税所得之和,既保证了企业重组税收政策的连续性和公平性,又充分考虑了重组企业的实际诉求,也堵住了客观存在的政策漏洞,维护了国家的税收权益,可谓一举多得。

由一起“受益所有人”身份判定案看税收协定的滥用*

谭　伟　张　文　李　杰**

一、基本案情

某汽车行业跨国集团A公司位于北美洲某国。2014年12月30日，A公司设在开曼群岛的全资子公司B公司在中国香港特区注册了其全资子公司C公司，注册资本为人民币8亿元。C公司有3位董事，但其工作地点均不在C公司及其设在中国内地的全资控股公司（D公司），且3位董事未从上述公司获取报酬。C公司另有3名从事A公司大中华区教育培训工作的员工。2015年2月25日，C公司在中国内地某地投资7.5亿元，设立了全资控股公司D公司，此后C公司并未进行实质性的投资管理活动。C公司2015年、2016年和2017年的收入情况如表1所示。D公司分别于2016年、2017年和2018年6月召开董事会，决定于各年7月向唯一股东C公司分别派发股息3100万元、2900万元和5050万元。2016年7月，D公司依据《非居民纳税人享受税收协定待遇管理办法》[1]（国家税务总局公告2015年第60号，以下简称《办法》）代C公司向主管税务机关办理了C公司享受税收协定待遇备案手续，从而使C公司以“受益所有人”身份，根据《内地和香港特别行政区关于对所得避免双重征税和防止偷

* 本文已发表于《税务研究》2022年第9期，收录于本书时，文字略有改动。

** 谭伟，就职于山东社会科学院；张文，就职于山东社会科学院；李杰，就职于国家税务总局青岛市税务局。

〔1〕 自2020年1月1日起失效。本案例发生时，该文件仍有效。

漏税的安排》(以下简称《安排》)第10条的规定适用5%的股息所得企业所得税优惠税率。C公司于2016年、2017年和2018年分别享受税收优惠155万元、145万元和252.5万元,且于各年由董事会决定将上述税后股息所得全部分配给B公司。2019年,税务机关对C公司进行税收优惠政策的后续管理工作。根据C公司提交的公司章程、财务报表以及历年董事会会议记录等材料,税务机关依法否认了C公司提出的"具有无可辩驳的民商事法律主体地位、开展了实质性经营活动且办理了相关备案手续"等理由,确认其不符合"受益所有人"身份。

表1 C公司2015年、2016年、2017年收入情况

年份	股息收入/万元	培训收入/万元	股息占总收入/%
2015	3100	120	96.27
2016	2900	140	95.39
2017	5050	130	97.49

在事实清楚、法理充分的情况下,税务机关分别依据《安排》及《〈内地和香港特别行政区关于对所得避免双重征税和防止偷漏税的安排〉第四议定书》(以下简称《议定书》)、《国家税务总局关于如何理解和认定税收协定中"受益所有人"的通知》[1](以下简称国税函〔2009〕601号文件)、《国家税务总局关于认定税收协定中"受益所有人"的公告》[2](国家税务总局公告2012年第30号,以下简称2012年第30号公告)、《国家税务总局关于湖北等省市国家税务局执行内地与香港税收安排股息条款涉及受益所有人案例的处理意见》(以下简称税总函〔2013〕165号文件)、《国家税务总局关于税收协定中"受益所有人"有关问题的公告》(国家税务总局公告2018年第9号,以下简称2018年第9号公告),确定C公司应补缴其已享受的税收优惠税款,2016年、2017年和2018年对应金额分别为155万元、145万元与252.5万元。

〔1〕 自2018年4月1日起失效。本案例发生的部分时间内,该文件有效。

〔2〕 自2018年4月1日起失效。本案例发生的部分时间内,该文件有效。

二、争议焦点

征纳双方就C公司的“受益所有人”身份问题产生争议，其实际焦点在于C公司是否从事了实质性经营活动。

C公司认为自己从事了实质性经营活动，并提出以下三点理由。一是C公司是依据中国香港特别行政区的法规注册的，具有无可辩驳的民商事法律主体地位，有权依法进行投资并开展其他业务，并有权作出将投资收益分配给股东B公司的实际处置。二是C公司设有董事会，并雇佣员工，开展了实质性经营活动，符合“受益所有人”身份的关键要件。三是C公司基于对全资控股公司D公司的投资获取股息收入，且依据《办法》委托D公司办理了备案手续，具备“受益所有人”的合法身份，可以就上述股息收入享受《安排》第10条规定的股息所得企业所得税优惠税率。

税务机关则认为C公司没有从事实质性经营活动，并针对C公司提出的三点理由提出了不同观点。一是在中国香港特别行政区登记注册，满足法律所要求的组织形式，是C公司具备“受益所有人”身份的必要但不充分条件。C公司有权分配投资收益给股东B公司也不影响对C公司“受益所有人”身份的否定。二是C公司设有董事会并雇佣员工等事实不必然满足实质性经营活动应具备的要件。企业是否开展了实质性经营活动应依据“功能风险分析”结果具体判定。三是C公司基于对全资控股公司D公司的投资获取股息所得，且依据《办法》委托D公司代为办理了备案手续，只是具备“受益所有人”身份并享受股息所得企业所得税优惠税率的必要条件而非充分条件。

三、法理分析

为分析并解决“C公司是否从事了实质性经营活动”这一争议，本文围绕征纳双方提出的观点从程序法和实体法两个维度展开法理分析。值得注意的是，C公司在2018年分得股息时，由于自2018年4月1日起，2018年第9号公告开始生效，国税函〔2009〕601号文件以及2012年第30号公告同时废止，C公司“受益所有人”身份判定的依据自2018年4月1日起产生了变化，故本文对C公司2016年、2017年分得股息和2018年分得股息分别进行“受益所有人”身份的判定。

(一)对C公司2016年、2017年分得股息"受益所有人"身份的判定

1.程序法方面的依据及分析。依据《办法》,非居民纳税人需要享受协定待遇的,应在纳税申报时自行报送或由扣缴义务人在扣缴申报时报送有关资料。在符合享受协定待遇条件且所报告信息未发生变化的情况下,非居民纳税人可在报送相关报告表和资料之日所属年度起的3个公历年度内免于向同一主管税务机关就享受同一条款协定待遇重复报送资料。据此,C公司于2016年7月委托D公司向主管税务机关办理了享受税收协定待遇备案手续后,至2018年无须再报送资料备案。C公司2016年、2017年分得股息"受益所有人"身份在程序法上无瑕疵。

2.实体法方面的依据及分析。在实体法方面,可以依据的有《安排》及《议定书》、国税函〔2009〕601号文件、2012年第30号公告、税总函〔2013〕165号文件。依据国税函〔2009〕601号文件第2条所列不利于对申请人"受益所有人"身份认定的因素,将案例事实对照归类及分析如下。第一,C公司2016年、2017年的两次董事会决议均将从D公司获得的税后股息所得于当年全部分配给B公司。虽然不能据此判定C公司有义务这样做,但形成相应的客观事实,从分配结果上符合国税函〔2009〕601号文件第2条[1]第1项"全部或绝大部分"规定。第二,如表1所示,C公司2015年、2016年的年收入除持有所得据以产生的财产或权利外,几乎没有其他经营活动,符合国税函〔2009〕601号文件第2条第2项的规定。第三,C公司注册资本8亿元,所有3位董事的工作地点均不在C公司及其全资控股公司(D公司),且未从上述公司获取报酬。C公司有3名员工,从事A公司大中华区的教育培训工作。从这一事实可见,C公司的人员配置很难匹配其庞大的投资规模和收益规模,符合国税函〔2009〕601号文件

---

〔1〕 国税函〔2009〕601号文件第2条规定,下列因素不利于对申请人"受益所有人"身份的认定,"(一)申请人有义务在规定时间(比如在收到所得的12个月)内将所得的全部或绝大部分(比如60%以上)支付或派发给第三国(地区)居民;(二)除持有所得据以产生的财产或权利外,申请人没有或几乎没有其他经营活动;(三)在申请人是公司等实体的情况下,申请人的资产、规模和人员配置较小(或少),与所得数额难以匹配;(四)对于所得或所得据以产生的财产或权利,申请人没有或几乎没有控制权或处置权,也不承担或很少承担风险;(五)缔约对方国家(地区)对有关所得不征税或免税,或征税但实际税率极低……"

第2条第3项的规定。第四,C公司2014年12月30日成立,2015年2月25日即投资7.5亿元投资设立D公司,不到2个月的时间不可能完成大额资本的投资调查、论证等复杂的控制、处置工作,而且后续C公司也从未对收到的股息进行再投资等资本运作。可见,C公司对于其对外投资以及投资收益没有进行或者没有实质进行符合商业惯例的控制与处置,也不可能承担相应的风险,符合国税函〔2009〕601号文件第2条第4项的规定。第五,中国香港特区对来自本地区外的股息所得不征税,该事实符合国税函〔2009〕601号文件第2条第5项的规定。

综合上述各项判断,可认定C公司不具备经营活动的"实质性"等"受益所有人"必备要件,不符合国税函〔2009〕601号文件第1条关于"受益所有人"的规定,应否认C公司的"受益所有人"身份。

(二)对C公司2018年分得股息"受益所有人"身份的判定

1.程序法方面的依据及分析。依据《办法》,非居民纳税人需要享受协定待遇的,应在纳税申报时自行报送或由扣缴义务人在扣缴申报时向主管税务机关报送有关材料。从报送材料的当年度算起,如果该非居民纳税人申报材料所包含的信息没有发生改变,并且依据协定规定一直符合享受优惠税收待遇的条件,那么该非居民纳税人可在3个公历年度内,不再向上述税务机关重复申报。据此,C公司于2016年7月委托D公司向主管税务部门办理了非居民享受税收协定待遇备案手续后,至2018年无须再报送资料备案。C公司2018年分得股息"受益所有人"身份在程序法上无瑕疵。

2.实体法方面的依据及分析。在实体法方面,可以依据的有:《安排》《议定书》以及2018年第9号公告。依据2018年第9号公告第2条[1]所列不利于

[1] 2018年第9号公告第2条规定,下列因素不利于对申请人"受益所有人"身份的判定,"(一)申请人有义务在收到所得的12个月内将所得的50%以上支付给第三国(地区)居民,'有义务'包括约定义务和虽未约定义务但已形成支付事实的情形;(二)申请人从事的经营活动不构成实质性经营活动。实质性经营活动包括具有实质性的制造、经销、管理等活动。申请人从事的经营活动是否具有实质性,应根据其实际履行的功能及承担的风险进行判定。申请人从事的具有实质性的投资控股管理活动,可以构成实质性经营活动;申请人从事不构成实质性经营活动的投资控股管理活动,同时从事其他经营活动的,如果其他经营活动不够显著,不构成实质性经营活动;(三)缔约对方国家(地区)对有关所得不征税或免税,或征税但实际税率极低……"

对申请人“受益所有人”身份进行判定的因素,本文将案例事实对照归类及分析如下。第一,C公司2018年董事会决议,将从D公司获得的税后股息所得于当年全部分配给B公司,属于“虽未约定义务但已形成支付事实”,完全符合2018年第9号公告第2条第1项的规定。第二,从C公司2017年的收入情况看(见表1),C公司2017年未进行项目投资、配股、转增股本、企业合并、收购及风险投资等资本运作活动。所有3位董事工作地点均不在C公司及其全资控股公司(D公司),且未从上述公司获取报酬。该公司有3名员工,从事A公司大中华区的教育培训工作。由此可见,申请人C公司除了收取股息所得并转送B公司外,未有任何从事具有实质性的投资控股管理活动的证据。同时,其从事的培训业务无论是从与投资控股管理关系角度还是从营业额角度看,都不够显著,均不构成实质性经营活动,符合2018年第9号公告第2条第2项的规定。第三,中国香港特区对来自本地区外的股息所得不征税,符合2018年第9号公告第2条第3项的规定。

综合上述各项判断,C公司不属于“对所得或所得据以产生的权利或财产具有所有权和支配权的人”,不符合2018年第9号公告第1条关于“受益所有人”的定义,应否认C公司“受益所有人”身份。

四、几点建议

(一)应从经济实质角度正确理解“受益所有人”的定义

应注意区分法律形式上的“所有权”“支配权”,以及经济实质上的“所有权”“支配权”。2018年第9号公告第1条规定:“‘受益所有人’是指对所得或所得据以产生的权利或财产具有所有权和支配权的人。”通过对此案的分析可见,此处的“所有权”“支配权”显然应该是指在经济实质上的“所有权”“支配权”。因为如果是指法律形式上的“所有权”“支配权”,则只要申请人在所在国家或者地区办理了企业注册,其便在法律上拥有了对投出资本和相应股息的所有权和支配权,自然也就符合“受益所有人”的定义,如此就没有本案中我们对申请人“受益所有人”身份进行的否定了。因此,建议企业进一步加深对2018年第9号公告第1条“受益所有人”定义的理解,从“经济实质”角度进行准确把握。

（二）应准确把握从事“实质性”经营活动的范围和判断方法

2018 年第 9 号公告第 2 条第 2 项指出，申请人从事的经营活动不构成实质性经营活动，则不利于对申请人“受益所有人”身份的判定。该项从两个方面给出了“实质性”的具体判断标准。一是如果根据实际履行的功能及承担的风险判断，申请人从事了具有实质性的制造、经销、管理等活动，包括从事了具有实质性的投资管理活动，则可认定申请人的经营活动构成实质性经营活动。二是如果根据实际履行的功能及承担的风险判断，申请人从事不构成实质性经营活动的投资管理活动，同时从事其他经营活动的，如果其他经营活动不够显著，则可认定申请人的经营活动不构成实质性经营活动。笔者建议，实践中应准确把握从事“实质性”经营活动的范围和判断方法，确保“受益所有人”判定标准的刚性，更加有效地防范协定滥用风险。

（三）应有效利用“受益所有人”和一般反避税两个规则对协定滥用进行防范

申请人享受税收待遇的确定性是国际营商环境的重要因素，《一般反避税管理办法（试行）》（国家税务总局令第 32 号）第 6 条第 2 款规定：“企业的安排属于受益所有人、利益限制等税收协定执行范围的，应当首先适用税收协定执行的相关规定。”这就将“受益所有人”资格问题归结为一个税收政策问题，即将税政解决方案置于一般反避税程序之前，有助于提高申请人享受税收待遇的确定性。而一般反避税程序则是税政解决方案的必要补充。2018 年第 9 号公告第 10 条规定：“申请人虽具有‘受益所有人’身份，但主管税务机关发现需要适用税收协定主要目的测试条款或国内税收法律规定的一般反避税规则的，适用一般反避税相关规定。”因此，为保证申请人享受税收待遇的确定性，加强营商环境建设，同时对协定滥用进行有效防范，要正确处理并运用好“受益所有人”和一般反避税两个规则。

附　录

行业动态

为鼓励广大律师、税务师、研究生等涉税专业人士积极开展税法案例研究，以案说法、释法，提升执业水平、执法水平和研究水平，2021 年 6～9 月，中华全国律师协会、中国注册税务师协会继续举办“2021 年全国十佳优秀税法案例论文”评选活动。活动收到全国律师、税务师、税务干部、专家学者等各类涉税人士百余人报名投稿，案例范围涵盖税务稽查处罚、税务行政复议、税务行政诉讼、税务刑事诉讼、税务民事诉讼等多个领域。主办方按照公平公正、注重质量的原则，评选出“2021 年全国十佳优秀税法案例论文”。（**中华全国律师协会财税法专业委员会供稿**）

2021 年 11 月 27 日，山西省律师协会财税法专业委员会联合公司法专业委员会承办了“非上市公司股权激励法务及税务专题研讨会”。张巧珍副主任结合山西税务律师服务于非上市公司股权激励业务的实践经验，围绕股权激励的税务处理、税务规则以及税收优惠政策等内容进行了详细阐述。各位委员结合山西省经济发展和市场主体的实际情况，围绕如何为非上市公司提供股权激励法务和税务服务进行了充分研讨。会后，两委共同制定了《非上市公司股权激励税务和法务操作指引》，为山西律师办理非上市公司股权激励业务提供了指引，为推进山西律师行业高质量发展作出了积极贡献。（**山西省律师协会财税法专业委员会供稿**）

2021年12月18日,由中华全国律师协会、中国注册税务师协会共同主办,浙江省律师协会、浙江省注册税务师协会、中华全国律师协会财税法专业委员会、中国政法大学财税法研究中心联合承办,浙江省律师协会财税法专业委员会、浙江泽大律师事务所、天健税务师事务所有限公司、华税律师事务所、华税税务师事务所有限公司协办的"2021中国税法论坛暨第十届中国税务律师和税务师论坛"隆重举行,本届论坛以"深化税收征管改革与涉税服务创新"为主题。因受疫情影响,本届论坛采取线上直播形式举行,各地律师、税务师、企业财税人员、税务干部、税法研究生等在线观看了直播。(**中华全国律师协会财税法专业委员会供稿**)

2021年12月18日下午,福州市律师协会财税法律专业委员会举办"新形势下债务涉税法务焦点探讨——法际整合视角"专题讲座。本次讲座特邀国家税务总局莆田市荔城区税务局副局长吴志坚主讲,由财税委主任元武主持。在3小时的讲座中,吴志坚局长从新经济形势、债务处理涉税问题两个层面介绍了当前经济形势下债务处理的涉税问题及解决方案,并从当前房地产市场的形势、新经济(数字经济)两大行业入手,罗列了需要重点关注的税务问题。对于债务处理涉税问题,从拍卖阶段和破产阶段两个阶段论述不动产拍卖的涉税问题。吴局长从税务干部的角度深入讲解债务处理的涉税问题,与律师视角形成差异,让听众能够

进一步理解涉税法律问题。(福州市律师协会财税法律专业委员会供稿)

2022年,应中华全国律师协会要求,中华全国律师协会财税法专业委员会对《律师从事税法服务业务操作指引》进行全面排查审校,并于2022年3月上报中华全国律师协会。(中华全国律师协会财税法专业委员会供稿)

2022年1月11日,浙江省律师协会、浙江省注册会计师协会、浙江省注册税务师协会在杭州举行合作框架协议签约仪式,正式建立战略合作关系。浙江省司法厅党委委员、副厅长,浙江省律师行业党委书记徐晓波;国家税务总局浙江省税务局党委委员、副局长,浙江省注册税务师行业党委书记刘炳荣;浙江省财政厅二级巡视员江中亮致辞并参加仪式。浙江省律师协会会长郑金都、浙江省注册会计师协会会长魏跃华、浙江省注册税务师协会会长邢幼平分别代表三方协会共同签署《合作框架协议》,就助力浙江高质量发展建设共同富裕示范区,推进行业"相通相融相促",共同维护合法执业权益等达成共识。浙江省律师协会财税法专业委员会主任徐起平、副主任许玉灵、秘书长张通参加签约仪式。(浙江省律师协会财税法专业委员会供稿)

2022年5月6日,深圳市律师协会第十一届税务法律专业委员会邀请外部专家夏旭、胡绵鹏、王永敬、诸乘佑、强甜甜作为分享嘉宾,以"线上"的方式就广受关注的"长沙医学院税务案"召开专题研讨会。本次研讨会分享嘉宾从长沙医学院税务案背景、非营利组织免税争议焦点、企业税务稽查应对、税务机关执法、税务合规管理等多角度分享、解析民办类学校等非营利组织定位、收入类型、免税优惠以及纳税义务,并对现阶段非营利性组织企业所得税风险管理与税务合规给出相关建议。(深圳市律师协会税务法律专业委员会供稿)

“广东律师税法大讲堂”系第十二届广东省律师协会税务法律专业委员会创办的、每月定期举行的巡回讲座,致力于为律师提供税法理论与实务专业分享,助力税务律师专业化发展。2022年6~9月,“广东律师税法大讲堂”已成功举办四期:6月26日第一期“民事行为的税务定性”;7月21日第二期“金税四期下企业风险防控与税务策划”;8月9日第三期“数字时代的智慧税务与财税合规”;8月31日第四期“不良资产拍卖中的税务问题及相应对策”。大讲堂均采用线上、线下相结合的方式举行,每期出席及线上参与人员均在300~500人,讲堂的深度和广度得到了律师界、企业界、学术界的一致好评。(广东省律师协会税务法律专业委员会供稿)

2022年6月12日下午，由江西省律师协会财税法律专业委员会、江西财经大学法学院共同主办，南昌市律师协会财税法律专业委员会协办的专题研讨会“增值税留抵退税政策适用及其法律风险防范”在国浩律师（南昌）事务所顺利召开。本次研讨会采用线上、线下相结合的形式，由多位财税法领域专家在研讨会上进行了分享。此次会议共有线上、线下百余人参加。首先，国浩律师（南昌）事务所主任冯帆在开幕致辞中代表国浩律师（南昌）事务所对参会嘉宾表示诚挚欢迎。江西财经大学法学院法治政府研究中心主任易有禄认为本次研讨会包含全国范围内多领域、多层次的各位专家，印证了财税法本身的理论及实践意义。本次研讨会邀请了中国政法大学民商经济法学院教授翁武耀、金杜律师事务所上海分所管理合伙人叶永青、广州市律师协会财税法专委会主任/大成（广州）律师事务所合伙人许永盛律师、江西财经大学法学院余鹏峰博士及盈科瑞诚税务师事务所江西分所所长汤剑五位嘉宾。江西财经大学法学院朱丘祥教授、聂淼博士，江西省律师协会财税法律专业委员会主任蔡明、副主任程锋、秘书长邓鹏等，江西省律师协会监事林铠全程参与了本次研讨会。本次研讨会是江西省律师协会财税法专委会成立后首次对外交流活动，希望通过这种方式，搭建财税法领域跨界、跨时空的交流平台，拓宽沟通渠道，促进财税法律领域理论与实务的发展和融合。**（江西省律师协会财税法律专业委员会供稿）**

2022年6月26日下午，由江西省律师协会主办、江西省律师协会财税法律专业委员会与电子网络与高新技术法律专业委员会共同承办、泰和泰（南昌）律师事务所协办的专题分享会“平台经济税收与数据安全法律风险识别与管控”在泰和泰（南昌）律师事务所顺利召开。本次分享会采用线上、线下相结合的形式，由多位财税及数据安全领域专家进行了分享。省律协财税委主任蔡明和网

新委主任张家卿共同主持会议;本次分享会邀请了江西财经大学财税与公共管理学院副教授徐建斌、数据法律研究院研究员刘彬彬博士两位嘉宾。省律协财税委副主任赵春燕、程锋,省律协网新委副主任陈昱、刘威,省律协监事林铠(线上),江西财经大学法学院余鹏峰、江西飞尚科技有限公司证券法务部姚文婷,南昌市律协网新委秘书长涂智鸿出席了本次分享会。本次分享会与会嘉宾从理论与实务两个角度探讨了平台经济税收与数据安全存在的问题以及如何进行风险防范,对促进平台经济规范健康发展具有重要意义。(江西省律师协会财税法律专业委员会供稿)

2022年8月9日下午,深圳市律师协会第十一届税务法律专业委员会联合广东省律师协会税务法律专业委员会举办了"数字时代的智慧税务与财税合规"讲座,此次专题讲座通过线上、线下方式同步进行,由中央财经大学税收筹划与法律研究中心主任、博导蔡昌教授主讲,税务委吕志合主任担任主持人。蔡昌教授基于互联网、大数据的发展趋势,从电商经济、共享经济、区块链经济、平台经济等数字经济切入,具体剖析了数字时代凸显的八大税收难题,并指出随着《中共中央办公厅、国务院办公厅关于进一步深化税收征管改革的意见》的颁布实施,数字化驱动税收征管方式持续变革,智慧税务引领实现自动"算税",财税合规尤其重要。(深圳市律师协会税务法律专业委员会供稿)

2022年8月20日，由浙江省律师协会、浙江省注册会计师协会、浙江省注册税务师协会联合主办，杭州市拱墅区运河财富小镇管委会协办的“专业服务高质量发展主题论坛”在杭州成功举办。省司法厅党委委员、副厅长，省律师行业党委书记徐晓波；杭州市拱墅区委副书记、区长冯晶出席并讲话。省律师协会会长郑金都、监事长叶连友，省注册会计师协会会长魏跃华，省注册税务师协会会长邢幼平出席活动。开幕式由省律师协会专职副会长陈三联主持，全国律协副会长郑金都作“专业合作共促高质量发展”主题发言，省律师协会财税法专业委员会主任徐起平围绕“涉税中介服务行为规范”；天健税务师事务所董事长马超，浙江至诚会计师事务所合伙人、所长助理仇长宁，浙江匠之芯律师事务所主任张康康围绕“涉案企业合规第三方监督评估机制与社会共治服务模式”；浙江中汇会计师事务所高级合伙人余亚进、省律师协会证券与资本市场专业委员会主任梁瑾、浙江正瑞税务师事务所所长徐珺婷围绕“专业服务机构在证券业务中的责任边界”，分别做了主题演讲。省律师协会副会长唐国华作论坛总结。（**浙江省律师协会财税法专业委员会供稿**）

2022年9月17日下午，福州市律师协会财税法律专业委员会举办“房地产企业破产重整中涉税疑难问题解析”主题讲座。本次讲座特邀全国律协财税委副主任蔡明、江苏通税律师事务所副主任曹迎春、江苏通税（福州）律师事务所主任王晓辉

三位讲师主讲,由福州律协财税委主任元武主持。三位讲师分别从破产案件涉及的增值税、企业所得税、土地增值税三个方面展开,从律师担任破产管理人的角度,结合案例,为各类实务中的难题提供解决方案。例如,通过特殊性税务处理解决债务豁免带来的企业所得税问题、通过增值税留抵退税冲抵其他应缴税款、通过府院联动机制提前确定土地增值税清算中的各项数据。活动最后,听众也与各位讲师积极交流。(**福州市律师协会财税法律专业委员会供稿**)

2022年7~9月,广东省律师协会税务法律专业委员会与广东省内其他地市合作,为各地市民营企业提供多场涉税法律专题讲座和现场咨询,力求在民营企业生存和发展中提供税务律师的力量与支持。上述举措获得了民营企业家的欢迎和广泛好评,税务律师在律师行业中的地位大幅上升。新冠疫情对民营企业影响很大,我国推出了多项扶持民营企业的税收优惠政策,广东省律师协会税务法律专业委员会紧跟步伐,2022年8~9月,完成《企业并购重组税收法律法规政策文件汇编》初稿,该文件汇编不仅供律师提供涉税服务时作参考,也为民营企业在并购重组中另辟蹊径生存下去提供指引。(**广东省律师协会税务法律专业委员会供稿**)

2022年9月3日,由浙江省法学会财税法学研究会主办,杭州市律师协会税务专业委员会、浙江京衡律师事务所承办的"增值税留抵退税法律问题研究"专题研讨会在浙江京衡律师事务所召开。会议上,辽宁大学法学院博士研究生江利杰、杭州师范大学沈钧儒法学院孙伯龙副教授、北京大成(上海)律师事务所陈沈峰律师、国家税务总局杭州市余杭区税务局俞国锋、浙江工商大学法学院吕铖钢副教授、北京德恒(杭州)律师事务所牟卫鹏律师分别做"留抵退税的税法原理""增值税留抵退税的财政分担机制""骗取留抵退税与不当获得留抵退税的界限及征管要点""骗取留抵退税与增值税抵扣权""骗取留底退税的法律定性及责任研究”“骗取留底退税的犯罪构成认定”的主题演讲。本次研讨结合理论与实务，对增值税留抵退税的前沿问题进行了深入交流分享，与会人均表示收获颇丰。（**杭州市律师协会税务专业委员会供稿**）

为进一步加强全省律师的业务交流，提升全省律师的业务专业化建设，山西省律师协会财税法专业委员会主任薛建兰，副主任张巧珍、张青政积极参加省律协组织的“山西律师大讲堂”下基层活动，深入各地市，分享涉税案件办理经验。薛建兰主任、张青政副主任走进“山西律师大讲堂——临汾站”。薛建兰主任以“税收筹划理论引导与实务分享”为主题，从税收筹划的概念、特点、方法及技术四个方面做了详细解读；张青政副主任以“公司并购重组中的法务与税务”为主题，从企业重组的价值、形式、税务处理原则、所得税处理问题等多个维度进行解析；张巧珍副主任走进“山西律师大讲堂——长治站”，以“企业涉税刑事法律风险防范与权益维护”为题，具体分析了企业虚开增值税专用发票和偷税的刑事法律风险，并提出了企业涉税刑事法律风险防范和权益维护的路径。三位主任的讲解深入浅出，融学术性、实用性、指导性为一体，对提升全省律师涉税实务技能有很大帮助。（**山西省律师协会财税法专业委员会供稿**）

后　记

本书能够顺利出版，离不开国家财税部门领导、专家学者、税务律师等广大税法专业人士的慷慨赐稿。编者在此对向本书投稿、赐稿的作者表示衷心的感谢。另外，由于编者的水平有限，本书疏漏与不妥之处在所难免，真诚欢迎广大读者批评与指正，以供再版修订完善。

今后希望广大读者继续关注《中国税务律师评论》，您如有佳作且论文编排符合学术论文要求，请发邮箱：liutianyong@ huashui. com，或邮寄至以下地址：北京市朝阳区东三环北路霞光里 18 号佳程广场 B 座 17 层 C 室（邮编：100027）。编者诚挚希望收到您的赐稿。我们会根据论文质量以及未来举办的中国税务律师和税务师论坛的主题安排，邀请部分作者参加中国税务律师和税务师论坛，与会发表高见，共襄盛举。

编　者

2022 年 11 月